高职高专"十一五"规划教材·市场营销系列

GAOZHI GAOZHUAN "SHIYIWU" GUIHUA JIAOCAI

国际贸易实务

主　编　李质甫　王艳丽

副主编　唐卫东　田东刚

　　　　肖新梅　申　琦

教材参研人员：(以姓氏笔画为序)

朱照祥　李　雷　李　霞

何　晖　陈慧君　尚　洁

钱王汉　曹从文　董美友

WUHAN UNIVERSITY PRESS

武汉大学出版社

高职高专"十一五"规划教材·市场营销系列

编 委 会

高职高专"十一五"规划教材
编审委员会

前　言

　　《国际贸易实务》是根据教育部最新制定的《高职高专国际贸易实务课程教学基本要求》，组织长期从事国际贸易实务教学的骨干教师和行业一线的业务精英，经过反复研讨而精心编制的。本教材在研制过程中，始终坚持"职业性，层次性，可衔接性，素质教育与能力培养相结合"的原则，大量吸收行业发展的最新信息，广泛听取并积极采纳行业一线的意见和建议。在教材设计上兼顾社会需要、学生发展和知识体系三者的关系，将学历教育与职业资格考证在教材内涵上进行整合，打破传统的章节模式，通过采取"以工作过程为主线，提出课题、模板建构、以例释理"的编写思路和方式，刻意培养学生的专业能力和方法能力，充分体现了"以学生为主体，以能力为本位，以行动为导向，以综合素质为基础"的职业教育课程改革的指导思想。

　　本教材由李质甫和王艳丽任主编，唐卫东、田东刚、肖新梅和申琦任副主编。全书共分为五大篇（即五大课题）十五章及附录。其中，第一章和第二章由董美友编写；第三章由申琦编写；第四章由尚洁编写；第五章由何晖编写；第六章由钱王汉编写；第七章由朱照祥编写；第八章由唐卫东编写；第九章由李霞编写；第十章由肖新梅编写；第十一章由李质甫编写；第十二章由王艳丽编写；第十三章由曹从文编写；第十四章由田东刚编写；第十五章由李雷编写；附录由陈慧君编写。在全书的统稿过程中，王艳丽做了大量细致的工作。

　　在教材研制过程中，我们参考了大量文献资料，得到了合作院校领导和教师的大力支持，在此一并致以诚挚的感谢！

　　由于我们水平有限，成书时间仓促，书中不尽如人意的地方在所难免，敬请各位同仁和读者批评指正。

高职高专"十一五"规划教材

《国际贸易实务》研制组

2009 年 1 月

目　录

第一篇 建立业务关系

改革开放以来，特别是在加入 WTO 以后，我国的对外贸易发展非常迅猛，大量的企业和个人纷纷加入到国际贸易这个充满无限诱惑和挑战的行业中来，都希望通过参与国际贸易，较好地实现企业和个人的发展目标。那么，到底如何开展国际贸易呢？一般都认为首先必须与国外客户建立业务关系。只有建立了客户关系，才能通过与客户的合作来实现货物的进口或出口。如何建立客户关系，是摆在每一个有志从事国际贸易的企业和个人面前的首要问题，企业和个人必须正确地认识客户关系，学会与客户建立业务关系，才能在国际贸易商战中取得良好的开端。

第一章 客户关系概述

【开篇案例】 泰国的东方饭店堪称亚洲饭店之最，几乎天天客满，不提前一个月预定是很难有入住机会的，而且客人大都来自西方发达国家。泰国在亚洲算不上特别发达，但为什么会有如此诱人的饭店呢？请看下面的实例。

一位朋友因公务经常到泰国出差，并常下榻东方饭店。第一次入住时，良好的饭店环境和服务就给他留下了深刻的印象，当他第二次入住时，几个细节更使他对饭店的好感迅速升级。

那天早上，在他走出房门准备去餐厅的时候，楼层服务生恭敬地问道："于先生是要用早餐吗？"于先生很奇怪，反问"你怎么知道我姓于？"服务生说："我们饭店规定，晚上要背熟所有客人的姓名。"这令于先生大吃一惊，因为他频繁往返于世界各地，入住过无数高级酒店，但这种情况还是第一次碰到。

于先生高兴地乘电梯下到餐厅所在的楼层，刚刚走出电梯门，餐厅的服务生就说："于先生，里面请。"于先生更加疑惑，因为服务生并没有看到他的房卡，就问："你知道我姓于？"服务生答："上面的电话刚刚下来，说您已经下楼了。"如此高的效率让于先生再次大吃一惊。

于先生刚走进餐厅，服务小姐微笑着问："于先生还要老位子吗？"于先生的惊讶再次升级，心想："尽管我不是第一次在这里吃饭，但最近的一次也有一年多了，难道这里的服务小姐记忆力那么好？"看到于先生惊讶的目光，服务小姐主动解释说："我刚刚查过电脑记录，您在去年的 6 月 8 日在靠近第二个窗口的位子上用过早餐。"于先生听后兴奋地说："老位子！老位子！"小姐接着问："老菜单？一个三明治，一杯咖啡，一个鸡蛋？"现在于先生已经不再惊讶了："老菜单，就要老菜单！"于先生已经兴奋到了极点。

上餐时，餐厅赠送了于先生一碟小菜，于先生是第一次看到这种小菜，就问："这是什么？"服务生后退两步说："这是我们特有的某某小菜。"服务生为什么要先后退两步呢，因为他怕自己说话时口水不小心落在客人的食品上。这种细致的服务不要说在一般的酒店，就是在美国最好的饭店里于先生都没有见过。这一次早餐给于先生留下了终生难忘的印象。

后来，由于业务调整的原因，于先生有三年的时间没有再到泰国去，可他在生日的时候突然收到了一封东方饭店发来的生日贺卡，里面还附了一封短信，内容是："亲爱的于先生，您已经有三年没有来过我们这里了，我们全体人员都非常想念您，希望能再次见到您。今天是您的生日，祝您生日愉快。"于先生当时激动得热泪盈眶，发誓如果再去泰国，绝对不会到任何其他的饭店，一定要住在东方饭店，而且要说服所有的朋友也像他一样选择东方饭店。于先生看了一下信封，上面贴着一枚六元的邮票。六块钱就这样买到了一颗心，这就是客户关系管理的魔力。

东方饭店非常重视培养忠实的客户，并且建立了一套完善的客户关系管理体系，使客户入住后可以得到无微不至的人性化服务，迄今为止，世界各国的约 20 万人曾经入住过那里，用饭店工作人员的话说，只要每年有十分之一的老顾客光顾饭店，饭店就会永远客满。这就是东方饭店成功的秘诀。

实际上自人类有商务活动以来，客户关系就一直是商务活动中的一个核心问题，也是商务活动成功与否的关键之一。国际贸易都是通过企业和客户之间的合作实现的，因此首先必须正确地认识客户关系，为有效地建立客户关系打下良好的思想基础。

【学习目标】 通过对本章的学习，了解客户关系的含义和客户类型，理解客户关系对企业生存与发展的意义，掌握建立客户关系的方法，树立以客户为中心的现代营销管理理念。

第一节　客户关系的内涵

在了解客户关系是什么之前，有必要先明确客户的含义。

一、客户

客户是客户关系这个词的核心主体，要想全面地了解客户关系，就必须清楚客户到底包含了哪些内容。

客户在新华字典上的解释是：顾客，客商，买贷的一方。一般意义上，客户指任何接受或可能接受商品或服务的对象。也就是说，对于那些现在还没有购买，但是可能购买的人群，即潜在客户，也可以认为是客户中的一部分，对于此部分顾客关系被称为潜在客户关系，也属于客户关系的范畴。

从价值链的角度分析，一个特定企业往往处于价值链的中间位置，而居于其后的都是它的客户，价值链的最后环节——公司产品与服务的最终消费者就是公司的最终客户，其余的中间商则是公司的中间客户。因此，公司的一些合作伙伴也属于公司客户。

最终客户与公司之间的关系不是一种简单的经济关系，两者之间既有直接的交换关系，也有间接的交换关系。客户不仅是从公司简单地获得产品与服务，更重要的是要获得心理上的满足，在客户获得心理满足的同时，客户会给公司以回报，对公司进行心理支持，如给予公司更高的评价、向周围的人群传播成功交易的体验。客户对公司的心理支持越多，公司就越容易获取新客户，而老客户对公司的其他产品的接受程度也就越高，价格承受能力也越强。

公司的客户既可以是自然人也可以是组织，即普通购买者与组织购买者，两类购买者的消费行为在许多方面是不同的，应采取不同的客户关系策略。从公司与客户的接触方式来看，客户可以分为直接客户和间接客户。一些公司采取同价值链的各个环节都接触的策略，于是其中间客户与最终客户都是其直接客户；而另一些公司实施只同特定的中间商接触的策略，于是其他中间商与最终客户都成为其间接客户。

关于客户还有一个问题。在管理学中，经常会提到"内部客户"这样的名词，那么"内部客户"究竟指的是什么，是否也属于客户的范畴呢？

一般而言，内部客户和外部客户的区别在于公司同其客户之间关系的紧密程度的不同。公司内部客户，即为处于价值链中下游方向，与公司有着紧密联系的客户；外部客户，则是同公司没有深入的联系的客户群。目前公司的中间商与最终消费者都属于外部客户。

当公司同外部客户建立战略联盟，通过资产联结、知识联结等各种方式形成比较稳固的关系时，外部客户就转化为内部客户。成为公司内部客户的标志是实现公司与其客户共同的目标客户信息与知识的共享，公司与其内部客户实施统一的客户关系管理战略，两者在客户关系管理方面成为一个整体。

另外，在一些场合，"内部客户"也指公司内部的部门或员工，而"外部客户"则指供应链上有业务关系的下游企业，或为之提供产品/服务的客户。在公司内部的各部门，各职级、职能、工序和流程间也同样存在着提供产品和服务的关系。

综上所述，可以认为客户是任何接受或可能接受商品或服务的对象。这个对象不仅仅指最终购买者，处于供应链下游的中间商客户，虽然它不购买这些产品，但也属于客户的范畴；同时客户也不仅仅指外部客户，内部客户也需要企业更多的关注。

二、客户关系

新华字典中对"关系"一词的解释是：人和人或人和事物之间某种性质的联系。在社会学中，"关系"有其特定的含义，关系是随着人类社会的诞生而出现，也随着人类社会的发展而发展，不以人的意志为转移，是客观存在的。只要有人的存在与交往，就存在着关系的发生、发展、结束等变化，人与人的关系具有非常丰富而复杂的内涵。当然，在传统营销学领域，在公司与客户之间，最常见的关系就是通过购买消费行为而形成的联系。一般而言，客户关系是指在市场中由于消费、买卖等活动而形成的一种关系，产生于客户的购买，终止于产品使用生命周期的结束。一旦建立这样的关系，则意味着双方都必须兑现自己的承诺，即一方提供使对方满意的产品或服务，另一方提供对方满意的货币价值。这是一种互惠互利的关系，由于客户关系的实现，企业提供产品，实现产品的市场价值并获得利润，客户付出货币使其需求得到满足。

另外一种情况，当客户还没有购买公司的产品或服务的时候，客户与公司之间是否存在关系呢？上一部分中，我们谈到了潜在客户，对于这部分可能购买公司产品或服务的客户，他们可能对公司有很好的感觉，但目前还没有发生客户行为。根据关系的定义，可以认为潜在客户对公司的好感也是某种性质的联系，只是这种感觉与客户行为相比是非显性的，难以察觉和统计。但是这种感觉对于企业利润成为可能，这类潜在客户群体的存在才使得公司可扩大市场份额、增加公司利润成为可能，因此这类客户关系对公司而言也是尤为重要的。

产生客户关系的最终目的是实现客户价值，既包括公司为客户创造的价值，也包括客户为公司创造的价值。客户关系发展到最终将体现为一种情感上的交流，双方发展交易关系，产生人与人之间的交流，进而演化成一种情感，当然情感有好与坏、喜欢与不喜欢、满意与不满意之分。公司必然都期盼有良好的客户关系，希望客户对公司的产品与服务感到满意、喜欢，进而对公司产生忠诚感，持续不断地购买公司的产品与服务。客户关系有完整的生命周期，从建立关系、发展关系、维护关系到最后关系破裂，企业要关注前三个阶段，尤其是维护关系的阶段，从而避免关系的破裂。

第二节　客户关系的类型

从公司的战略角度而言，产品和价格是可以在短期的竞争中取得优势的，但是公司的长期生存和发展则需要关注客户，客户关系管理对于企业而言有着长远的战略意义，它必将成为当今信息社会公司的核心竞争力之一。

公司与客户的关系不是静止的、固定的，它是一种互动的学习型关系，公司与客户之间要进行互动的沟通和交流，互相了解和影响，并能够在接触过程中进行学习从而更好地了解客户并提供更适合的产品或服务。如果说管理的目标在于创造客户，那么客户关系就是公司生存和发展的生命线。客户关系管理不仅仅要创造新的客户，还要维持老客户，提高客户的满意度与忠诚度，提升客户的价值和利润。它所蕴涵的资源和商机，将为公司提供一个崭新而广阔的利润空间。

著名的市场营销学大师菲力普·科特勒（Philip Kotler）将企业与客户的关系简单地概括为五大类型：基本型、被动型、责任型、主动型和伙伴型。

基本型是指公司/销售人员将产品销售出去后就不再与客户接触，对客户不闻不问。

被动型是指公司/销售人员将产品销售出去后，承诺或者是鼓励客户在遇到与产品有关的问题时，主动与企业联系，企业为客户提供解决问题的方法和途径。

责任型是指公司/销售人员完成销售后，主动及时地与客户联系，了解产品是否符合客户的要求，是否满足客户的需求；主动向客户询问有关产品的使用情况、改进意见以及产品自身的缺陷，以此来帮助企业自身不断地改进产品，使之更加符合市场的发展趋势以及客户的要求。

主动型是指公司/销售人员完成销售后，除主动联系客户、了解客户的意见以实现对产品的改进之外，还不断地主动向客户提供有关改进产品的建议和新产品的信息。

伙伴型是指公司/销售人员完成销售后，不断地与客户之间实现互动，与客户共同努力，将产品更加完善，帮助客户解决实际问题，支持客户成功，实现与客户共同发展。

这五种客户关系的类型本身并无优劣可言，但是，当面对不同的公司或不同的产品时，建立何种业务模式将对产品的推广产生很大的影响。

【本章小结】　客户是任何接受或可能接受商品或服务的对象。客户关系是指在市场中由于消费、买卖等活动而形成的一种关系，产生于客户的购买，终止于产品使用生命周期的结束。产生客户关系的最终目的是实现客户价值，既包括公司为客户创造的价值，也包括客户为公司创造的价值。公司的长期生存和发展需要关注客户。企业与客户的关系可以概括为五大类：基本型、被动型、责任型、主动型和伙伴型。

思考与练习题

1. 什么是客户关系？
2. 客户关系的类型有哪几种？
3. 案例分析

南京的一家超市希望通过客户分析同客户建立一种长期、稳定的，能使双方都平等互利的密切合作关系。该超市随机抽取一年的销售统计表来进行分析，按销售额的多少找出其中对企业最有价值的客户、企业需要花费时间和精力的客户以及客户的行为特征和购买特点等。

通过分析，摸清了周边住宅小区的居民是超市最稳定的客户，居民在超市的购物总费用占超市销售额的55%左右，由此得出周边小区的居民是企业进行稳定销售的坚实基础，企业一定要竭尽全力想方设法地稳定住这部分客户。

单个销售额最大的是周边的几家外企，虽然购买的次数不多，但购买商品的数额巨大。外企大量购置办公用品，尤其是节假日的时候，为了给员工发放礼品，会进行大批量的采购。面向这些外企的销售额占超市销售额的15%左右。对这几家外企，超市决定送货上门，特别是在节假日的时候超市更应主动同它们联系，向它们推荐适宜于企业发放的礼品，而且从价格上给予优惠。这几家外资企业对超市的这种举措感到很满意，因为它们不仅得到了价格上的优惠，节省了费用，而且也省去不少的麻烦，于是它们把所有的订单都给了这家超市。

思考：（1）如何分析客户对于企业的价值？（2）这家超市是如何维系与客户的关系的？

第二章　建立客户关系的方法

【开篇案例】　国内一家长期从事进口贸易的 A 公司，有一次在同法国商人 B 就进口该公司的化工原料进行洽谈时，B 公司答应了 A 公司的所有交易条件，但就是不与 A 公司签约，要求 A 公司必须委托海外中间商公司代签合同并开出信用证，理由是海外中间商公司信用度高、付款及时可靠。考虑到这生意是长期性的，A 公司只好在美国德拉瓦成立公司，在上海外资银行开设德拉瓦公司的离岸账户（该账户具有国际贸易中的所有各种结算功能），这样才与客户建立了长期的良好合作关系。

这是一个委托信用度高的中间商公司代签合同并开出信用证的外贸案例，充分体现了信用度高、付款及时可靠在外贸交易过程中的重要性。为了搞好国际贸易工作，国内企业和个人必须学会建立客户关系，通过不断地展示良好的自我形象，赢得客户的信赖。

【学习目标】　通过对本章的学习，理解建立客户关系的意义，掌握在出口贸易和进口贸易中建立客户关系的方法和步骤。

第一节　出口业务客户关系的建立

与客户建立关系是正式开展出口业务的重要步骤，是能否达成贸易的基础。一笔具体的出口贸易，通常首先要向潜在客户发函以建立客户关系，其后经过磋商过程，最终达成贸易。要扩大业务，就要在巩固原有客户的基础上，不断寻找新的客户，不断建立客户关系。出口商如何建立客户关系呢？

一、寻找进口商的方法

寻找潜在进口商是建立业务关系的第一步。在确定目标市场后，就要设法寻找潜在进口商并与他们取得联系。

下面为几个能有效帮助出口商寻找潜在客户的企业名录：

（1）北美制造企业名录（www.thomasregister.com）。

（2）欧洲制造企业名录（www.tremnet.com）。

（3）美国制造企业名录（www.thomasregional.com）。

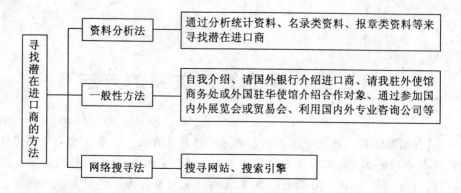

（4）世界黄页（www. worldyellowpages. com）。

（5）世界贸易指南（www. gtdirectory. com）。

二、与潜在进口商联系并建立关系

1. 与潜在进口商联系并建立客户关系的基本途径

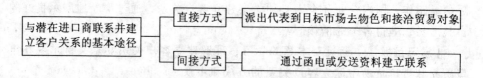

2. 与潜在进口商联系并建立客户关系的基本步骤

【情景模拟】　陶涛有一天从市场调查中了解到本公司的欢乐牌毛绒拖鞋在加拿大有潜在的需求，而加拿大 Leisure 公司就是一家专门从事从中国进口轻工产品的公司，觉得可以与其建立业务关系。经请示后，得到梁经理的赞许。梁经理让陶涛给 Leisure 公司发一封建立商业往来关系的电子邮件，并且随附产品目录，要求信函格式完整、正确。加拿大 Leisure 公司的全称及详细地址如下：

Leisure International Trading Corporation

237 Johnson Rd. 39210

Vancouver B. C. , Canada

Tel：01-11-4533212 Fax：01-11-4533211

信函日期：2007 年 3 月 2 日

以下是陶涛写的建交函，试根据这份建交函总结拟写建交函的要点。

上海健龙进出口有限公司　中国　上海　番禺路 888 号

Shanghai Jianlong Imp. & Exp. Co. Ltd. 888 Panyu Road

TEL：0086-21-62485800 Shanghai China FAX：0086-21-62485801

DATE：MAR. 2ND, 2007

Leisure International Trading Corporation, 237 Johnson Rd. 39210, Vancouver B. C., Canada　TEL：01-11-4533212　FAX：01-11-4533211

Dear Sir/Madame,

We know your firm through market research, and take the pleasure of introducing our firm to you as an exporter specializing in various kinds of shoes and caps.

For over 7 years, we have been engaged in this line of business, especially slippers. We have a number of regular customers in the U. S. market, to which we have been supplying considerable quantities of slippers every year. So, to a certain extent we can take pride in our knowledge of the requirements and tastes of your market.

We are glad to find through our market research that our Huanle Brand Boa Slippers are receiving warm welcome in North American countries. There is enough evidence showing that the potential demand of our Boa Slippers is quite large, which also means a bright outlook for business between us. For any information on our financial standing, please refer to Bank of China, Shanghai Branch, Shanghai, P. R. C. Attachment is our catalogue of various kinds of Huanle Brand Boa Slippers, and some other commodities. We do hope that this initial fax will arouse your interest in our goods, and that we may enter into friendly business relations.

Yours truly,

SHANGHAI JIANLONG IMP. & EXP. CO. LTD.

MANAGER

×　×

第二节　进口业务客户关系的建立

选择贸易伙伴直接关系到进口贸易的得失与成败，是贸易前准备工作中至关重要的环节。进口商应通过各种途径从各方面对国外供应商进行全面了解，从而选择最适合、成交可能性最大的客户，并与其建立客户关系。

一、寻找国外潜在供应商

进口商在开展市场营销时往往能同时取得一些潜在供应商或出口商的基本资料，当然也有主动找上门来的或有其他客户介绍的供应商或出口商。

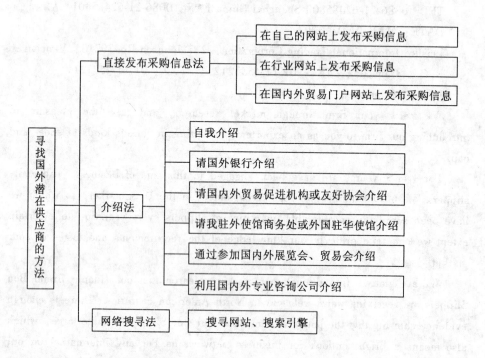

二、建立客户关系基本步骤

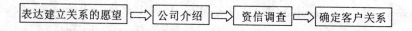

【案例思考2-1】 某工艺品进口公司的业务员小张在网上看到韩国某公司的产品介绍，欲与该韩国公司建立业务联系，于是写了一份电子邮件：

Gentlemen,

As one of the largest importers of Chinese Arts & Crafts in this city , we shall be pleased to establish relation with you.

At present, we are interested in your products, details as per our Inquiry Note No. 618 attached, and shall be glad to receive your keenest quotation as soon as possible.

Yours truly,

× ×

（先生：作为本市最大的工艺品进口商，我公司非常高兴与贵公司建立贸易关系。目前，我们对你方的产品感兴趣，详细情况如随函第 618 号询价单所示，若能早日收到你方富有竞争力的报价将十分有幸。）

请问：小张写的这份电子邮件有何优缺点？

【案例思考 2-2】　　A 进口企业按 CFR 条件从国外某新客户处进口 500 美元货物。合同签订，国外出口商声称已按合同规定交货，并凭符合要求的单据已付了货款，但装运船只却一直未到达目的港。后经多方查询得知，承运人原是一家小公司，在船舶起航后不久就宣布倒闭了，承运船只是一条旧船，船、货最终也下落不明。请问：从此案中我们应汲取什么教训？

【本章小结】　　与客户建立关系是正式开展出口业务的重要步骤，是能否达成贸易的基础。一笔具体的出口贸易，通常首先要向潜在客户发函以建立客户关系，其后经过磋商过程，最终达成贸易。要扩大业务，就要在巩固原有客户的基础上，不断寻找新的客户，不断建立客户关系。

选择贸易伙伴直接关系到进口贸易的得失与成败，是贸易前准备工作中至关重要的环节。进口商应通过各种途径从各方面对国外供应商进行全面了解，从而选择最适合、成交可能性最大的客户，并与之建立客户关系。

思考与练习题

1. 建立客户关系的方法和步骤有哪些？
2. 在建立客户关系时应注意什么问题？
3. 实训题

毕业后，你受聘于上海杰依工贸公司，一家拥有自己生产厂商的纺织品经营公司。作为新加入的业务员，你首先要熟悉公司的客户网络。在整理资料的过程中你发现了如下一张名片：

```
HASSAN AL KAMAR FOR GENERAL
TRADING PURCHASING MANAGER
        LAMIA KHASHOGGI
ADD：P. O. BOX 20242 TAIZ STREET
SANA, REPUBLIC OF YEMEN
```

询问后得知该公司是也门一家颇有信誉的中间商，专营各类纺织品，具有广阔的销售渠道。本公司曾与其做过几笔贸易，但由于去年一批货物出了质量问题，发生了一点摩擦，至今未再有联系。为开拓市场，公司决定与其重新建立客户关系，介绍本公司的发展情况，了解当地的市场信息，向其推荐天乐牌腈棉毯，并随寄最新商品目录。

请发函与也门这家公司重新建立客户关系并制定你的出口经营方案。

第二篇　进行业务洽谈

进出口企业在与国外客户建立了业务关系之后，可就具体业务与国外客户进行交易磋商，双方对各项交易条件协商一致后，就可达成进出口协议或签订国际货物买卖合同。在实际业务中，国际货物买卖合同的交易条件可以分为五类：①货物条件，包括品名、品质、数量、包装等；②价格条件，包括单价、总价、价格术语、佣金或折扣等；③交货条件，包括交货的时间、地点、运输方式、运输保险等；④支付条件，包括支付工具、支付方式、支付时间及地点等；⑤争议处理条件，包括商品检验、索赔、不可抗力、仲裁等。本篇将对这些交易条件的具体内容以及如何进行合同的磋商进行阐述。

第三章　商品的品名、品质、数量和包装

【开篇案例】　中国某公司出口苹果酒一批，国外来证规定品名为"Apple Wine"。该公司提交的所有结汇单据中的品名均为"Apple Wine"。不料货物在进口国遭到海关扣留罚款，原因是该批货物内外包装上的品名均为"Cider"。外商要求我方赔偿其损失。请问我方有无责任？

在国际贸易中，交易的每种商品都有其具体的名称，并表现为一定的品质和数量，而交易的大多数商品都需要一定的包装。在进行交易磋商和签订合同的过程中，买卖双方首先要明确这些交易条件。

【学习目标】　通过对本章的学习，理解国际货物买卖合同中商品品名、品质、数量及包装条款的基本内容，掌握规定这些条款的方法及在实际业务中应注意的事项，并具备相应的实践技能。

第一节　商品的品名

一、列明品名的意义

在国际贸易中，交易双方在洽商交易和签订合同时，很少见到具体的商

品，一般只是凭借对拟买卖的商品作必要的描述来确定交易的货物。按照有关的法律和商业惯例的规定，对交易货物的具体描述，是构成商品的一个主要组成部分，是买卖双方交接货物的一项基本依据。若卖方交付的货物不符合约定的品名或说明，买方有权拒收货物或撤销合同并提出损害赔偿。因此，在合同中列明交易货物的具体名称，具有重要的法律和实践意义。

二、品名条款的内容

商品的品名是指某种商品区别于其他商品的称呼，在一定程度上体现了商品的自然属性、性能、用途等。

按照我国和国际上的通常做法，合同中的品名条款一般比较简单，通常是在"商品名称"或"品名"（Name of Commodity）的标题下，列明交易双方同意买卖的商品名称，如：Name of Commodity：Plush Toy Bear（品名：绒毛玩具熊）。有时为了省略起见，也可不加标题，只在合同的开头部分，列明交易双方同意买卖某种商品的文句。但由于一种商品往往有不同的品种、等级和型号，为明确起见，可以把有关具体品种、等级或型号的概括性描述包括进去，有时甚至把商品的品质规格都包括进去，在这种情况下，它是品名条款与品质条款的合并。

三、规定品名条款的注意事项

国际货物买卖合同中的品名条款，是合同中的主要条件。因此，在规定此项条款时，应注意下列事项：

第一，用文字表达品名条款的内容时必须明确、具体，应能确切反映商品的特点，切忌空泛、笼统或含糊，以免给合同的履行带来不应有的困难。

第二，条款中规定的品名，必须是卖方能够供应而买方所需的商品，凡做不到或不必要的描述性词句都不应列入，以免给履行合同带来困难，引起纠纷。

第三，有些商品的名称，在各地叫法不一，为避免误解，应尽可能使用国际上通行的称呼。若必须使用地方性名称，交易双方应事先就其含义取得共识。对于某些新商品的定名及译名，应力求准确、易懂，并符合国际上的习惯。

第四，注意选用适当的品名，以利减低关税，方便进出口和节省运费开支。

第二节　商品的品质

一、商品品质的含义

【案例思考3-1】　　我青岛某公司向日本出口一批红枣。合同及信用证上均写明为三级品，但到我方发货装船时才发现三级品红枣库存告罄，于是该公司改以二级品红枣顶替三级品红枣交货，并在发票上加注："二级品红枣仍按三级品计价"。这种以好顶次的做法是否妥当？为什么？

商品的品质（Quality of Goods），也称商品的质量，是指商品的内在素质和外观形态的综合。前者是指商品的物理和机械性能、化学成分、生物特征、技术指标等，后者是指人们的感官直接可以感觉到的外形特征，如商品的大小、造型、款式、色泽及味觉、嗅觉等。

品质就是商品的质量，其重要性是显而易见的，质量是产品的生命，在国际市场上，商品品质的优劣不但对商品价格高低起重要作用，而且直接影响其销路，甚至关系到国家的信誉。因此，提高出口商品的品质具有重大的政治、经济意义。

合同中的品质条款是买卖双方交接货物的依据。《联合国国际货物销售合同公约》（注：本教材其他地方均简称《公约》）规定，若卖方交货不符合合同约定的品质条件，买方有权要求损害赔偿，也可以要求修理或交付替代物，甚至拒收货物和撤销合同。

二、表示品质的方法

国际贸易中的商品种类繁多，品质各种各样。在交易磋商中，明确商品品质的关键在于正确选用表示品质的方法。表示品质的方法可以分为两大类：一类是以实物表示，另一类是以文字说明表示。

（一）以实物表示商品品质

1. 看货买卖

看货买卖是指买卖双方根据现有商品的实际品质进行交易。通常先由买方或其代理人在卖方所在地验看货物，达成交易后，卖方即应按验看过的商品交付货物。只要卖方交付的是验看过的商品，买方就不得对品质提出异议。看货买卖多用于寄售、拍卖和展卖等业务中。

2. 凭样品买卖

凭样品买卖是指买卖双方同意根据样品进行磋商，并以样品作为交货的品质依据而达成交易。

在实际业务中，凭样品买卖按样品提供者的不同，可分为下列几种：

(1) 凭卖方样品买卖。这是指以卖方提供的样品作为交货的品质依据，合同中订明："Quality as per Seller's Sample"（品质以卖方样品为准）。采用这种方式成交，卖方提供的样品应该有足够的代表性，在将原样送交买方的同时，应该留有复样并妥善保管，以备在组织生产、交货或处理争议时核对之用。卖方还应在原样和复样上编上相同的号码，注明送交买方的日期，以便函电联系。

(2) 凭买方样品买卖。这是指以买方提供的样品作为卖方交货的品质依据，又称"来样成交"。合同中要订明：Quality as per Buyer's Sample（品质以买方样品为准）。凭买方样品买卖时，卖方应该注意生产的可行性，并防止侵犯第三者的工业产权。

(3) 凭对等样品买卖。这是指卖方根据买方提供的样品，加工复制一个类似的样品交买方确认，经确认后的样品就是对等样品，或称"回样"，也称之为"确认样品"。买方一旦确认以"回样"或"对等样品"作为双方交易的品质依据，就等于把"凭买方样品买卖"转变为"凭卖方样品买卖"。凡以买方样品作为交接货物的质量依据，一般还应在合同中明确规定，如果发生由买方来样引起的工业产权等第三者权利问题，则与卖方无关，而应由买方负责。采用凭样品买卖时应注意交货与样品品质的一致性、酌情采用和灵活规定等方面的问题。

3. 凭样品买卖应注意的事项

(1) 凡凭样品买卖，卖方必须承担交货品质与样品完全一致的责任。

(2) 凭样品买卖，买卖双方容易在履约过程中产生品质方面的争议，只能酌情采用。一般只适用于在造型上有特殊要求或难以用科学指标表示商品品质的商品。

(3) 当卖方对交货品质无绝对把握，或对于一些不完全适合于凭样品成交的商品，可在合同中特别订明"品质与样品大致相同"（Quality Shall Be about Equal to the Sample）。

(4) 要注意留存复样，必要时可使用"封样"的做法，即由公证机构在一批商品中抽取样品若干份，对每份样品用封条、火漆或铅封等加封，以备防止或处理品质争议之用。

(二) 以文字说明表示商品品质

凡以文字、图表、照片等方式来说明商品的品质者，均属凭说明表示商品品质的范畴，具体包括下列几种：

1. 凭规格买卖（Sale by Specification）

规格是指一些足以反映商品质量的主要指标，如化学成分、含量、纯度、性能、容量、长短、粗细等。用规格来确定货物的品质进行买卖，即"凭规格买卖"。凭规格买卖具有简单易行、明确具体且可灵活调整的特点，故在国际贸易中广为应用。

2. 凭等级买卖（Sale by Grade）

等级是指同一类商品按其质地的差异或尺寸、形状、成分、效能上的不同，用文字、数字或符号所做的分类。"凭等级买卖"只需说明其级别，即可明确交易商品的品质。这种表示品质的方法，对简化手续、促进成交和体现按质论价等方面都有积极作用。

3. 凭标准买卖（Sale by Standard）

标准是指商品规格和等级的标准化。商品的标准，一般由标准化组织、政府机关、行业团体、商品交易所等规定并公布。在国际贸易中，有些商品习惯于采用某种标准作为说明和评价商品品质的依据，即"凭标准买卖"。

在国际贸易中，对于某些品质变化较大而难以规定统一标准的农副产品，以及某些品质构成条件复杂的工业制成品，买卖双方往往采用交易所、检验局等选定的标准物来表示商品的质量。以标准物表示交易商品质量的方法有两类：第一种为"良好平均品质"（Fair Average Quality，缩写为 F. A. Q.），是指一定时期内某地出口商品的平均品质水平，一般是以中等货而言。如中国东北大豆，2003 年收成，F. A. Q.。有时在使用时，除在合同中注明 F. A. Q. 字样外，还应订明该货物的主要规格。例如：中国花生仁，F. A. Q.，水分（最高）13%，碎粒（最高）5%，含油量（最低）44%。第二种为"上好可销品质"（Good Merchantable Quality，缩写为 G. M. Q.），是指卖方必须保证其交付的货物品质良好，合乎销售条件，在成交时无需以其他方式证明产品的品质。这种表示方法比较抽象笼统，在履行合同时容易引起争执，应尽量少用。

4. 凭说明书和图样买卖（Sale by Descriptions and Illustrations）

在国际贸易中，大多数机电、仪器、仪表等技术密集型产品，因其结构复杂，对材料和设计的要求严格，用以说明其性能的数据、指标较多，很难用几个简单的指标来表明其品质的全貌，而且有些产品，即使其名称相同（如电视），其制造技术、功能也有很大差别。因此，对这类商品的品质，通常是以说明书并附以图样、照片、设计图纸、分析表及各种数据来说明其具体性能和结构特点。按这种方式进行交易，称为凭说明书和图样买卖，此时，卖方要承担交货品质必须与说明书和图样完全相符的责任。

5. 凭商标或牌名买卖（Sale by Trade Mark or Brand Name）

商标是指生产者或销售商用来说明其生产或出售的商品的标志，它可由一个或几个具有特色的单词、字母、数字、图形或图片等组成。牌名是指厂商或销售商所生产或销售商品的牌号，简称品牌。商标是牌号的图案化，是特定商品的标志。凭商标或牌名买卖，即以商标或牌名作为卖方交货的品质依据，一般只适用于一些品质稳定的工业制成品或经科学加工的初级产品。

6. 凭产地名称买卖（Sale by Name of Origin）

有些产品，因产地的自然条件、传统加工工艺等因素影响，在品质上具有其他产区的产品所不具有的独特风格和特色，在国际上享有盛誉。对这类商品，可以采用产地名称来表示其独特的品质、信誉，即为凭产地名称买卖。例如，山东莱阳梨、四川涪陵榨菜、江西景德镇陶瓷等。在国外，如哥伦比亚咖啡等。

三、合同中的品质条款

（一）品质条款的内容

品质条款是国际货物买卖合同中的一项主要条件，它是买卖双方对货物的质量、等级、标准、规格、商标、牌号等内容的具体规定，同时也是商检机构进行检验、仲裁机构或法院解决品质纠纷案件的依据。品质条款的内容有繁有简，一般视商品品质的表示方法而定。举例如下：

例1 Quality to be strictly as per sample submitted by seller on the 10th January, 2007. Sample Number: NT002 Plush Toy Bear. Size：24′.

质量应严格符合卖方于 2007 年 1 月 10 日提供的样品。样品号：NT002 长毛绒玩具熊。尺码：24 英寸。

例2 Northeast Soybean, Moisture（max）14%，Admixture（max）1%，Unsoundgrain（max）7%，Oil content（min）18%.

东北大豆，水分（最高）14%，杂质（最高）1%，不完善粒（最高）7%，含油量（最低）18%。

例3 Chinese Green Tea, Special Chunmei Special Grade Art，No. 41022.

中国绿茶，特珍眉特级，货号41022。

例4 Quality and technical data to be strictly in conformity with the description submitted by the seller.

品质和技术数据必须与卖方所提供的产品说明书严格相符。

例5 "Golden Star" brand color television set. Model：SC374, System：PAL/BG, 220V, 50Hz, 2 round-pin plug, with remote control.

"金星牌"彩色电视机。型号：SC374，制式：PAL/BG，220V，50Hz，双圆头插座，带遥控。

（二）品质机动幅度

在国际贸易中，某些商品难以保证交货品质与合同规定完全一致，为保证交易的顺利进行，可在品质条款中规定一些灵活条款。

1. 质量机动幅度（Quality Latitude）

质量机动幅度是指对特定质量指标，允许在一定幅度内的波动，主要用于某些初级产品，以及某些工业制成品的质量指标。具体方法有三种：

（1）规定范围。如色织条格布，幅宽40~41英寸。

（2）规定极限。如羊绒衫，羊绒含量最少98%（wool 98% minimum）。

（3）规定上下差异。如羽绒服：灰鸭毛，含绒量18%，允许误差±1%（1% more or less）。

2. 品质公差（Quality Tolerance）

品质公差是指为国际同行业所公认的产品品质的误差。在工业品生产过程中，产品的质量指标发生一定误差是难以避免的（如手表走时每天误差若干秒，应算走时正常）。这种误差，即便在合同中没有规定，只要卖方交货品质在公差范围内，也不能视做违约。公差条款可以采用国际同行业公认的误差，也可以由买卖双方共同议定。

（三）订立品质条款应注意的问题

【案例思考3-2】 我国某公司同日本公司签订出口羊绒衫合同，共出口羊绒衫10 000件，价值100万美元。合同规定羊绒含量为100%，商标上也标明"100%羊绒"。当日方对我方公司出口羊绒衫进行检验后，发现羊绒含量不符合合同规定而提出索赔，要求赔偿200万美元。最后我方公司赔偿数十万美元结案。

在订立品质条款时，应注意以下几个问题：

1. 选用适当的表示商品品质的方式

有些商品只适宜凭样品进行买卖，有的则需凭规格、等级、标准或说明书进行买卖。在具体业务中，如同时采用两种方式，应明确以何种为准，其余仅供参考。如果能使用一种方法表示，则尽量不要使用两种方法。若能用其他方法表示的，则尽量不使用凭样品表示。如果两种方式只是分别代表某一方面的要求，如样品表示商品的外形，规格表示商品的内在质量，则应在合同中作相应的规定，不要笼统订为"品质按样品和规格"。

2. 要从实际出发，不能订得过高或过低

3. 要注意科学性和灵活性

科学性是指用词要明确、具体，不能含糊笼统，一般不用"大约"、"左右"、"合理误差"等字样；灵活性是指质量指标不要订得太死、绝对化，可适当规定品质机动幅度或品质公差。

第三节 商品的数量

【案例思考3-3】 我国某公司从澳洲进口1 000公吨大豆,合同规定:新麻袋包装,每袋25千克,每公吨200美元FOB悉尼,T/T付款。货到后我方验货发现:所交货物每袋毛重25千克,净重24千克。我方马上去电要求对方扣除短量部分的货款,并向外商寄送有关部门出具的检验证明。请问我方要求是否合理?为什么?

在进出口业务中,正确掌握交易商品的数量,对促进交易的达成和争取有利的价格具有重要的作用。商品数量是国际货物买卖合同中不可缺少的主要条件之一,合同中的数量条款是买卖双方交接货物的数量依据。《公约》规定,买方可以收取也可以拒绝收取全部多交货物或部分多交货物;如果卖方短交,则可允许卖方在规定交货期届满之前补齐,但不得使买方遭受不合理的不便或承担不合理的开支,即使如此,买方也保留要求损害赔偿的权利。

一、计量单位和计量方法

在国际贸易中,当确定交易商品的数量时,必须明确采用什么计量单位。由于商品的种类和性质不同,适用的计量单位不尽一致,加上各国的度量衡制度的差异,所以采用的计量单位和计量方法多种多样。

(一) 度量衡制度

目前,国际贸易中常用的度量衡制度有:公制、英制、美制和国际标准计量组织在公制基础上颁布的国际单位制。我国计量法规定,我国的法定计量单位以国际单位制为基础。

(二) 计量单位

国际贸易中使用的计量单位常见的有以下几种:

1. 按重量(Weight)计算

许多农副产品、矿产品和工业制成品都按重量计算。重量单位有公吨、长吨、短吨、千克、克、盎司、公担、磅等。

2. 按长度(Length)计算

适用货物如布匹、绳索、电线、电缆等。常用单位有米、英尺、码等。

3. 按面积(Area)计算

适用货物如玻璃板、地毯、皮革、铁丝网、塑料布等。常见的单位有平方米、平方英尺、平方码等。

4. 按体积(Volume)计算

适用货物如化学气体、木材等。常用单位有立方米、立方英尺、立方码等。

5. 按容积（Capacity）计算

适用货物如谷物类，以及部分流体、气体物品。常用单位有公升、加仑、蒲式耳等。

6. 按数量（Number）计算

适用货物如一般日用工业品、日用消费品以及部分农产品。常用单位有只、件、双、打、罗、箱、辆、包、袋、桶、瓶、罐、听、头、捆、套、令、卷等。

（三）计量方法

在国际贸易中，有许多商品是按重量买卖的。根据一般商业习惯，计算重量的方法有以下几种：

1. 毛重（Gross Weight）

毛重是指商品本身的重量加上包装的重量（即皮重）。在国际贸易中，有些低值货物常以毛重作为计算价格的基础。另外，有些商品因包装本身不便与商品分别计量，或因包装材料与商品价格差不多，习惯上也以毛重作为计算价格的基础，这种规定称之为"以毛作净"（Gross for Net）。

2. 净重（Net Weight）

净重是指商品本身的实际重量，不包括包装的重量。在国际贸易中，对以重量计量的商品，大部分都按净重计价，这是最常见的计量方法。

按净重计量，关键是如何计算包装的重量。具体计算方法如下：

（1）按实际皮重计算。即称量整批货物的每件包装物的重量而求得的总包装重量。

（2）按平均皮重计算。在商品包装比较统一的情况下，可从整批商品中抽取一定件数的包装物，以其实际重量求出平均每件包装物的重量，再算出全部包装的重量。

（3）按习惯皮重计算。有些商品使用的包装材料和规格已定型，其重量已为市场所公认。这个公认的皮重，就是习惯皮重。计算时，只要将习惯皮重乘以总件数即可。

（4）按约定皮重计算。即以买卖双方事先约定的单件包装重量，乘以商品的总件数，求得该批商品的总皮重。

3. 公量（Conditioned Weight）

有些吸湿性较强的商品，如棉花、羊毛、生丝等，其重量很不稳定但经济价值较高。为了准确计算这类商品的重量，国际上通常采用按公量计算的方法。公量的计算公式为：

公量 = 商品实际净重 × （1 + 标准回潮率）/ （1 + 实际回潮率）

4. 理论重量（Theoretical Weight）

某些有固定规格、固定尺寸、重量大致相等的货物，以其单个重量乘以总件数而推算出来总重量，如钢板等。这种计量方法称为理论重量。

5. 法定重量（Legal Weight）

法定重量是指纯货物重量加上直接接触商品的包装材料的重量。法定重量是海关依法征收从量税时作为征税基础的计量方法。

6. 实物净重（Net Net Weight）

又称纯净重，它是指在法定重量中扣除直接接触商品的包装物料重量之后的纯商品重量。这种方法主要也为海关征税时使用。

二、合同中的数量条款

（一）数量条款的内容

国际货物买卖合同的数量条款主要由成交数量和计量单位组成。以重量成交的商品还需明确计量的方法。另外，有时合同中还会规定数量的机动幅度。

例如，Quantity：1，000M/T，gross for net，with 3% more or less at seller's option，such excess or deficiency to be at the contracted price.

数量：1 000 公吨，以毛作净，3%增减幅度，由卖方选择，增减部分按合同价格计算。

（二）规定数量条款应注意的事项

1. 数量条款应当明确具体

为了避免争议，合同中的数量条款要明确具体。在数量上一般不宜采用大约、近似、左右等带伸缩性的词语来说明，因为交易双方对这些词语的解释可能不一致。对计量单位的使用要完整，如用吨，则要明确是公吨、长吨或短吨。

如果合同规定采用信用证支付方式，则要注意《跟单信用证统一惯例》对数量的解释规定："约"量解释为有不超过 10% 的增减幅度；没有"约"量，也可有 5% 的增减，但该规定不适用于按包装单位或个数单位计量的商品。

2. 合理规定数量机动幅度

（1）数量机动幅度的含义。

在某些农副产品和工矿产品的交易中，由于受商品特性、生产能力、船舶舱位、装载技术或包装方式的限制，卖方在实际履约时难以严格按合同规定的数量交货，为了避免因卖方实际交货不足或超过合同规定而引起的法律责任，方便合同的履行，买卖双方可以在合同中规定数量机动幅度，即规定卖方在交货时可以溢交或短交合同数量的一定百分比，例如：500 公吨，卖方可溢短装

5%。这种条款称为溢短装条款。

（2）机动幅度的选择权。

一般来说，机动幅度由负责安排运输的一方选择，也可由运输方来决定，但为了避免争议，宜在合同中明确规定。

（3）溢短装数量的计价方法。

对多装或少装部分的计价结算，一般按合同价格结算。但是，数量上的溢短装在一定条件下关系到买卖双方的利益。在溢短装上有选择权的一方可利用装运时市价的变化而选择多装或少装。因此，为防止有权选择溢短装的当事人利用行市的变化，有意多装或少装，以获取额外的好处，可在合同规定不按合同价格结算，而按装船日的市场价格或目的地的市场价格结算，也可以按部分合同价格、部分市场价格结算。

第四节 商品的包装

【**案例思考3-4**】 某公司出口一批化工原料，合同规定用麻袋包装。出口商在装货时大部分货物使用单层麻袋装，有少量部分是用吸塑新麻袋装。货到以后，买方以包装不符合同规定为由拒收整批货物，而卖方则坚持买方应接受全部货物。于是双方产生争议。

国际贸易中的商品一般都有包装，只有少数商品没有包装而采用散装或裸装的方式。商品的包装是实现商品价值和使用价值的重要手段之一，绝大多数商品只有通过适当的包装，才能进入流通领域进行销售。商品采用包装的意义在于便于商品储运中的装卸、搬运、保管、清点，便于在销售中陈列展示、美化宣传、提高身价、吸引顾客，便于消费者认购、携带和使用。

此外，包装是货物说明的重要组成部分，是国际货物买卖合同中的一项主要条件。《公约》规定，卖方必须按照合同规定的方式装箱或包装。如果卖方交货未按合同规定的方式装箱或包装，就构成违约。因此，为了明确交易双方的责任，通常都在合同中对商品的包装作出明确、具体的规定。

一、包装的种类

按包装在商品流通过程中所起的作用不同，可以分为运输包装和销售包装。

（一）运输包装

1. 运输包装的种类

运输包装，又称外包装、大包装，其作用主要是为了便于商品的运输、装卸和储存。根据造型、材料、包装程度及包装方式的不同，运输包装可以分为以下几种：

（1）按包装方式不同，可以分为单件运输包装和集合运输包装。前者是指货物在运输过程中作为一个计件单位的包装；后者是指将若干单件运输包装组合成一件大包装，如集装包、集装袋、集装箱、托盘等。

（2）按包装造型不同，可分为箱、袋、包、桶、捆等。

（3）按包装材料不同，可分为纸制包装、金属包装、玻璃制品包装和陶瓷包装等。

（4）按包装质地不同，可分为软性包装、半硬性包装和硬性包装。

（5）按包装程度不同，可分为全部包装和局部包装。

在国际贸易中，买卖双方究竟采用何种运输包装，应根据商品特性、贸易习惯、货物运输路线的自然条件、运输方式和各种费用开支大小等因素，在商洽交易时确定，并在合同中具体订明。

2. 运输包装的标志

为了便于运输、仓储、商检和验关工作的进行，以及发货人与承运人、承运人与收货人之间的货物交接，避免错发错运，做到安全运输，货物在运送之前，都要按一定的要求，在运输包装上面书写、压印、刷制简单的图形、文字和数字，以资识别，这些图形、文字和数字，统称为包装标志。按其作用，包装标志可分为运输标志、指示性标志和警告性标志。

（1）运输标志（Shipping Mark），俗称唛头，通常由一个简单的几何图形和一些字母、数字及简单的文字组成，其作用是便于在装卸、运输、存储过程中识别、点数，防止错发错运。

运输标志的规定不宜太复杂，在可能的情况下，尽量采用由联合国推荐的标准运输标志。标准运输标志由 4 行组成，每行不超过 17 个字母（包括数字和符号），不采用几何图形。该标准运输标志包括：收货人或买方名称的英文缩写字母或简称；参考号，如运单号、订单号或发货票号；目的地；件数号码。现列举运输标志实例如下：

ABC………………收货人代号
1234………………参考号
NEW YORK…………目的地
1/25………………件数代号

（2）指示性标志（Indicative Mark），又称操作标志，一般都是以简单、醒目的图形和文字在包装上标出，提示人们在装卸、运输和保管过程中需要注意的事项。如：小心轻放、保持干燥等。

（3）警告性标志（Warning Mark），又称危险品标志，是指在危险货物包装上刷制的表明货物危险的性质和等级，让装卸、运输、保管等有关人员注意并提高警惕的标志。

（二）销售包装

销售包装（Selling Packing），又称内包装、小包装，它是直接接触商品并随商品进入零售网点和消费者直接见面的包装。这类包装具有保护商品的功能，更是商品促销的手段，还具有提高售价的功能，所以，销售包装在其造型结构、装潢画面和文字说明等方面，都有较高的要求。

1. 销售包装的种类

销售包装可采用不同的包装材料和不同的造型与式样，一般根据商品的特征和形状来确定。常见的销售包装有陈列展销类包装（如挂式包装、堆叠式包装）、识别商品类包装（如透明式包装、开窗式包装）、使用类包装（如携带式包装、易开包装、喷雾包装、配套包装、礼品包装、复用包装等）。

2. 销售包装的标示和说明

在销售包装上，一般都附有装潢画面和文字说明，并印有条形码。在设计和制作销售包装时应一并做好这几方面的工作。

（1）包装的装潢画面。装潢画面包括图案和色彩，要力求美观大方、富于艺术上的吸引力，并突出商品的特点，同时应注意适应有关国家的民族习惯、宗教信仰和爱好等。

（2）文字说明。文字说明通常包括商品名称、商标、牌号、产地、数量、成分、规格、用途、使用方法、注意事项等。这些文字说明必须实事求是、简明扼要，并符合进口国的有关规定。

（3）条形码。条形码是由一组带有数字的黑白及粗细间隔不等的平行条纹所组成的，它是利用光电扫描阅读设备为计算机输入数据的特殊的代码语言。条形码包含的信息有：商品的品名、数量、生产日期、制造厂商、产地等。计算机根据条形码在数据库中查询有关货物的信息，进行货款结算，打出购货清单，有效提高结算效率和准确率，方便销售。目前，许多国家的超级市场都使用条形码技术，如果商品销售包装上没有条形码，就不能进入超级市场。有些国家还规定，没有条形码就不能进口。

条形码自问世以来，产生了众多的编码系统，但目前得到国际公认用于商品包装的条形码主要有两种：一种是美国、加拿大组织的统一编码委员会的 UPC 码（Universal Product Code）；另一种是国际物品编码协会的 EAN 码（European Article Number）。我国于 1988 年 12 月建立了"中国物品编码中心"，并于 1991 年 4 月正式加入国际物品编码协会，该协会分配给我国的国别号为"690～693"。

二、中性包装、定牌 、无牌

（一）中性包装

中性包装是指在商品及内、外包装上均不注明生产国别的包装。中性包装又分为无牌中性包装和定牌中性包装。前者是指商品及包装上均不使用任何商标、牌名，也不注明生产国别；后者是指在商品及包装上使用买方指定的商标、牌名，但不注明生产国别。

采用中性包装是为了打破某些进口国家的关税或非关税壁垒以及适应交易的特殊需要（如转口销售等）。它是出口商加强对外竞销、扩大出口的一种手段。但应注意的是，近年来中性包装的做法在国际上屡遭非议，因此在采用中性包装时应谨慎从事。

（二）定牌

定牌，又称定牌生产，指卖方按买方要求在其出售的商品或包装上标明买方指定的商标或牌号。

目前，世界上许多国家的超级市场、大百货公司和专业商店，对其经营出售的商品都要标有本商店使用的商标或牌号（商号）。为了适应这种销售方式，扩大出口，我国也在对外贸易中接受定牌生产。其具体做法有：①完全采用定牌中性包装；②联合商标或牌号，既标明我国的商标或牌号，同时也加注国外商号名称；③采用买方商标或牌号，注"中国制造"字样。

（三）无牌

无牌是指卖方在商品及其包装上按买方的要求不标明商标和牌名，但标明生产国别的一种特殊的包装。对于一些原料、半成品以及价值不大的商品，采用无牌包装有利于买方降低成本。

三、合同中的包装条款

（一）包装条款的内容

在订立商品的包装条款时，要根据商品的特性、运输方式、进出口国的要求，进行具体明确的规定，一般包括包装材料、包装方式、包装规格、包装标志和包装费用的负担等内容。

例如，Packing: Each package shall be stenciled with gross and net weights, package number, measurement, port of destination, country of origin and the following Shipping Mark:

89ZHPC-075/

GUANG ZHOU

包装：每件货物上标志毛重、净重、编号、尺码、目的口岸、原产地，并刷明下列唛头：

89ZHPC-075/

GUANG ZHOU

若双方对包装标志无约定，合同中可不规定，由卖方自行印制。如：

Packing: Each piece in a poly bag, half dozen in a box, 10 dozen in a wooden case.

（包装：每件装一塑料袋，半打为一盒，十打装一木箱。）

（二）订立包装条款时应注意的事项

1. 对包装的规定要明确具体

明确规定包装材料、造型和规格，不宜采用"适合海运包装"、"习惯包装"或"按惯常方式包装"等含糊的语句，以免引起争议。

2. 明确包装费用由何方负担

按照国际贸易惯例，包装费用一般都包括在货价之内，不另计价，在包装条款中无需另行订明。但如果买方有特殊的要求，则需要在包装条款中订明包装费用的负担。另外，如果由买方供应包装或包装物料，应在合同中明确规定买方提供包装或包装物料的时间，以及由于包装物料未能及时提供而影响发运时买卖双方所负的责任。

3. 对于危险品包装的规定

应规定包装必须符合《国际海上危险货物运输规定》的有关要求。

4. 明确运输标志的指定

按照国际贸易惯例，运输标志一般由卖方决定，无需在合同中作具体规定。如果买方要求特定的运输标志，可以在合同中具体列明；如果买方要求在合同订立以后由其指定，则应在合同中明确规定买方指定的最后期限，并订明"若到时未收到有关唛头通知，卖方可自行决定"。

【本章小结】 商品的品质、数量和包装是国际货物买卖合同的最根本的标的物。本章介绍了买卖合同中品质条款、数量条款、包装条款的主要内容及具体的规定方法。品质条款的内容有繁有简，一般视商品品质的表示方法而定，应包括商品的品名、规格、等级、标准、商标、牌号或者样品号等。为了使品质条款具有实际操作性，可在合同中规定品质机动幅度与品质公差。

数量条款主要由成交数量和计量单位构成。不同的商品，其计量单位和计量方法也不同。对于难以准确掌握数量的大宗货物，可在合同中规定溢短装条款，同时规定溢短装的选择权和溢短装部分的计价方法。

包装条款涉及包装材料、包装方式、包装规格、包装费用和运输标志等内容。包装可以分为运输包装和销售包装两种类型。包装标志按其作用不同，主要分为运输标志、指示性标志和警告性标志三种。此外，中性包装和定牌包装也是国际市场上的习惯做法。

思考与练习题

1. 选择题

（1）凭样品买卖时，样品(　　)。

  A. 只能由卖方提供   B. 只能由买方提供

  C. 既可由卖方提供也可由买方提供

（2）卖方与买方凭规格达成交易，并将参考样品留给买方，货到目的港，经检验各项指标均与合同相符，但有一项不符合参考样品，买方(　　)。

  A. 有权提出索赔，品质应符合参考样品

  B. 无权提出索赔，卖方不受参考样品的约束

  C. 有权提出索赔，品质不仅要符合合同规定，还应符合参考样品

（3）珠宝、首饰等货物具有独特的性质，在出口确定其品质时(　　)。

  A. 最好用样品磋商   B. 最好用文字说明

  C. 最好看货洽谈成交

（4）外国来证规定：交货数量为 10 000 公吨散装货，未表明可否溢短重，不准分批装运，根据 *UCP* 600 规定，卖方发货的(　　)。

  A. 数量和总金额均可增减 10% B. 数量和总金额均可增减 5%

  C. 数量可增减 5%，总金额不得超过合同金额

（5）如果合同中没有明确规定用何种方法计算重量和价格，按惯例应以(　　)计算。

  A. 毛重   B. 净重

  C. 公量   D. 理论重量

（6）标准运输标志应该包括的内容是(　　)。

  A. 收货人名称的缩写或简称 B. 参考号

  C. 目的地   D. 件号或箱号

  E. 产地标志

2. 判断题

（1）凭对等样品成交实际上是将凭买方样品成交转为凭卖方样品成交。(　　)

（2）溢短装条款是在装运数量上可增减一定幅度，该幅度既可由卖方决定，有时也可由买方或承运人决定，应视合同中的具体规定而定。(　　)

（3）按重量计算的包装货物，如果合同中未明确规定是按毛重或净重计算，按惯例应按毛重计算。(　　)

（4）为了防止在市场价格波动时，享有溢短装权利的一方故意多装或少装货物，可以在合同中规定按装船时的市场价格计算溢短装部分的价格。（　　）

（5）定牌中性与无牌中性的共同点在于两者在商品及内外包装上都不注明生产国别。（　　）

3. 问答题

（1）表示货物品质的方法有哪些？如何选择使用？

（2）凭样品买卖有哪些基本要求？应该注意什么问题？

（3）合同中规定数量机动幅度应该注意哪些问题？为什么？

（4）在合同中未规定溢短装条款的情况下，能否多装或少装？

（5）包装标志有哪几种？运输标志包括哪些主要内容？

4. 案例题

（1）某公司出口一批脱水菠菜到香港地区，质量条款规定："水分不超过8%或水分为8%"。试分析这两种规定是否相同？若该公司实际交货质量高于或低于该标准，则卖方所要承担的责任是什么？

（2）我国某出口公司与美商凭样成交一批高档出口瓷器，复验期为60天。货到国外经美商复验后未提出任何异议。但事隔一年，买方来电称：瓷器全部出现"釉裂"，只能削价销售，因此要求我方按原价赔偿60%。我方接电后立即查看留存的复样，亦发现釉下有裂纹。问：我方可否考虑给予赔偿？

（3）某公司对外销售杏脯1.5公吨，合同规定纸箱装，每箱15公斤（内装15小盒，每小盒1公斤）。交货时，由于此种包装的货物短缺，于是便以小包装（每箱仍为15公斤，但内装30小盒，每盒0.5公斤）货物发出。到货后，对方以包装不符合为由拒绝收货。卖方则认为数量完全相符，要求买方付款。试问：责任在何方，应该如何处理？

5. 操作题

（1）试用各种不同的表示货物品质的方法，草拟某一绿色产品销售合同中的品质条款，并进行相应的比较说明。

（2）试用所学的溢短装条款的规定方法，规定某一农产品购货合同中的数量条款。

（3）我某公司与丹麦某进口商签订了一份布鞋出口合同，共计2 500件，合同号为95BF01DK03，价格术语为CIF哥本哈根。试根据以上资料，制作一个标准的唛头。

第四章　贸易术语

【开篇案例】　我方与香港客商签订了一笔原材料交易合同，于2007年9月向香港客商报价 USD50/MTCIFHK。港商回电同意我方价格，但要求我方改为 USD50/MTFOBHK。请依据 *INCOTERMS* 2000 的规定，分析我方可否接受？

国际贸易术语在商务洽谈中非常重要，它是价格构成不可缺少的一部分。通过本章学习，掌握国际贸易中的有关贸易术语及有关国际惯例，对于确定价格和明确买卖双方各自承担的风险、责任和费用有着非常重要的意义。

【学习目标】　通过对本章的学习，要求了解基本的贸易惯例，掌握六种常用的贸易术语，熟悉其他七种贸易术语的内容，理解贸易术语的适用范围、交货地点、风险费用划分等问题，并能在实际业务中选用合适的贸易术语达成交易。

第一节　贸易术语与国际贸易惯例

一、贸易术语

在了解贸易术语含义之前先比较以下两个报价：

例1　我国国内商品的报价

$$\underset{①}{\text{大豆}}\quad \underset{②}{\underline{\text{每}500\text{克}}}\ \underset{③}{\underline{3.3}}\ \underline{\text{元}}$$

本报价有三个组成部分，计量单位、单位价格、计价货币。一般是现货现金交易。

例2　国际贸易中的报价

$$\text{大豆}\quad \underset{①}{\underline{\text{每吨}}}\ \underset{②}{\underline{560}}\ \underset{③}{\underline{\text{美元}}}\ \underset{④}{\underline{\text{CIF 鹿特丹}}}$$

本报价有四个组成部分，计量单位、单位价格、计价货币、贸易术语，它表示大豆价格560美元是由哪些费用构成，买卖双方的风险、责任、费用是如何划分的。从以上两个报价来看，例2比例1多了一个组成部分，即贸易术语。

贸易术语，英文表达为 Trade Terms，它由一个短语或英文缩写表示，是用来说明货物交接过程中有关的风险、责任和费用划分问题，同时也用来表明商品价格构成的专门用语。因此，贸易术语具有两重性，这两者是紧密相关的。

贸易术语是在长期的国际贸易实践中逐渐产生和发展起来的，它主要解决了以下几个重要问题：

（1）办理交货、接货的地点和方式。

（2）货物交接过程中发生损坏、灭失风险的转移时间。

（3）办理货物运输、保险以及通关过境的手续负责人。

（4）买卖双方需要交接的相关单据。

（5）办理上述事项时所需各种费用的支付人。

在具体交易中，以上这些问题都是必须明确的，在每笔合同的交易中选择恰当的贸易术语，便于交易早日达成。另外，不同的贸易术语表明买卖双方承担不同的责任、费用和风险，继而也会影响到成交商品的价格。

二、国际贸易惯例

国际惯例是指国际上一般公认的习惯和做法。国际贸易惯例是在从事国际贸易实践中逐渐形成的，在法律意义上取得了法律效力的习惯，一般是不成文的，不具有强制性，但如果合同中作出了明确规定，那么这项约定的惯例就具有了强制性。因此，它对贸易实践具有重要的指导作用。

就贸易术语而言，早在 19 世纪初国际上并未对它作出统一解释。为了消除各国和地区的分歧、误解，国际商会（ICC）、国际法协会（ILA）等国际组织以及美国一些著名商业团体经过长期的努力，对贸易术语作出了统一的解释，因此形成了有关国际贸易术语的国际惯例。目前关于贸易术语的国际贸易惯例主要有三种，即《1932 年华沙—牛津规则》、《1941 年美国对外贸易定义修订本》和《2000 年国际贸易术语解释通则》。

（一）《1932 年华沙—牛津规则》（*Warsaw-Oxford Rules* 1932）

《1932 年华沙—牛津规则》（简称 W. O.）原称《1928 年华沙规则》，是国际法协会于 1928 年在波兰首都华沙开会专门为解释 CIF 合同而制定的统一规则，共 22 条，具体规定了 CIF 合同中买卖双方所承担的费用、责任和风险。其后，在 1930 年的纽约会议、1931 年的巴黎会议和 1932 年的牛津会议上，将此规则修订为 21 条，并更名为《1932 年华沙—牛津规则》，沿用至今。由于《规则》仅仅是对 CIF 进行了编纂，在实际应用中并不常用。

（二）《1941 年美国对外贸易定义修订本》（*Revised American Foreign Trade Definitions* 1941）

1919 年，美国几个商业团体在纽约制定了《美国出口报价及其缩写条例》，1941 年美国第 27 届全国对外贸易会议上对该条例作了修订，并于同年 7 月 31 日经美国商会、美国进口商协会和全国对外贸易协会组成的联合委员会通过，命名为《1941 年美国对外贸易定义修订本》。该修订本包含了 CIF、FOB 等六种贸易术语，主要在美洲国家采用，内容与 *INCOTERMS* 2000（以下统称为《2000 通则》）相差很大，特别是对 FOB 和 FAS 术语的解释。因此，除非合同双方同意并在合同中明文规定采用，否则是没有约束力的。所以，在同美洲国家进行交易时应加以注意。

（三）《2000 年国际贸易术语解释通则》（*INCOTERMS* 2000）

1936 年，国际商会提出了一套具有国际性解释贸易术语的统一规则，定名为 *INCONTERMS* 1936，其中 INCONTERMS 来源于 International Commercial Terms 三词，其副标题为 *International Rules for the Interpretation of Trade Terms*，译为《1936 年国际贸易术语解释通则》。为了适应国际贸易业务发展的需要，国际商会先后多次进行修改和补充。现行的《2000 通则》是国际商会根据近 10 年来的形势变化和国际贸易发展的需要，在《1990 通则》的基础上修订产生的，并于 2000 年 1 月 1 日起生效。《2000 通则》共包含 13 种贸易术语，将买卖双方的义务逐项间隔排列，上下对照，其具体内容清楚明确地反映了当事人的义务。

第二节　六种常用的贸易术语

在国际贸易中，FOB、CFR、CIF、FCA、CPT 和 CIP 是六种使用较多的贸易术语。因此，熟悉这六种主要贸易术语的含义以及在使用中应注意的问题是相当重要的。

一、十三种贸易术语

《2000 通则》共包含 13 种贸易术语。为了便于记忆，根据卖方义务的不同类型分为 E、F、C、D 四组（见表 4-1）。

表 4-1　　　　　　　　　　　　　13 种贸易术语

E 组 （启运）	EXW（Ex Works）	工厂交货
F 组 （主要运费未付）	FCA（Free Carrier） FAS（Free Alongside Ship） FOB（Free on Board）	货交承运人 装运港船边交货 装运港船上交货

续表

C 组 （主要运费已付）	CFR（Cost and Freight） CIF（Cost, Insurance and Freight） CPT（Carriage Paid to） CIP（Carriage and Insurance Paid to）	成本加运费 成本加保险费、运费 运费付至 运费、保险费、付至
D 组 （到达）	DAF（Delivered at Frontier） DES（Delivered Ex Ship） DEQ（Delivered Ex Quay） DDU（Delivered Duty Unpaid） DDP（Delivered Duty Paid）	边境交货 目的港船上交货 目的港码头交货 未完税交货 完税后交货

二、装运港船上交货的三种贸易术语

【案例思考4-1】 泰国 A 公司向法国 B 公司出口泰国香米，并签订了 FOB 合同。A 公司在货物装船前向检验机构申请检验，检验结果货物符合合同的质量要求。A 公司在装船后及时向 B 公司发出装船通知，但在海上航行途中由于海浪过大，大米被海水浸泡，质量降低。货到达目的港后，B 公司要求 A 公司赔偿差价损失。请问：（1）A 公司是否应对上述损失负责？为什么？（2）如果本合同以 CIF 术语或 CFR 术语达成，大米被海水浸泡的风险又分别由谁来承担？为什么？

（一）FOB 术语

【案例思考4-2】 我某公司从一美商处购进一批大豆，合同规定为每吨 340 美元 FOB 纽约。我方受载货轮驶抵纽约港后，通知对方装货，但对方要求我方负担大豆从该城内仓库运至装运港并装上船的一切费用。请问：我方可否拒绝这一要求？

1. FOB 术语的含义

FOB 术语的全文是 Free on Board（…Named Port of Shipment），即船上交货（……指定装运港），习惯称为装运港船上交货。此术语是由卖方将货物装船时越过船舷即完成交货，买方承担受领货物之后的一切费用和风险。卖方办理出口前的所需手续。FOB 术语仅适用于海上或内河运输。如果一方无意越过船舷交货，则应使用 FCA 术语。

根据《2000 通则》的解释，采用 FOB 术语时，买卖双方各自承担的基本义务概括如下：

卖方义务：

（1）在合同规定的时间和装运港口，将合同规定的货物交到买方指派的船上，并及时通知买方。

（2）承担货物交至装运港船上之前的一切费用和风险。

（3）自负风险和费用，取得出口许可证或其他官方批准证件，并且办理货物出口所需的一切海关手续。

（4）提交商业发票和自费提供证明卖方已按规定交货的清结单据，或具有同等作用的电子信息。

买方义务：

（1）订立从指定装运港口运输货物的合同，支付运费，并将船名、装货地点和要求交货的时间及时通知卖方。

（2）根据买卖合同的规定受领货物并支付货款。

（3）承担受领货物之后所发生的一切费用和风险。

（4）自负风险和费用，取得进口许可证或其他官方证件，并办理货物进口所需的海关手续。

2. 使用 FOB 术语应注意的问题

（1）"装船"与"船舷为界"。

按照《2000 通则》规定，卖方必须将货物交付至买方指定的船上。"船舷为界"表明货物在装上船之前的风险，包括在装船时货物跌落码头或海中所造成的损失，均由卖方承担。货物装上船之后，包括在起航前和在运输过程中所发生的损坏或灭失，均由买方承担。以"船舷为界"划分风险是历史上形成的一项行之有效的规则，由于其界限分明，易于理解和接受，故沿用至今。但是从国际贸易的实践来说，尽管越过船舷为风险转移，但是交付义务的完成是在将货物装上船，如果没有将货物装上船，仍然没有完成交付，因而越过船舷的风险转移也就没有实际意义。

（2）FOB 术语变形。

《2000 通则》仅规定买卖双方的费用划分以船舷为界，但货物的装船过程是一个连续的作业，这给实际费用的划分造成了困难。因此在实际业务中，可采用 FOB 术语的变形表示。FOB 的变形是为了解决装船费用由谁负担的问题而产生的，主要包括以下几种：

①FOB 班轮条件（FOB Liner Terms），是指装船费用按照班轮的做法处理，即由船方或买方承担。所以，采用这一变形，卖方不负担装船的有关费用。

②FOB 吊钩下交货（FOB under Tackle），是指卖方负担费用将货物交到买方指定船只的吊钩所及之处，而吊装入舱以及其他各项费用，概由买方负担。

③FOB 理舱费在内（FOB Stowed），是指卖方负责将货物装入船舱并承担包括理舱费在内的装船费用。理舱费是指货物入舱后进行安置和整理的费用。

④FOB 平舱费在内（FOB Trimmed），是指卖方负责将货物装入船舱并承担包括平舱费在内的装船费用。平舱费是指对装入船舱的散装货物进行平整所需的费用。

⑤FOB 理舱、平舱在内（FOB Stowed and Trimmed），在许多标准合同中，常用 FOBST 表明由卖方承担包括理舱费和平舱费在内的各项装船费用。

需要说明的是，贸易术语的变形是为了解决装卸费用的负担问题而产生的，但在实际业务中，由于一些当事人理解和掌握上的偏差，往往为此引起争执，所以，国际商会在《2000 通则》的引言中指出，在签订买卖合同时，有必要明确规定，贸易术语的变形是包括了风险在内，还是仅仅限于费用的划分，这是一种较为稳妥的做法。

（3）船货衔接。

FOB 术语下，卖方不负责订立运输合同，而由买方负责安排运输，支付运费，这就存在一个船货衔接的问题。根据有关法律和惯例，如果买方派的船只按时到达装运港，而卖方却未备妥货物，那么，由此产生的费用，如空舱费、滞期费等由卖方承担。同样，如果买方未能按时派船，卖方有权拒绝交货，而卖方增加的仓储费等，均由买方负担。在实际业务中，卖方有时可以替买方承办租船订舱的手续。如在班轮运输中，由于运费率固定，卖方办理与买方办理并无差异，只要在买方承担风险和费用的条件下，协助办理这些事情即可。需要注意的是，这属于代办性质，即使卖方租不到船也不承担责任，买方无权撤销合同或索赔。

（4）美国对 FOB 术语的特别解释。

北美国家采用的《1941 年美国对外贸易定义修订本》中，将 FOB 概括为六种，大部分含义与《2000 通则》差异较大，只有 FOB Vessel（…Named Port of Shipment）意思相近。但是需要注意，FOB Vessel 的货物风险转移点是在船上而不是船舷。另外，关于办理出口手续问题，按照修订本的解释，卖方只是"在买方请求并由其负担费用的情况下，协助买方取得由原产地及/或装运地国家签发的，为货物出口或在目的地进口所需的各种证件"。因此，在与北美国家从事国际贸易时，要具体订明细节，以免引起争议。

（二）CFR 术语

【案例思考 4-3】 我方从泰国出口方 A 处进口一批香米，签订"CFR 上海"合同。货物离港后不久沉没，因 A 方未及时向我方发出装船通知，我方未办理投保，故无法向保险公司索赔。请问谁应承担责任？

1. CFR 术语的含义

CFR 术语的全文是 Cost and Freight（...Named Port of Destination），即成本加运费（……指定目的港），卖方在装运港于货物越过船舷时即完成交付，属于装运合同。采用这种贸易术语成交，卖方负责租船订舱，将货物装上船，并及时通知买方，支付货物运至指定目的港所需的费用和运费，取得出口许可证或其他官方证件，并负责办理货物出口手续。货物在装船时越过船舷，风险即由卖方转移至买方。买方仍负责办理从装运港至目的港的货运保险。按照《2000 通则》的解释，CFR 只适用于海运和内河运输，如果买卖双方不将货物越过船舷交付，应使用 CPT 术语。

根据《2000 通则》的解释，采用 CFR 术语时，买卖双方各自承担的基本义务概括如下：

卖方义务：

（1）签订从指定装运港将货物运往约定目的港的合同；在买卖合同规定的时间和港口，将合同要求的货物装上船并支付至目的港的运费；装船后及时通知买方。

（2）承担货物在装运港越过船舷之前的一切费用和风险。

（3）自负风险和费用，取得出口许可证或其他官方证件，并且办理货物出口所需的一切海关手续。

（4）提交商业发票，及自费向买方提供为买方在目的港提货所用的运输单据，或具有同等作用的电子信息。

买方义务：

（1）接受卖方提供的有关单据，受领货物，并按合同规定支付货款。

（2）承担货物在装运港越过船舷以后的一切风险。

（3）自负风险和费用，取得进口许可证或其他官方证件，并且办理货物进口所需的海关手续，支付关税及其他有关费用。

2. 使用 CFR 术语应注意的问题

（1）关于卖方装运。

采用 CFR 贸易术语成交时，卖方必须按通常条件自费订立运输合同。一方面，为了保证能按时履行在装运港交货的义务，卖方应根据货源和船源的实际情况合理地规定装运期，及时租船订舱和备货，并按规定的期限发运货物。另一方面，由于卖方租船订舱，买方承担装船后的风险，并负责办理保险，在进口交易中，如卖方指定的船舶不当或与船方勾结出具假单据，则买方可能蒙受损失。因此，CFR 买方应考虑在合同中作具体要求，以限制卖方装运情况。

（2）关于装船通知。

根据《2000 通则》解释，在 CFR 合同中，买方要自行投保，因此和 FOB

合同的情况一样，卖方要给买方货物装船的充分通知，否则，由此造成买方漏保货运险引起的损失应由卖方负责。因为买方必须自行在目的港办理货运保险，使货物上船后可能遭受灭失或损坏的风险取得保险，所以卖方给予买方充分通知就显得至关重要。根据有关货物买卖合同的适用法律，如英国《1893年货物买卖法》（1979 年修订）中规定："如果卖方未向买方发出装船通知，致使买方未能办理货物保险，那么，货物在海运途中的风险被视为卖方负担。"因此，在实际业务中，卖方应根据约定或习惯做法及时通知买方，如传真、电报或 E-mail。这种方式也适用于 FOB 合同。

（3）CFR 术语变形。

在 CFR 术语下，若货物以班轮装运，船方负责卸货，在卖方支付的运费中已包含了卸货费用；如果是大宗货物的租船运输，则必须以 CFR 术语的变形来说明卸货费用由哪一方承担。业务中常见的变形有以下几种：

①CFR 班轮条件（CFR Liner Terms），是指卸货费按班轮做法办理，即买方不负担卸货费。

②CFR 卸至码头（CFR Landed），是指由卖方承担卸货费，包括可能涉及的驳船费在内。

③CFR 吊钩下交货（CFR Ex Tackle），是指卖方负责将货物从船舱吊起一直卸到吊钩所及之处（码头上或驳船上）的费用，船舶不能靠岸时，驳船费用由买方负担。

④CFR 舱底交货（CFR EX Ship's Hold），按此条件成交，船到目的港在船上办理交接后，由买方自行启舱，并负担货物由舱底卸至码头的费用。

（三）CIF 术语

【案例思考 4-4】 某外贸公司以 CIF 价格向某外商出售一批货物，由于该商品是供应圣诞节的，故对方坚持要求在合同中规定，卖方须保证货运船只不得迟于 12 月 1 日抵达目的港。否则，买方有权取消合同；如货款已收，卖方须将货物退还买方。请分析这份合同的性质，卖方应如何对待买方要求？

1. CIF 的含义

CIF 术语的全文是 Cost, Insurance and Freight（ … Named Port of Destination），即成本加保险费、运费（……指定目的港）。采用 CIF 术语成交时，卖方的基本义务除与 CFR 相同外，还要负责办理从装运港到目的港的货运保险，支付保险费。买卖双方的风险划分仍然在装运港船舷，卖方承担的风险，也是在装运港货物越过船舷以前的风险，越过船舷以后的风险仍由买方承担。CIF 贸易术语只适用于海运和内河运输，如果一方无意越过船舷交货，则应使用 CIP 术语。

在 CIF 合同中，卖方的风险是以货物越过船舷为界，至于货物由于诸多原因导致不能运送到买方的所在地，卖方概不负责。因此有人把 CIF 当成"到岸价"是错误的，它与到达合同完全不同，到达合同要求卖方将货物运送到买方指定的交货点。

采用 CIF 术语时，买卖双方各自承担的基本义务概括如下：

卖方义务：

（1）签订从指定装运港承运货物的合同；在合同规定的时间和港口，将合同要求的货物装上船并支付至目的港的运费；装船后须及时通知买方。

（2）承担货物在装运港越过船舷之前的一切费用和风险。

（3）按照买卖合同的约定，自负费用办理水上运输保险。

（4）自负风险和费用，取得出口许可证或其他官方批准证件，并办理货物出口所需的一切海关手续。

（5）提交商业发票和在目的港提货所用的通常的运输单据或具有同等作用的电子信息，并且自费向买方提供保险单据。

买方义务：

（1）接受卖方提供的有关单据，受领货物，并按合同规定支付货款。

（2）承担货物在装运港越过船舷之后的一切风险。

（3）自负风险和费用，取得进口许可证或其他官方证件，并且办理货物进口所需的海关手续。

2. 使用 CIF 术语应注意的问题

（1）保险问题。

按 CIF 术语成交，如果在合同的保险条款中，明确规定保险险别、保险金额等内容，卖方就应按照合同的规定办理投保。但如果合同中未能就保险险别等问题作出具体规定，那就要根据有关惯例来处理。按照《2000 通则》对 CIF 的解释，卖方只需投保最低责任险，如果买方需要增加保险，如战争险或罢工、暴动和民变险，卖方必须在可能的条件下按买方的具体通知投保附加险，保险费由买方承担。保险责任期限必须到货物到达约定的目的港为止，保险金额为合同规定的价款加 10%，并用可兑换货币投保。

（2）租船订舱问题。

采用 CIF 术语成交，卖方的基本义务之一是租船订舱，办理从装运港至目的港的运输事宜。关于运输问题，各个惯例的规定也不尽相同。《2000 通则》的解释是，卖方"按照通常条件自行负担费用订立运输合同，将货物按惯常路线用通常类型可供装载该合同货物的海上航行船只（或适当的内河运输船只）装运至指定目的港"。因此，卖方有权拒绝接受买方提出的关于限制船舶的国籍、船型、船龄、船级以及指定装载某班轮公司的船只等各项要求。当然卖方也可放弃这一权利，在卖方力所能及并不增加额外开支的情况下，可根据具体情况给予通融。

（3）象征性交货问题。

从交货方式来看，CIF 是一种典型的象征性交货（Symbolic Delivery）。所谓象征性交货是针对实际交货（Physical Delivery）而言。前者的特征为装运即完成交货，既要完成实体交货，又要完成单据交付。具体而言是指卖方必须按照合同规定交货，在装运港装船后就完成交货义务，此后货物的任何损失和灭失都与卖方无关，无需保证到货。后者则是指卖方要在规定的时间和地点，将符合合同规定的货物提交给买方或其指定人，而不能以交单代替交货。

（4）CIF 术语的变形。

同 CFR 术语变形一样，CIF 的变形主要有以下几种：①CIF 班轮条件（CIF Liner Terms），②CIF 卸至码头（CIF Landed），③CIF 吊钩下交接（CIF Ex Tackle）④CIF 舱底交接（CIF Ex Ship's Hold），其变形说明的是卸货费用，跟风险划分无关。

三、货交承运人的三种贸易术语

（一）FCA 术语

【案例思考 4-5】 我方出口手表到印度，按 FCA Shanghai Airport 签约。交货期 8 月。出口企业 8 月 31 日将该手表运到上海虹桥机场并由航空公司收货开具航空运单。我方即电传印度发出装运通知。9 月 2 日手表抵达孟买，将到货通知连同发票和航空运单送交孟买××银行。该银行即通知印商提货、付款，但印商以延迟交货为由拒绝。提问：根据案例，分析最后结果。

1. FCA 的含义

FCA 的全文是 Free Carrier（…Named Place），即货交承运人（……指定地点）。它是指卖方在指定地将已经出口清关的货物交付给买方指定的承运人即完成交付。双方的责任、费用、风险在货交承运人时转移。承运人是指在运输合同中，承担履行或办理铁路、公路、航空、海洋、内河运输或多式联运义务的人，其责任一般来说主要是保证所运输的货物按时、安全地送达目的地。FCA 术语适用于在出口国内陆交货，适合各种运输方式，包括公路、铁路、江河、海洋、航空运输以及多式联运。

采用 FCA 术语时，买卖双方各自承担的基本义务可简单归纳为：

卖方义务：

（1）在合同规定的时间、地点，将合同规定的货物置于买方指定的承运人控制下，并及时通知买方。

（2）承担将货物交给承运人控制之前的一切费用和风险。

（3）自负风险和费用，取得出口许可证或其他官方批准证件，并办理货物出口所需的一切海关手续。

（4）提交商业发票或具有同等作用的电子信息，并自费提供通常的交货凭证。

买方义务：

（1）签订从指定地点承运货物的合同，支付有关的运费，并将承运人名称及有关情况及时通知卖方。

（2）根据买卖合同的规定受领货物并支付货款。

（3）承担受领货物之后所发生的一切费用和风险。

（4）自负风险和费用，取得进口许可证或其他官方证件，并且办理货物进口所需的海关手续。

2. 使用 FCA 术语应注意的问题

（1）关于承运人交货地点。

在 FCA 条件下，对交付地点的选择会影响到该地装载货物的义务。如果交付是在卖方的场所进行，卖方应当负责装载货物，如果交付是在任何其他地方进行，则卖方不负责卸载货物。如果在约定地点没有明确具体的交货点，或者有几个交货点可供选择，卖方可以从中选择为完成交货义务最适宜的交货点。

（2）FCA 条件下风险转移的问题。

在采用 FCA 术语成交时，买卖双方的风险划分是以货交承运人为界。《2000 通则》的解释是："自规定的交付货物的约定日期或期限届满之日起，以货物已被划归本合同项下为前提条件，由买方承担货物灭失或损坏的一切风险。"在一般情况下，却是在货交承运人时，风险由卖方转移给买方，但如果由于买方的原因，使卖方无法按时完成交货义务，只要货物已被特定化，那么风险转移的时间可以前移。所谓特定化，即指货物已经正式归于合同项下。因此，风险转移的界限问题不能简单片面地理解为交承运人处置货物时转移。

（3）有关责任和费用的划分问题。

在 FCA 条件下，买卖双方承担的费用一般也是以货交承运人为界进行划分，即卖方负担货物交给承运人控制之前的有关费用，买方负担货交承运人之后的各项费用。但是，在货物已被特定为合同项下的货物以后，如果买方未能按规定及时通知卖方，则不仅将导致货物灭失或损坏的风险提前，而且买方还有义务支付由此引起的货物灭失或损坏的额外费用，例如额外的仓储费和保险费。

（二）CPT 术语

【案例思考 4-6】 我国某公司于 2007 年 6 月 12 日以 CPT 价格条件向新

加坡出口一批货物。合同订立后，我方于6月18日将货物运到上海码头，集装箱运输。6月19日开始装上中国远洋运输公司的承运船舶，当天下午4时装船完毕。6月20日承运船舶开航，7月2日到达新加坡，7月6日新加坡公司提货。提问：(1)我国公司的交货地点在哪里？(2)交货时间是什么时候？

1. CPT 的含义

CPT 的全文是 Carriage Paid to (…Named Place of Destination)，即运费付至（……指定目的地）。它是指卖方自行承担负责租订运输工具，在合同规定的时间和地点，将货物运到指定目的地的约定地点，责任、费用和风险以货交第一承运人划分。

采用 CPT 术语成交时，买卖双方承担的基本义务概括如下：

卖方义务：

(1)订立将货物运往指定目的地的运输合同，并支付有关运费。

(2)在合同规定的时间、地点，将合同规定的货物置于承运人控制之下，并及时通知买方。

(3)承担将货物交给承运人控制之前的风险。

(4)自负风险和费用，取得出口许可证或其他官方批准证件，并办理货物出口所需的一切海关手续，支付关税及其他有关费用。

(5)提交商业发票和自费向买方提供在约定目的地提货所需的通常的运输单据，或具有同等作用的电子信息。

买方义务：

(1)接受卖方提供的有关单据，受领货物，并按合同规定支付货款。

(2)承担自货物在约定交货地点交给承运人控制之后的风险。

(3)自负风险和费用，取得进口许可证或其他官方证件，并办理货物进口所需的海关手续，支付关税及其他有关费用。

2. 使用 CPT 术语应注意的问题

(1)风险、责任和费用划分的问题。

采用 CPT 术语时，按照《2000通则》的解释，货物灭失、损坏的风险转移时间是卖方或其委托人将货物按合同规定的时间和地点交付给第一承运人为止。卖方自费订立运输合同，选定承运人，将货物运往指定的目的地。如果双方未能确定目的地买方受领货物的具体地点，卖方可以在目的地选择最适合其要求的地点。卖方交货之后应及时向买方发出通知，以便买方办理保险，买方负责承担货物运输途中的灭失或损坏的风险。按 CPT 术语成交，卖方只是承担从交货地点到指定目的地的正常运费。正常运费之外的其他有关费用，一般由买方负担。货物的装卸费可以包括在运费中，统一由卖方负担，也可以由双方在合同中另行规定。

（2）与 CFR 的主要区别。

CPT 与 CFR 的主要区别在于适用的运输方式不同，交货地点和风险划分界限也不相同。CPT 适用于各种运输方式，交货地点因运输方式的不同而由双方约定，风险划分以货交承运人为界。CFR 适用于水上运输方式，交货地点在装运港，风险划分以越过船舷为界；除此之外，卖方承担的责任、费用以及需提交的单据等方面也有区别。

（三）CIP 术语

【案例思考 4-7】 　中国 A 公司同新加坡客户的进口业务用空运方式运输。A 公司要求使用 CIP 条款，银行方面也坚持按国际惯例空运必须使用 CIP，而客户却坚持使用 CIF 条款，理由是 CIP 比 CIF 费用多。请分析空运方式到底该使用 CIF 还是 CIP？如果 A 公司同意新加坡客户的要求使用 CIF 条款，那么，在合同条款中应补充哪些关键内容才能避免漏洞？

1. CIP 术语的含义

CIP 的全文为 Carriage and Insurance Paid to（…Named Place of Destination），即运费保险费付至（……指定目的地），卖方除了具有 CPT 术语相同的义务之外，还要投保货物运输险，支付保险费。

采用 CIP 术语时交易双方各自承担的基本义务如下：

卖方义务：

（1）订立将货物运往指定目的地的运输合同，并支付有关运费。

（2）在合同规定的时间、地点，将合同规定的货物置于承运人的控制之下，并及时通知买方。

（3）承担将货物交给承运人控制之前的风险。

（4）按照买卖合同的约定，自负费用投保货物运输险。

（5）自负风险和费用，取得出口许可证或其他官方批准证件，并办理货物出口所需的一切海关手续，支付关税及其他有关费用。

（6）提交商业发票和在约定目的地提货所需的通常的运输单据或具有同等作用的电子信息，并且自费向买方提供保险单据。

买方义务：

（1）接受卖方提供的有关单据，受领货物，并按合同规定支付货款。

（2）承担自货物在约定地点交给承运人控制之后的风险。

（3）自负风险和费用，取得进口许可证或其他官方证件，并且办理货物进口所需的海关手续，支付关税及其他有关费用。

2. 使用 CIP 术语应注意的问题

（1）风险和保险问题。

与 CIF 术语一样，卖方要负责办理货运保险，并支付保险费，但货物从交货地运往目的地的运输途中的风险由买方承担。卖方的投保也属于代办性质。根据《2000 通则》的解释，一般情况下，卖方要按双方协商确定的险别投保，而如果双方未在合同中规定应投保的险别，卖方只需要按最低责任的保险险别取得保险，保险金额为合同价款加 10%（此 10% 主要用于赔偿买方因销售可望得到的平均利润），即 CIP 合同价款的 110%，卖方以合同货币投保。

（2）合理确定 CIP 价格。

由于 CIP 条件下卖方要承担运费和保险费，所以卖方对外报价时，要认真核算成本和价格。在核算时，应考虑各种运输方式和各类保险的收费情况，预计未来运价和保险费的变动趋势等。从买方来讲，也要对卖方的报价进行认真分析，防止接受不合理的报价。

（3）与 CIF 的主要区别。

CIP 和 CIF 术语的区别表现在交货地点、风险划分界限以及卖方承担的责任和费用方面。CIP 术语适用于各种运输方式，交货地点由双方约定的运输方式不同而不同，风险是在货交承运人时转移的。卖方要负责办理从交货地点到指定目的地的全程运输和可能涉及的各种运输保险。而 CIF 只适用于水上运输，交货地点在装运港，风险划分以装运港船舷为界，卖方负责租船订舱，支付从装运港到目的港的运费，并且负责办理水上运输险，支付保险费。

第三节　其他七种贸易术语简介

一、EXW

EXW 全文是 Ex Works（…Named Place），即工厂交货（……指定地点），E 组唯一的贸易术语，是指卖方在自己的场所或其他指定地（即工厂、工场、仓库等）将尚未经出口清关且未装载于任何车辆的货物置于买方支配时完成交付。

根据《2000 通则》的解释，EXW 术语适用于各种运输方式。按这一术语成交时，卖方承担的风险、责任以及费用都是最小的。买卖双方在订约时，一般要对交货的时间和地点作出规定。买卖双方都应给对方充分通知，以便领货或交货。在交单方面，卖方只需提供商业发票或具有同等作用的电子信息，如合同有要求，才需提供证明所交货物与合同规定相符的证件。至于货物出境所需的出口许可证或其他官方证件，卖方无义务提供。但在买方的要求下，并由买方承担风险和费用的情况下，卖方也可协助买方取得上述证件。当买方无法做到直接或间接办理货物的出境手续时，不应采用这一贸易术语成交。在这种情况下，按照《2000 通则》的解释，最好采用 FCA 术语。

二、FAS

FAS 的全文是 Free alongside Ship（…Named Port of Shipment），即船边交货（……指定装运港）。FAS 术语通常称做装运港船边交货。根据《2000 通则》的解释，FAS 术语只适合于包括海运在内的水上运输方式，交货地点只能是装运港船边。按这一术语成交，卖方要在约定的时间内将合同规定的货物交到指定的装运港买方所指派的船只的船边，在船边完成交货义务。卖方还要提供商业发票或电子信息，并自负费用和风险，提供通常的证明其完成交货义务的单据，办理货物出口报关的风险、责任和费用。买卖双方负担的风险和费用均以船边为界。如果买方所派的船只不能靠岸，卖方则要负责用驳船把货物运至船边，仍在船边交货。装船的责任和费用由买方承担。但是，按照《1941 年美国对外贸易定义修订本》的解释，FAS 即指交到运输工具的旁边。因此，在同北美国家的交易中使用 FAS 术语时，应在 FAS 后面加上 Vessel 字样，以明确表示"船边交货"。对此，应予以注意。

三、DAF

DAF 的全文是 Delivered at Frontier（…Named Place），即边境交货（……指定地点），是指卖方负责在合同规定的时间将已清关货物运到边境指定地点指定运输工具上交货，并承担货交买方处置前的费用和风险。买方负责在边境交货地点受领货物，办理进口手续，并承担受领货物之后的一切风险以及后程运输的责任和费用。采用 DAF 术语成交，双方要在两国边境确定一个交货地点。"边境"一词可用于任何边境，包括出口国边境。因此，指明具体地点以准确地定义边境是非常重要的。例如，我国边境上的陆路口岸：满洲里、黑河、绥芬河、丹东、哈尔滨、延吉、二连浩特等，均可以当做 DAF 边境指定地点。采用 DAF 术语成交，如果该地点是位于进口国的港口，《2000 通则》建议当事人采用 DES（目的港船上交货）或 DEQ（目的港码头交货）。

四、DES

DES 的全文是 Delivered Ex Ship（…Named Port of Destination），即船上交货（……指定目的港）。DES 通常称做目的港船上交货，按这一术语成交，卖方自行承担运费，将货物运到指定目的港或者指定目的港的具体地点，但不办理货物进口清关手续，在船上将货物置于买方支配时完成交付。买方承担在目的港船上受领货物之后的一切风险、责任和费用。该术语只适用于目的港的船上交付货物的海运或内河运输或多式联运。如果买卖双方约定由卖方承担卸货的风险和费用，双方应采用 DEQ 术语。

DES 与 CIF 既相似又有区别。两者都是由卖方租船订舱、办理保险、支付运费和保险费。其区别主要在于交货地点、风险划分、交货方式和费用划分不同（见表 4-2）。

表 4-2　　　　　　　　　　　　　**CIF 与 DES 的主要区别**

	CIF	DES
交货地点	装运港船上交货	目的港船上交货
风险划分	货物越过装运港船舷	目的港船上货交买方处置
交货方式	象征性交货	实质性交货
费用划分	货物越过装运港船舷	货物运抵目的港交由买方处置

五、DEQ

DEQ 的全文是 Delivered Ex Quay（…Named Port of Destination），即码头交货（……指定目的港），通常称做目的港码头交货。它是指卖方在指定目的港码头，将未经进口清关的货物置于买方支配之下即完成交付。卖方必须承担货物运至指定目的港的一切风险和费用，并承担码头卸货责任。买方办理货物进口的清关手续，以及支付进口时的一切海关手续费、关税、税捐和其他费用。

《2000 通则》中强调指出，DEQ 术语仅仅适用于水上运输和多式联运方式。多式联运的定义是指按照多式联运的合同，以至少两种不同的运输方式，由多式联运经营人将货物从一国境内接管货物的地点运至另一国境内交付货物的地点的一种运输方式。在多式联运方式下，卖方也是在将货物从船上卸至目的港码头时完成交货。同时指出，如果双方同意由卖方承担责任、费用和风险，将货物由码头运至其他地方，则应采用 DDU 或 DDP 术语。

六、DDU

DDU 的全文是 Delivered Duty Unpaid（…Named Place of Destination），即未完税交货（……指定目的地），是指卖方在规定的期限内，在目的地指定地点将货物置于买方的处置之下，即完成交货。DDU 适用于各种运输方式。DDU 下，卖方必须承担货物运至指定目的地的费用和风险，但不包括承担支付在目的地进口的任何税费的义务，无需负责进口清关，不负责任何运输方式下的卸货，无订立保险合同的义务，但应通过投保方式转移风险。进口报关的手续及证件由买方负责办理，进口时征收的进口税和其他费用也由买方负担。此外，买方还要承担因其未能及时办理货物进口报关手续而引起的费用和风险。

在 DDU 交货条件下，卖方要考虑进口清关是否便利。因为 DDU 是到达合同，卖方需要考虑货物进入买方所在国的难度，是否影响卖方按时履行交付义务。如果是一些自由贸易区以及订有关税同盟的国家，DDU 是适宜的。而如果进口国是属于清关困难而且耗时的国家，卖方承担按时在目的地交货的义务将有一定的风险，则不应采用 DDU 术语。

七、DDP

DDP 的全文是 Delivered Duty Paid（…Named Place of Destination），即完税后交货（……指定目的地）。与 EXW 相反，DDP 是《2000 通则》中包含的 13 种贸易术语中卖方承担风险、责任和费用最大的一种术语。DDP 与 DDU 在交货地点、风险划分、投保上是相同的，区别在于 DDU 条件下，办理货物进口清关的风险、责任和费用均由买方承担，而在 DDP 条件下，则由卖方承担。

第四节　使用贸易术语应注意的问题

贸易术语是在国际贸易长期实践中产生的，用来表明交货条件和价格构成。因此，在国际贸易中，选定适当的贸易术语能够有利于合同的订立和履行，提高企业的经济效益。作为交易的当事人，在选择贸易术语时主要应考虑以下因素：

1. 考虑与合同关系的问题

贸易术语是由当事人在买卖合同中自愿选定的，是建立在"意思自治"的基础上的，因此，要根据自愿的原则来确定。当选用某种贸易术语成交时，买卖合同的性质也相应可以确定。不过，贸易术语也不是决定买卖合同的唯一因素，还有其他条件是如何规定的，可见下文的举例说明。例如，在使用 CIF 术语时，同时又约定"以货物到达目的港作为付款的前提条件"，就不是装运合同，而是到达合同了。所以，交易双方应根据交货等成交条件选用相应的贸易术语，防止与合同中的其他条件相矛盾。

2. 考虑风险提前转移的问题

风险提前转移的前提条件是货物已经正式归于合同项下，即通常所说的特定化问题。通常情况下，买方并不承担交货之前所发生的货物损坏或灭失的风险以及相关的费用，但是，各种贸易术语下都规定了当买方没有按约定受领货物或没有给予卖方完成交货义务的必要指示，例如给予装船时间或交货地点的通知，风险和费用的转移可以提前到交货之前。

3. 考虑与运输相关的问题

在运输方式和货源方面，要考虑自身的运力和经济情况。一般情况为 F

组术语下进口，C 组术语下出口。否则，应酌情争取按由对方安排运输的条件成交。由于不同类别的货物具有不同的特点，因此，成交量的大小、运输安排的难易、运费开支的大小都是需要考虑的问题。在运输风险方面，国际贸易商品一般需要通过长途运输，可能遇到各种风险。因此，必须根据不同时期、不同地区、不同运输路线和运输方式的风险情况，并结合购销意图来选用适当的贸易术语。

4. 考虑办理进出口货物结关手续的问题

在国际贸易中，关于进出口货物的结关手续，有些国家规定只能由结关所在国的当事人安排或代为办理，有些国家则无此项限制。因此，若某出口国政府规定，买方不能直接或间接办理出口结关手续，则不宜按 EXW 条件成交，而应选用 FCA 条件成交；若进口国当局规定，卖方不能直接或间接办理进口结关手续，此时则不宜采用 DDP，而应选用 D 组的其他术语成交。

【**本章小结**】　贸易术语是在国际贸易长期实践中形成的，用简明的语言来概括说明买卖双方在货物交接方面的权利与义务，其主要内容是规定买卖双方在货物交接方面的责任、风险和费用的划分，同时也是用来表示该商品的价格构成因素。与贸易术语有关的国际贸易惯例主要有《1932 年华沙—牛津规则》，《1941 年美国对外贸易定义修订本》、《2000 年国际贸易术语解释通则》。其中，《2000 通则》更适应当代国际贸易的实践，其内容最多、范围最广、影响最大，标志着国际贸易惯例的最新发展。国际贸易中使用最多的贸易术语是装运港交货的 FOB、CFR 和 CIF。然而，随着集装箱运输和国际多式联运业务的发展，FCA、CPT 和 CIP 三种贸易术语的适用性更广、责任更明确，是更有发展前景的贸易术语。

思考与练习题

1. 什么叫"贸易术语"？为什么要在国际贸易中使用贸易术语？
2. 关于贸易术语的国际贸易惯例有哪些？
3. 分别比较两组贸易术语即 FOB、CFR、CIF 及 FCA、CPT、CIP 的异同。
4. 贸易术语变形是否改变了原术语规定的买卖双方义务？
5. 我某进出口公司对日本某客户发盘，供应棉织浴巾 4 000 打，每打 CIF 大阪 80 美元，装运港大连；现日商要求我方改报 FOB 大连价，问：我出口公司对价格应如何调整？如果最后按 FOB 条件签订合同，买卖双方在所承担的责任、费用和风险方面有什么区别？
6. 我某进出口公司向新加坡某贸易有限公司出口香料 15 公吨，对外报价为每公吨 2 500 美元 FOB 湛江，装运期为 10 月份，集装箱装运。我方 10 月 16 日收到买方的装运通知，为及时装船，公司业务员于 10 月 17 日将货物存于湛江码头仓库，不料货物因当夜仓库发生火灾而全部灭失，以致货物损失由我方承担。问：在该笔业务中，我方若采用 FCA 术语成交，是否需要承担案中的损失？为什么？

7. 实训操作

欧洲某公司与我出口公司按 FOB 条件签订 6 万吨大米出口合同。合同规定，装运期分别为 3、4、5 月，并规定，买方应于每月的 20 日前将船派抵装货港。在我方的一再催促下，第一条船于 3 月 29 日抵达装货港，于 4 月 3 日装毕。4 月份，虽我方多次催促，买方一直迟迟不派船，并来电称，由于国际租船市场船源紧张租不到船，要求延迟 1 个月装运。我方复电指出，买方必须按期派船，如延迟装运，需按原每吨 7 美元支付卖方利息、仓储、保险等费用损失（共计 168 000 美元）。此后，买方称因俄罗斯、日本等大量在国际市场上抢租船舶，造成船舶租金大涨，此乃不可抗力，实无办法，要求取消合同，并愿意支付 30 000 美元作为礼节上的补偿。请问，应如何处理此案？

第五章　国际商品价格

【开篇案例】　欧洲 D 公司每年都向我国订购大量纺织品转销西非，大多以美元计价与支付，由其西非买主直接向我方开立信用证付款，我公司在收取货款后逐笔向 D 公司汇付 3% 佣金。有时也有由 D 公司自行向我方开证，货物由我方直运西非，在信用证中先行扣除佣金的做法。

某年 2 月，我公司接到 D 公司电传发来的询盘，要求报供 20 万米规格 A 的印花织物，并告最快装期、每批起订量与每米 CIF 达喀尔德国马克价。当时该品种的内部掌握价格为每米 CIFC3% 西非口岸 0.58 美元，按当日中国银行外汇牌价应合每米 DM1.22。由于业务员疏忽，把每米 0.58 美元误为 0.58 元人民币进行折算，从而算成每米 DM0.78，并按此向 D 公司发实盘 20 万米。发盘规定：由厂方选定适销西非花型（实际为库存现货）3/4 月装船；如由买方指定花型，则 8/9 月装船。在发盘当天，D 公司即复电接受厂方选花 10 万米。接着，D 公司又发来电传表示接受 8/9 月装船的由 D 公司自选花型的 10 万米。交易达成后，对方又提出要改按 CFR 净价条件并相应调整单价，业务员准备按客户要求制作书面合同时，发现由于折算错误以前报价每米报低了 DM0.44，20 万米共差 DM88 000，约占总值的 36%，公司当即发电传更正。为留有余地，更正时报价每米偏高 DM0.02，但对方当天就答复"已经出售"，拒绝更正价格。次日，我方去电援引上年实际成交价格，进一步说明前报价格确系计算错误，同时表示给予 2% 的减让。对方又称"非洲客户已预付货款，若退还他们，则势必中断业务关系"，仍然拒绝接受取消合同或更改价格的要求。鉴于对方一再回避我方关于实际客户名称和地址的询问，所谓"已经出售"可能只是对方的一个借口，据此我方提出：为解除你们的为难处境，请告知你方达喀尔客户的全名和地址，我们直接向他们解释并表示歉意。然而，对方迟迟不作答复，经我方多次去电催促，十余天后才复电表示同意更改 10 万米现货合同的价格。此后，在协商调价过程中我方又主动减让 5%（按推销印花织物库存现货，当时内部掌握出口价格可有 3% 折扣，故实际减让为 2%），同时还主动提供了一种西非市场畅销的紧俏商品，以示诚意，最后达成按调整后价格履行 10 万米现货合同、期货合同不再执行的协议。

近年来，全球经济持续较快增长，全球商品需求保持旺盛势头，美元一路贬值，国际投机资金炒作变本加厉，以及国际海运成本创历史新高，国际货币基金组织预测认为，国际商品市场价格仍将维持涨势。因此，正确掌握作价原则，选择有利的计价货币，做好成本及价格核算，是对外报价必须做好的工作。另外，掌握佣金和折扣的用法，了解汇率及其走势等，都是不容忽视的内容。

【学习目标】 通过本章的学习，了解影响价格的各种因素，掌握进出口商品价格的制定原则；了解计价货币的选择，掌握买卖合同中价格条款的规定方法，佣金、折扣的含义及计算方法；掌握出口商品的成本核算及主要贸易术语的价格核算与换算方法。

第一节 国际商品价格概述

一、报价原则

在确定进出口商品价格时，国际市场行情和购销意图是商品报价最主要的依据。市场行情既反映了当前的价格水平，又反映了未来价格变动的趋势，正确把握市场行情，才能以有利的价格条件成交。

（一）按国际市场的价格水平报价

国际市场价格通常是指国际集散地或中心的市场价格，或是商品进出口地区当地市场的国际贸易价格。它是以商品的国际价值为基础并在国际市场竞争中形成的，因此，是交易双方都能接受的价格，也是确定商品价格的客观依据。在我国对外贸易中，有些出口商采用低价策略作为竞争手段，导致被进口国有关企业指控倾销，一旦倾销成立，对出口商而言是得不偿失。因此，在就出口商品对外报价时，尤其应重视国际市场价格。

国际市场价格可以通过下面三种途径来考察：

（1）商品交易所的价格。

（2）国际组织或国际公司在媒体上公布的价格。

（3）各国的外贸、海关统计的价格。

（二）结合销售意图报价

（1）如果一个出口企业意在发展、开拓市场，价格就可定得低一点；如商品的技术含量较高，且具有一定的垄断性，价格就可适当偏高。

（2）如果意在与信誉较好的老客户建立长期的贸易合作关系，价格就可优惠一些；如果是对商业信誉较差的客户、对商品的市场开拓前景不看好，价格则可定得高一些。

（3）对市场需求量大、货源又比较紧缺的商品，报价可以偏高，以免价格太低以致组织不到货源；若市场需求量萎缩，而货源却很充足，报价则可以偏低，以免造成库存积压。

二、影响报价的因素

怎样报价才有效呢？报价太高，容易吓跑客户；报价太低，也可能使客户产生不信任感，不敢冒险成交。有经验的商人在报价前会进行充分的准备，在报价中选择适当的贸易术语，利用合同里的付款方式、交货期、装运条款、保险条款等要件与买家讨价还价，并善于利用自身的综合优势，在报价中掌握主动。

（一）报价前的充分准备

首先，认真分析客户的购买意愿，了解他们的真正需求。例如有些客户将低价作为最重要的因素，如果一开始就报出接近商品底线的价格，那么赢得订单的可能性就大。

其次，做好市场跟踪调研，掌握市场最新动态。由于市场信息透明度高，市场价格变化更加迅速，因此，出口商必须依据最新的行情报价，随行就市，买卖才有成交的可能。

（二）贸易术语

贸易术语（价格术语）是国际商品价格的核心部分之一。不同性质的贸易术语，其交货条件和交货地点不同，买卖双方承担的责任、费用和风险也不同，在确定进出口商品价格时，必须考虑这些因素。例如，CIF 和 DES 的价格构成因素均为出口商品成本加保险费、运费，但 CIF 是象征性交货的术语，卖方的交货地点是装运港船上，而 DES 是实际交货的术语，卖方交货地点是目的港船上，因此，同一运输距离内成交的同一商品，按 CIF 条件成交同按 DES 条件成交，其价格显然不同。

（三）季节性需求的变化

在国际市场上，某些时令性商品销售季节很短，时间性很强，当市场需要的时候，价格就看涨，一旦季节过去，价格就会急跌，比较典型的商品如用做饮料添加剂的柠檬酸（Citric Acid）、圣诞礼品（Christmas Gifts）、服装（Garments/Costume）等。因此，报价时应充分利用季节性需求的变化，切实掌握好季节性差价。

（四）运输距离的远近、航线的冷热

这主要反映在由卖方支付运杂费用的价格条款里。货物运输距离短，运费相对低廉；而运输距离长，运费就相对较高。此外，航线的冷热也是影响运费的一个重要因素。所谓"热线"，主要指通往经济发达、贸易频繁地区的航线，因过往船只繁多，运输条件便利，运费也比较低廉。而"冷线"是指地

方偏僻、经济不够发达、过往船只稀少的航线，运费相对比较昂贵。因此，在确定商品价格时，必须核算运输成本，做好比价工作，以体现地区差价。

（五）支付条件以及货币汇率变动的风险

支付条件及汇率的变动，关系到交易双方的交易风险，从而影响到商品的价格。同一商品在其他交易条件相同的情况下，采用预付款和信用证支付的方式，出口商的风险较小，其价格就可定得优惠一些；而如果采用托收的支付方式，出口商的交易风险就比较大，其价格就应定得高一些。同时，确定商品价格时，一般应争取采用对自身有利的货币成交，如采用不利的货币成交时，应当把汇率变动的风险考虑到货价中去，适当提高出售价格或压低购买价格。

（六）商品交易各要素的特点

根据出口的地域特点、商品特点、买家实力和性格特点可以调整报价策略。有的客户特别在意价格的高低，订单会下给报价最便宜的卖家，那么，卖方报价时就应直接报出己方所能提供的最低价格；有的客户习惯于讨价还价，那么，卖方在第一次报价时可以适当高一些，留给对方讨价还价的余地。

除上述影响进出口商品价格的因素外，交货期的远近、市场销售习惯、市场竞争的激烈程度和消费者的偏好等因素，对确定价格也有不同程度的影响。总之，在确定进出口商品价格时，买卖双方应通盘考虑各种因素的影响。

三、合同中的价格条款

（一）价格条款的内容

国际货物买卖合同中的价格条款，一般包括商品的单价和总值两项基本内容。单价通常由四个部分组成，即计价货币（Pricing Currency）、计量单位（Calculating Unit）、单位价格（Pricing Value per Unit）和贸易术语（Trade Terms）。例如，每公吨 CIF 伦敦 350 英镑，总价是单价同数量的乘积，也就是一笔交易的货款总金额。举例如下：

例 1　"Unit Price：at EUR4. 50/PC CPT Paris. "（单价：每件 4.50 欧元，CPT 巴黎）

例 2　"Unit Price：GBP20 000. 00/Set FOB Livepool. "（单价：每套20 000 英镑，FOB 英国利物浦）

例 3　单价：每公吨 500 美元，CIF 日本大阪

总值：50 000 美元

Unit Price：at USD500 per metric ton CIF Osaka

Total Value：USD 50 000 （Say US dollars fifteen thousand only）

例 4　单价：每箱 0.70 美元 FOB 天津含 2% 佣金

总值：14 850 美元

Unit Price：at USD0. 70 per box FOB Tianjin including 2% commission

Total Value：USD 14 850 （Say US dollars fourteen thousand eight hundred and fifty only）

（二）规定价格条款的注意事项

（1）合理确定商品的单价，防止作价偏高或偏低。

（2）根据经营意图和实际情况，在权衡利弊的基础上选用适当的贸易术语。

（3）争取选择有利的计价货币，以免遭受币值变动带来的风险，如在采用不利的计价货币时，应当加订保值条款。

（4）灵活运用各种不同的作价办法，以避免价格变动的风险。

（5）参照国际贸易的习惯做法，注意佣金和折扣的合理运用。

（6）如交货品质和数量的约定有机动幅度，对机动部分的作价应一并规定。

（7）在包装材料和包装费另行计价时，对其计价办法应一并规定。

（8）单价中涉及的计量单位、计价货币、装卸地名称，必须书写正确、清楚，以利合同的履行。

四、佣金与折扣

（一）佣金

佣金（Commission）是指中间商因向卖方（或买方）介绍生意或代卖代买货物而收取的酬金。在价格中，明确订明"佣金"及其比例的叫"明佣"；不标明佣金的比例，甚至连"佣金"字样也没有，有关佣金问题由双方当事人另行约定，这种做法叫"暗佣"。

佣金在合同中表示为"FOBC3%"、"CIPC5%"等形式，表示该价格里分别包含着3%、5%的佣金；不含佣金的价格可用"Net"表示，如"CIP Net"、"CFR Net"等。

关于佣金的计算公式如下：

佣金额＝含佣价×佣金率

净价＝含佣价－佣金

假如已知净价，则含佣价的计算公式为：

含佣价＝净价÷（1－佣金率）

例如，卖方报出某商品的净价为"USD1 000.00/MT CFR Net Sydney"，买方又要求改报CFRC3%价格。则应报价为：

含佣价＝净价÷（1－佣金率）

＝1 000.00÷（1－3%）≈USD1 030.93

即，"At USD1 030.93/MT CFRC3% Sydney"。

（二）折扣

折扣（Discount/Rebate/Allowance）是指卖方按原价给予买方一定百分比的减让，如"CIFD2%"、"CPTR3%"等。在价格条款中明确规定折扣率的，叫做"明扣"；交易双方就折扣问题达成协议，在价格条款中不明示的，叫做"暗扣"。

折扣直接关系到商品的价格，货价中是否包括折扣及折扣率的大小，都影响商品价格，折扣率越高，则价格越低。折扣的计算方法如下：

折扣额＝原价（或含折扣价）×折扣率

折实售价＝原价×（1－折扣率）

例如，某公司以每公吨520美元CIF香港、含折扣2%的价格对外出口一批货物，其净收入为：

折实售价＝原价×（1－折扣率）

＝520×（1－2%）＝509.6(美元)

佣金和折扣都是卖方在买卖价格上给予买方的某种"优惠"，实际上是一种促销的策略和手段。在国际贸易实务中，对于一笔交易一般卖方付佣金就不再给折扣，或者给折扣就不付佣金。

五、计价货币的选择

【案例思考5-1】 某年1月，某船厂与某外国航运公司签署了一份出口货轮的合同，约定于次年开始交货。在签约时，按进口方要求以英镑计价。但在付款时，由于英镑汇率下跌，出口方仅汇率损失就高达数百万美元。试分析出口方的教训在哪里？出口方应该如何防止类似的损失发生？

（一）"硬币"与"软币"概念

硬币（Hard Currency）是指汇率呈上升趋势的货币；软币（Soft Currency）是指汇率呈下跌趋势的货币。举例说明如表5-1所示：

表5-1　　　　　　　　　　外汇汇率举例

外汇汇率	×年1月1日	×年10月30日
EUR：USD	100：121.16	100：122.31
EUR：CNY	100：1 000.25	100：971.23

从表5-1中可以看出，在这段假设的时间内，与美元比较，欧元和人民币都是硬币，因为美元对欧元和人民币的汇率都在下跌；与人民币比较，欧元和

美元都是软货币，因为人民币对欧元和美元的汇率都上升了。所以，所谓货币的"硬"或"软"都只是一种相对的概念，也即在同一时段，一种货币相对于 A 货币是硬货币，但相对于 B 货币又可能是软货币；在一定时期内，某种货币可能是硬货币；但到了另一时期，它可能又变成软货币。反之亦然。

（二）选择计价货币的原则

计价货币（Money of Account）是指合同中规定用来计算价格的货币。根据国际贸易的特点，计价货币可以是出口国货币，也可以是进口国货币或双方同意的第三国货币，由买卖双方协商确定。选择计价货币的总体原则是：出口尽量选用硬货币，进口尽量选用软货币。举例说明如下：

如果欧洲 A 公司向美国 B 公司出口一批货物，用欧元计价，总值为 EUR100 万，则从表 5-2 中可以看出，A 公司因使用硬货币计价而获利。

表 5-2　　　　　　　　使用硬货币使卖方获利的实例

	合同总值	EUR: USD	总值折合美元	卖方因欧元汇率上升得利
签约时	EUR100 万	100：120	USD120 万	×
履约时	EUR100 万	100：130	USD130 万	USD10 万

如果美国 B 公司在签约时要求用美元计价，货款总值为 USD120 万，则从表 5-3 中可以看出，B 公司因使用软货币计价而获利。

表 5-3　　　　　　　　使用软货币使买方获利的实例

	合同总值	EUR: USD	总值折合美元	买方因欧元汇率上升得利
签约时	USD120 万	100：120	EUR100 万	×
履约时	USD120 万	100：130	EUR 92.31 万	EUR7.69 万

如果双方都为了各自的利益，坚持上述原则不让步，那么交易就无法达成。在不能选择符合自己利益的计价货币的情况下，应当做到以下几点：

（1）应尽量缩短交货和结汇的时间，以减少汇率变化带来的损失。

（2）如果成交金额较大，则可以在合同中订立"汇率保值条款"，即根据汇率变动的情况，在支付货款时相应地加价或降价一定的百分比。例如，对于卖方，假设在双方签约时，英镑对美元的汇率是 100：183.00，但到支付货款时，二者的汇率变成了 100：175.00，即英镑对美元贬值了 4.37%，如果计价货币为英镑，那么，在支付时，卖方可要求加价 4.37%，用以弥补汇率损失。

对于买方，如果英镑对美元的汇率变成了 100∶190.00，即英镑对美元升值 3.83%，那么，在支付时，买方也可要求降价 3.83%，以弥补汇率升值的损失。

（3）对于成交金额较大、履约期限较长的买卖合同，还可以采用"单一货币计价、一揽子货币支付"的办法，以防止计价货币汇率波动给买方或卖方造成经济损失。

第二节 出口商品成本核算

在确定出口商品价格时，应认真核算出口总成本、出口外汇净收入、出口换汇成本、出口盈亏率等指标，防止出现不计盈亏、单纯追求成交量的现象。

一、出口总成本

出口总成本是指出口商品的进货成本加上出口前的一切费用和税金，一般包括进货成本、国内费用以及出口退税三个部分。前两项是企业支出的，后面一项则是企业收入的，它是我国政府为鼓励出口而给予出口企业的奖励或补贴。

（一）进货成本（Cost of Goods）

进货成本是指出口企业从国内生产企业那里收购用于出口的商品所支付的本币货款金额，或者是指出口企业自己生产的出口产品用本币核算的出厂价格。

（二）国内费用（Domestic Expenses）

国内费用是指出口企业在其业务经营的过程中，发生的直接或间接的、与出口业务相关的、用本币记录的费用支出。

1. 直接费用

直接费用是指与出口贸易直接相关，可以直接从某批出口业务的利润中扣减的费用。如商检费、国内运杂费、银行利息、手续费、单证费、差旅费及出口海关税费等。

2. 间接费用

间接费用是指那些难以直接划归某笔出口业务的账目里，但又与出口业务有关联的费用。如工资、通信费、样品及其邮寄费、房租水电费、仓租、交易会费用、出国推销费用、招待费等。

（三）出口退税（Export Drawback）

为了鼓励出口，对出口产品实行退增值税制度，是世界各国通行的做法。我国目前现行的退税办法是，对国内各流通环节统一征收 17% 的增值税，当商品出口后，由国家税务部门按照当时国家规定的退税率计算退税额，退还给出口企业。出口退税实际上是国家补贴出口商品、降低出口企业的出口成本、提高出口商品竞争力的一种做法。因此，把出口退税计入出口成本，出口成本就有一定程度的下降。出口退税额的计算方法是：

出口退税额 = 出口商品的进货成本（含税）÷（1 + 增值税率）× 出口退税率

因此，出口商品的实际进货成本的计算公式是：

实际进货成本 = 进货成本（含税）– 退税收入

例 5　某批出口商品的进货成本为 CNY110 万（含增值税），国内费用总和为 CNY6.5 万，该商品的出口退税率为 13%。则有：

出口退税额 = 出口商品的进货成本（含税）÷（1 + 增值税率）× 出口退税率

= 1 100 000.00 ÷（1 + 17%）× 13% = CNY122 222.22

出口总成本 = 进货成本 + 国内费用 – 出口退税额

= 1 100 000.00 + 65 000.00 – 122 222.22

= CNY1 042 777.78

二、出口外汇净收入

（一）出口外汇总收入（General Forex Income）

出口外汇总收入是指卖方从买方那里获得的货款总数额。"Forex"为"Foreign Exchange"（外汇）的缩写形式，下同。

（二）出口外汇支出（Forex Outlay）

出口外汇支出，主要包括某些包含在出口价格里、卖方从买方那里得到后又必须用外汇支付的费用，主要有国外段运费、保险费、佣金、折扣等。

（三）出口外汇净收入（Net Export Income in Forex）

出口外汇净收入是指从外汇总收入中扣除出口外汇支出后剩余的部分，实际上相当于出口货物的 FOB 或 FCA 的价值。

（四）净值（Net Value）

净值是指在出口价格里不包含支付给国外中间商的佣金以及支付给进口商的折扣等项内容的外币价值。

例 6　假设某批商品按"CIFC3R2"价格出口，出口总值为 USD15 万，其中，国外段运杂费为 USD2 300.00，保险费为 USD300.00，佣金为 USD4 500.00，折扣为 USD3 000.00。则该批货物的出口外汇净收入为：

出口外汇净收入 = 出口外汇总收入 – 出口外汇支出

= 出口外汇总收入 –（保险费 + 国外运费 + 佣金 + 折扣）

= 150 000.00 –（2 300 + 300 + 4 500 + 3 000）

$= \text{USD}139\ 900.00$ （FOB 净值）

三、出口换汇成本

出口换汇成本是指出口商品每换回一个单位的外汇（通常为美元）需花费多少本币数额的成本。这个概念是外贸企业核算其出口经济效益的重要指标之一。其计算公式是：

$$出口换汇成本 = \frac{出口国内总成本（CNY）}{出口外汇净收入（外汇，FOB）}$$

一般将换汇成本同美元与人民币的汇率进行比较来判断盈亏，出口商品换汇成本小于外汇汇率则为盈利，反之为亏损。换汇成本越高，盈利越小或亏损越大；换汇成本越低，亏损越小或盈利越大。

例 7 根据例 5 和例 6 的数据，计算该商品的出口换汇成本：

$$出口换汇成本 = \frac{出口国内总成本（CNY）}{出口外汇净收入（外汇，FOB）}$$

$$= \frac{\text{CNY}1\ 042\ 777.78}{\text{USD}139\ 900.00} = \text{CNY}7.45/\text{USD}（税后）$$

该批商品的出口换汇成本为 7.45 元人民币。假设美元对人民币的汇率是 1∶7.63，则这笔交易是盈利的。

四、出口盈亏额

出口盈亏额是指将出口外汇净收入按照收汇时的外汇牌价折算成本币以后，与该批商品的出口总成本相减所得的差额。如果这个差额是正数，则说明盈利，反之，则说明亏损。出口盈亏额就是出口成本核算的落脚点。出口盈亏率，是指出口盈亏额与该批商品的出口总成本之间的比率。即：

出口盈亏额 = 出口外汇净收入（折算成 CNY）－ 出口总成本（CNY）

出口盈亏率 = 出口盈亏额/出口总成本 × 100%

例 8 根据上述例 5 和例 6 的数据，假设某日美元与人民币的汇率为 1∶7.54～7.57,则有：

出口外汇净收入（折算成 CNY）= 139 900.00 × 7.54 = CNY1 054 846.00

出口盈亏额 = 出口外汇净收入（折算成 CNY）－ 出口总成本（CNY）

$\qquad = 1\ 054\ 846.00 - 1\ 042\ 777.78 = \text{CNY}12\ 068.22$

出口盈亏率 = 出口盈亏额/出口总成本 × 100%

$\qquad = 12\ 068.22 \div 1\ 042\ 777.78 \times 100\% \approx 1.16\%$

即，该出口商品盈利额为 12 068.22 元人民币，盈利率为 1.16%。

五、出口创汇率

出口创汇率，又叫外汇增值率，是指在进料加工的前提下，加工为成品出口后的外汇净收入与进口原材料的外汇总支出之间的比率。它是反映每一个单位的外汇支出最终带来了多少百分比的外汇收入的经济指标。

$$出口创汇率 = \frac{加工成品出口外汇净收入 - 进口原料外汇总支出}{进口原料外汇总支出} \times 100\%$$

例9　某笔进料加工合同，进口原料的 FOB 价值为 EUR10 万，从欧洲运到国内的运杂费为 EUR 1 800.00,保险费 EUR330.00；加工成成品后的 CIF 出口价格为 USD18.3 万，其中，国外运杂费为 USD 3 300.00，保险费 USD604.00；出口收汇当天欧元与美元的汇率为100：137.85。试计算出口创汇率：

$$进口原料外汇总支出 = 进口的 FOB 价格 + 国外运费 + 国外保险费$$
$$= 100\ 000 + 1\ 800 + 330 = EUR102\ 130.00$$

$$加工成品出口外汇净收入 = 出口的 CIF 价格 - 国外段运费 - 国外段保险费$$
$$= (183\ 000 - 3\ 300 - 604) \div 1.3785$$
$$= EUR129\ 920.93$$

$$出口创汇率 = \frac{加工成品出口外汇净收入 - 进口原料外汇总支出}{进口原料外汇总支出} \times 100\%$$

$$= \frac{129\ 920.93 - 102\ 130.00}{102\ 130.00} \times 100\% \approx 27.21\%$$

即，该商品的出口创汇率为 27.21%。

第三节　出口商品报价核算与换算

价格核算是进出口业务的关键环节，它直接关系到交易磋商的成败和买卖双方的利益，因此，只有了解并掌握出口价格的核算方法，才能保证其所报价格的准确与合理。

一、出口商品报价核算

(一) FOB、CFR、CIF 三种贸易术语的报价核算

在国际贸易中，FOB、CFR、CIF 是三种常用的贸易术语，其价格的基本构成如下：

FOB 报价 = 实际进货成本 + 国内费用 + 预期利润

CFR 报价 = 实际进货成本 + 国内费用 + 国外运费 + 预期利润

CIF 报价 = 实际进货成本 + 国内费用 + 国外运费 + 国外保险费 + 预期利润

说明：实际进货成本是指不含增值税的进货成本，预期利润是以销售价格为依据计算的。

下面将通过实例来讲解这三种术语的报价核算方法。有关报价资料如下：

（1）商品名称：03001 "三色戴帽熊"。

（2）商品包装：每箱装 60 只，每箱体积 0.164 立方米。

（3）供货价格：每只 6 元。

（4）税率：供货单价中均包括 17% 的增值税，出口毛绒玩具的退税率为 15%。

（5）国内费用：内陆运费 100 元/立方米，报检费 120 元，报关费 150 元，核销费 100 元，公司综合费用 3 000 元。

（6）银行费用：报价的 1%（L/C 银行手续费 1%）。

（7）海运费：从上海至加拿大蒙特利尔港口，一个 20 英尺集装箱的费用为 1 350 美元。

（8）货运保险：CIF 成交金额加成 10%，投保中国人民保险公司海运货物保险条款中的一切险（费率 0.8%）和战争险（费率 0.08%）。

（9）预期利润：报价的 10%。

（10）报价汇率：6.83 元人民币兑换 1 美元。

根据以上资料，进行报价核算过程如下：

1. 实际进货成本

含税成本 = 6 元/只；

退税收入 = 6 ÷（1 + 17%）× 15% = 0.769 2 元/只；

实际进货成本 = 6 - 0.769 2 = 5.230 8 元/只。

2. 费用

20 英尺集装箱包装件数 = 25 ÷ 0.164 = 152 箱，

报价数量 = 152 × 60 = 9 120 只；

国内费用 =（152 × 0.164 × 100 + 120 + 150 + 100 + 3 000）÷ 9 120

$\qquad$ = 0.642 9 元/只；

银行费用 = 报价 × 1%；

海运费 = 1 350 × 6.83 ÷ 9 120 = 1.011 0 元/只；

保险费 = CIF 报价 × 110% ×（0.8% + 0.08%）。

3. 预期利润 = 报价 × 10%

4. FOB 报价 = 实际进货成本 + 国内费用 + 银行手续费 + 预期利润

$\qquad$ = 5.230 8 + 0.642 9 + FOB 报价 × 1% + FOB 报价 × 10%

$\qquad$ =（5.230 8 + 0.642 9）÷（1 - 1% - 10%）

$= 5.873\ 7 \div 0.89 \div 6.83 = 0.966\ 3$ 美元/只

5. CFR 报价 = 实际进货成本 + 国内费用 + 银行手续费 + 国外运费 + 预期利润

$= 5.230\ 8 + 0.642\ 9 + $ CFR 报价 $\times 1\% + 1.011\ 0 + $ CFR 报价 $\times 10\%$

$= (5.230\ 8 + 0.642\ 9 + 1.011\ 0) \div (1 - 1\% - 10\%)$

$= 6.884\ 7 \div 0.89 \div 6.83 = 1.132\ 6$ 美元/只

6. CIF 报价 = 实际进货成本 + 国内费用 + 银行手续费 + 国外运费 + 国外保险费 + 预期利润

$= 5.230\ 8 + 0.642\ 9 + $ CIF 报价 $\times 1\% + 1.011\ 0 + $ CIF 报价 $\times 110\% \times 0.88\% + $ CIF 报价 $\times 10\%$

$= (5.230\ 8 + 0.642\ 9 + 1.011\ 0) \div (1 - 110\% \times 0.88\% - 1\% - 10\%)$

$= 6.884\ 7 \div 0.880\ 32 \div 6.83 = 1.145\ 0$ 美元/只

03001 三色戴帽熊报价如下（注：计算时保留 4 位小数，最后报价取小数点后 2 位）：

USD0.97 PER CARTON FOB SHANGHAI（每只 0.97 美元上海港船上交货）；

USD1.13 PER CARTON CFR MONTREAL（每只 1.13 美元成本加运费至蒙特利尔）；

USD1.15 PER CARTON CIF MONTREAL（每只 1.15 美元成本加运保费至蒙特利尔）。

通过以上实例可以看出，出口报价核算并不深奥，关键是要掌握各项内容的计算基础并细心地加以汇总。

（二）对外报价核算应注意的问题

（1）按照实际报价的一定百分比计算的内容应一次求出，否则容易造成报价的低估。

（2）实际业务中，除了采用费用额相加的方法外，还有规定定额费用的做法，该费用率的计算基础是含税的进货成本。

（3）银行费用是根据出口发票金额的一定百分比收取，计费基础是成交价格。佣金和保险费通常也是根据成交价格计算。

（4）垫款利息按照进货成本计算，远期收款利息按照成交价格计算。

（5）报价核算有总价核算和单价核算两种方法。总价法比较精确，但要将核算结果折算成单价后才能对外报价；单价法可以直接算出报价，但计算过程需保留多位小数，以保证报价准确。上述实例采用的就是单价核算法。

（6）注意报价的计量单位以及集装箱数量的准确性，它直接影响单位运价和国内费用的多少。

（7）出口报价核算出来之后，可以采用逆算方法验算，即报价产生以后，用收入减去支出等于成本的原理来核算对外报价是否正确。

（8）业务员在对外磋商之前就应进行报价核算，以做到对一票买卖的综合经营状况心中有数。因此，务必填好出口商品价格核算单。

二、出口商品价格换算

在国际贸易中，买卖双方在洽商交易时，经常会出现一方当事人以某种贸易术语报价后，另一方当事人不同意而要求用其他的贸易术语进行改报，这就涉及出口商品价格换算的问题。下面就国际贸易中最常见的几种贸易术语的换算方法介绍如下：

1. FOB 价换算为其他价

CFR 价 = FOB 价 + 国外运费

CIF 价 =（FOB 价 + 国外运费）/（1 − 投保加成 × 保险费率）

2. CFR 价换算为其他价

FOB 价 = CFR 价 − 国外运费

CIF 价 = CFR 价/（1 − 投保加成 × 保险费率）

3. CIF 价换算为其他价

FOB 价 = CIF 价 ×（1 − 投保加成 × 保险费率）− 国外运费

CFR 价 = CIF 价 ×（1 − 投保加成 × 保险费率）

其中，投保加成 = 1 + 投保加成率。

按照国际保险市场上的惯例做法，国际货物运输保险的投保金额通常是在 CIF 或 CIP 价值基础上加一成即 10% 投保，这 10% 就被称为"投保加成率"，主要作为买方的预期利润。

例 10 我国某公司向英国商人出售某商品一批，报价是每件 235 英镑 CIF 伦敦，保险按发票金额加一成，投保一切险和战争险，两者的保险费费率合计为 0.7%。英国商人要求改报 CFR 伦敦价。试计算，在不影响收汇额的前提下，正确的 CFR 价应报多少。

CFR 价 = CIF 价 ×（1 − 投保加成 × 保险费率）

　　　　 = 235 ×（1 − 110% × 0.7%）= 233.19（英镑）

即，改报的价格为每件 233.19 英镑 CFR 伦敦。

【本章小结】 本章主要有国际商品价格概述、出口商品成本核算及出口商品价格核算与换算三个部分。

第一部分讲述了报价原则、影响报价的因素、买卖合同中的价格条款、佣金与折扣、计价货币的选择等内容，其中价格条款是重点。价格条款一般包括商品的单价和总值两项基本内容。单价通常由计量单位、单位金额、计价货币和贸易术语四部分组成，如有需要还可以包括佣金或折扣。在规定价格条款时，应适当规定价格调整条款。

第二部分讲述了出口总成本、出口外汇净收入、出口换汇成本、出口盈亏率、出口创汇率等概念。在确定出口商品价格时，必须认真核算这些指标，防止出现不计盈亏、单纯追求成交量的现象。其中，出口换汇成本和出口盈亏率是两个重要的效益指标。

第三部分以 FOB、CFR、CIF 这三种常用的贸易术语为例，介绍了如何进行出口商品的价格核算与换算。这是从事外贸业务的人员必须具备的技能。

思考与练习题

1. 进出口商品的作价原则是什么？在确定进出口商品价格时主要应考虑哪些因素？

2. 举例说明进出口商品的价格是由哪几个部分组成的。

3. 佣金、折扣和净价的含义各是什么？怎样计算？

4. 举例说明在进出口贸易中，如何正确选择计价货币。

5. 如何计算出口商品的出口退税额、出口总成本以及出口外汇净收入？

6. 某公司出口某种商品的人民币价格为 CNY3 850.00/MT，现在，国外客户要求用美元报价，已知当天的外汇牌价为 USD：CNY/100：754.00～757.00。问：出口公司应报价多少？

7. 某公司出口某商品的报价为 USD100.00/PC CFRC3% New York，每件商品的保险费为 USD0.28。如果买方要求该出口公司改报 CIFC5% New York 的价格，则应报价多少？

8. 某外贸公司出口一批货物至日本，总价为 USD10 万，CIFC5% Yokohama，其中，从中国口岸到横滨的运费和保险费共占 3%。该批货物的国内收购价为 CNY76 万（含增值税 17%），该外贸公司的费用定额为 5%，出口退税税率为 13%。结汇时的外汇汇率为 USD：CNY/100：754.00～757.00。试计算这笔出口的换汇成本和盈亏额。

9. 茂华公司计划出口英国一批内衣，纸箱装 110 箱，每箱 20 套，国内进货价格 52 元/套（含 17% 的增值税，出口退税率为 15%），出口包装费每纸箱为 15 元，商检费、仓储费、报关费、国内运杂费、业务费、港口费及其他各种税费约为 1 950 元，从上海至伦敦的海运费约 1 200 美元，如果按 CIF 成交，买方要求按成交金额的 110% 投保一切险，保险费率为 0.5%。现假设汇率为 7.10 元人民币 = 1 美元。①如果该公司预期利润率为 10%，试计算 FOB 和 CIF 的价格。②如果外商要求有 3% 的佣金，并且改用 CFR 成交，则 CFRC3% 价格应为多少？

10. 下面是我国某外贸公司出口合同的单价和价格条款，请根据《2000 通则》予以纠正。

(1) 3.68 $ CIFC Hong Kong。

(2) £ 500/carton CFR Britain net。

(3) 每箱 50 元 CIF 伦敦。

(4) 每打 100 欧元 FOB 净价减 1% 折扣。

(5) 2 000 日元 CIF 大连包含佣金 2%。

(6) USD per Ton FOB London。

第六章 国际货物运输

【开篇案例】 我国某出口公司先后与伦敦 B 公司和瑞士 S 公司签订了两个出售农产品的合同，共计 3 500 长吨，价值82 750英镑。装运期为当年12月至次年 1 月。但由于原定的装货船舶出故障，只能改装另一艘外轮，致使货物到 2 月 11 日才装船完毕。在我公司的请求下，外轮代理公司将提单的日期改为 1 月 31 日。货物到达鹿特丹后，买方对装货日期提出异议，要求我公司提供 1 月份装船证明。我公司坚持提单是正常的，无需提供证明。结果买方聘请律师上货船查阅船长的航行日志，证明提单日期是伪造的，随即凭律师拍摄的证据向当地法院控告并由法院发出通知扣留该船。经过 4 个月的协商，最后我方赔款 20 900 英镑方才了结此案。

在国际货物买卖中，货物的交接必须通过运输来实现。因此，在买卖合同中必须就货物的运输方式及当事人双方在有关货物运输方面的责任作出安排。国际货物运输由于运输距离长、涉及面广、情况复杂及时间性强等特点，所以风险相对较大。因而，对于进出口双方来说，要想更好地完成货物的运输和交付，保证合同顺利履行，就必须合理地选用运输方式，订好合同中的装运条款，正确缮制和运用相关运输单据，并掌握相关的运输基本知识。本章将就这些内容进行介绍。

【学习目标】 通过本章的学习，要求熟悉海洋运输的相关知识，掌握班轮运费的计算方法；了解海洋运输以外的其他运输方式；掌握买卖合同中装运条款的内容及订立方法，特别是分批装运和转运条款；理解海运提单的含义及性质，掌握海运提单的种类。

第一节　国际海上货物运输

国际海上货物运输是指利用海洋通道，使用船舶通过一定的航区和航线，在不同国家和地区的港口之间运送货物的一种运输方式，简称海运。

由于海上运输具有通过能力大、运量大、运费低廉等优点，因此成为国际货物运输中运用最广泛的一种运输方式。目前，海运量在国际货物运输总量中占80%以上。

一、海上运输的经营方式

国际海上货物运输按照船舶营运方式的不同，可分为班轮运输和租船运输两种。

（一）班轮运输

班轮运输（Liner Shipping），又称定期船运输，是指船舶在固定的航线上和港口间按事先公布的船期表航行，从事客、货运输业务并按事先公布的费率收取运费的一种经营方式。该方式比较适合于承运批量小、批次多的件杂货物。其服务对象是非特定的、分散的众多货主。我国绝大部分进出口货物都是通过班轮运输，约占海运量的70%以上。

班轮运输具有如下特点：（1）"四固定"，即固定航线、固定港口、固定船期和相对固定的运费率。这是班轮运输的最基本特征。（2）船方管装管卸，有关装卸费用均包括在运费内，承、托双方不计算滞期费和速遣费。（3）承、托双方的权利、义务和责任豁免以承运人签发的班轮提单背面条款为依据并受国际公约的制约。（4）凡班轮停靠的港口，不论货物数量多少，只要舱位允许均可受载。

（二）租船运输

租船运输（Shipping by Chartering），又称不定期船运输，是指租船人向船东租赁船舶用以运输货物的一种运输方式。它与班轮运输不同，既没有固定的船舶班期，也没有固定的航线及挂靠港，而是根据租船人与船东双方签订的租船合同，按货源和货主对货物运输的要求安排航行计划，组织货物运输；船东根据运载量或租期向租船人收取运费或租金并随国际租船市场行情的波动予以升降；租船人和船东之间的权利、义务和责任以签订的租船合同为准。这种经营方式通常适用于大宗货物的运输，如粮食、矿砂、石油、木材等。

目前，在国际租船业务中，广泛使用的租船方式主要有定程租船、定期租船和光船租船三种形式。

1. 定程租船（Voyage Charter）

它也叫航次租船、程租船，是指由船舶所有人提供船舶，在承租人指定的港口间进行一个或多个航次运输的一种租船方式。这是租船市场上最活跃的一种经营方式，且对运费水平波动最为敏感。当前国际现货交易市场上成交的绝大多数货物（主要有液体散货和干散货两大类）都是通过航次租船方式运输的。

定程租船的主要特点有：船东负责船舶的管理工作，负担船舶航行中的一切营运费用；托运人或承租人负责完成货物的组织，支付按货物实际装船数量计算的运费及相关费用；关于装卸费用的负担及货物装卸时间、滞期费和速遣费的计算标准等问题由双方在租船合同中订明。

2. 定期租船（Time Charter）

它又叫期租船，是指船舶所有人将特定的船舶，按照租船合同的约定，在约定的期限内租给承租人使用的一种租船方式。这是一种以时间为基础而非以航次为基础的租船方式。租期的长短，由船舶所有人和承租人根据实际需要约定，短则几个月，长则几年、十几年，甚至到船舶报废为止。

定期租船的主要特点有：船东负责配备船员，并负担其工资和伙食；承租人负责船舶的营运调度，并负担船舶营运中的可变费用，固定费用则由船东负担；整船出租，租金按船舶的载重吨、租期及商定的租金率计收。

3. 光船租船（Bar-boat Charter）

它又称船壳租船，是指船舶所有人向承租人提供一艘空船，在约定的期限内由承租人占有、调度使用的一种租船方式。船舶的船员配备、营运管理及一切营运费用都由承租人承担。船东在租期内除收取租金外，对船舶和经营不再承担任何责任和费用。

二、海上货物运输费用

根据海上运输经营方式的不同，海上货物运输费用可分为班轮运费和租船费用两种。

（一）班轮运费

班轮运费是班轮公司承运货物而向货主收取的运输费用。该费用是按照班轮运价表的规定计算的，一般由基本运费和附加费两个部分构成。

1. 基本运费

基本运费是班轮运费的主体，根据班轮运价表中的基本费率和计费标准计算而得。在班轮运价表中，根据不同的商品规定了不同的计费标准。通常有以下几种：

（1）按货物的毛重或称重量吨计收，在运价表内用"W"表示。一重量吨为一公吨、一长吨或一短吨。

（2）按货物的体积或称尺码吨计收，在运价表内用"M"表示。一尺码吨为一立方米或 40 立方英尺。

（3）按货物的毛重或体积，选择其中较高者计收，在运价表内用"W/M"表示。

（4）按货物的 FOB 价的一定百分比计收，在运价表内用"A. V."或"Ad. Val."表示，又称从价运费。

（5）按货物的重量、体积或价值三者中最高的一种计收，在运价表内用"W/M or Ad. Val."表示。

"W/M plus Ad. Val."表示。

（7）按货物的件数计收。如车辆按"每辆"、牲畜按"每头"等计收。

（8）由货主和船公司临时议定运价，用"Open Rate"表示。

2. 附加费

附加费用是班轮公司在基本运费之外加收的费用，一般是班轮公司根据不同情况，为抵补运输中额外增加的费用开支或在遭受一定损失时而在基本运费之上加收的费用。

班轮附加费用名目繁多，主要有燃油附加费、港口附加费、转船附加费、绕航附加费、超重附加费、超长附加费、直航附加费、港口拥挤附加费、选港附加费、货币贬值附加费等。

班轮运费的计算方法如下：（1）根据货物名称，在"货物分级表"中查出货物的等级和相应的计费标准。（2）在"航线费率表"中根据航线、启运港和目的港，按货物的等级查出相应的基本费率。（3）再从附加费部分查出所有应收（付）的附加费项目和数额（或百分比）及货币种类。（4）根据基本费率和附加费算出单位运价，再乘以总运费吨便得到该批货物的运费总额。即：

总运费 = 单位运价 × 总运费吨

其中，单位运价 = 基本费率 $\times \left(1 + \sum$ 附加费率$\right) + \sum$ 附加费额

例 某公司采用班轮运输出口商品 100 箱，每箱体积 30cm × 60cm × 50cm，毛重 40kg，查运费表知该货为 9 级，计费标准为 W/M，基本运费为每运费吨 109 美元，另加收燃油附加费 20%，货币贬值附加费 10%。请计算该批货物的总运费：

单位运价 = 基本费率 $\times \left(1 + \sum$ 附加费率$\right) + \sum$ 附加费额

$\qquad = 109 \times (1 + 20\% + 10\%) = 141.7$（美元）

每箱体积 30cm × 60cm × 50cm = 0.09 立方米，每箱重量 40kg = 0.04 公吨

因计费标准为 W/M，0.09 立方米 > 0.04 公吨，故取 M，总运费吨 = 0.09 × 100 = 9（运费吨）

总运费 = 单位运价 × 总运费吨 = 141.7 × 9 = 1 275.3（美元）

即，该批货物的总运费是 1 275.3 美元。

（二）租船运输费用

1. 定程租船运费

定程租船运费的计算方法有两种：一种是按运费率计算，即按每单位重量或单位体积规定的运费额计算，但需在租船合同中明确的是按装船重量还是卸船重量计算；另一种是按整船包价，即对于特定载货重量和容积的船舶，规定

一个包船价格，不管租方实际装货多少，一律按包价支付。定程租船费率的高低主要取决于租船市场的供求关系，但也与运输距离、货物种类、装卸率、港口使用费、装卸费用划分和佣金高低有关。

2. 定期租船租金

定期租船条件下，租金率的高低取决于船舶的运载能力和租期，与所载货物无关。通常，租金有两种订法：一是按整船每天若干金额计算；二是按每月每载重吨若干金额计算。租金通常预付半月或一月，租船人需按时按规定支付租金，否则，船东有权收回船舶。

第二节　其他运输方式

除海洋运输外，在国际贸易中还有铁路运输、航空运输、集装箱运输、国际多式联运及邮包运输等运输方式，本节简单加以介绍。

一、铁路运输

铁路运输（Rail Transport）是我国对外贸易运输中仅次于海洋运输的一种重要运输方式，具有运量较大、风险小、速度快及连续性强等优点。特别是内陆国家间的贸易，铁路运输的作用尤为显著。铁路运输可以分为国际铁路货物联运和国内铁路货物运输。

（一）国际铁路货物联运

国际铁路货物联运是指两个或两个以上国家，按照协定，利用各自的铁路，联合起来完成一票货物的全程运输的方式。它使用一份统一的国际联运票据，由一国铁路向另一国铁路移交货物时，无需发、收货人参加，铁路当局对全程运输负连带责任。

国际铁路联运通常需要依据有关国际条约进行。目前，有关的国际条约有两个：一是《国际铁路货物运送公约》，简称《国际货约》。它是欧洲一些国家政府批准的有关国际铁路货物联运的规定、制度和组织机构的公约，其前身为《国际铁路货物联运规则》，1934 年重新修订，改称《国际铁路货物运送公约》，目前参加国有法国、德国、意大利、比利时、西班牙、葡萄牙等 30 多个国家。二是《国际铁路货物联运协定》，简称《国际货协》。该协定是 1951 年由前苏联与罗马尼亚、保加利亚、匈牙利、民主德国、波兰、阿尔巴尼亚、前捷克斯洛伐克等国签订，我国于 1954 年参加了该协定。

国际铁路联运并非只限于约定国之间。《国际货协》规定，不论是不是它的参加国，相互之间都可进行铁路联运。如果是参加国向非参加国发货，则采用《国际货协》的联运运单运至参加国最终出口国国境，由铁路边境站负责改换适当的联运票据继续运至非参加国的目的站；如果是从非参加国向参加国发货，则发货人必须办理转运发送事宜，直至参加国第一进口国国境，由铁路边境站负责办理以后的联运。

在国际铁路联运中，托运人向铁路托运一批重量、体积或形状需要一辆及其以上货车运输的货物时，应按整车运输的方式向铁路（承运人）办理托运手续，称为整车运输（FCL）。如果在一批货物的重量或体积不满一货车时，可与其他几批甚至上百批货物共用一辆货车装运，则按零担办理，称为零担运输（LCL）。

国际铁路联运的运输费用主要依据《国际货协统一过境运价规程》（简称《统一运价》）和《铁路货物运价规则》（简称《价规》）进行计算。其原则为：发送国和到达国铁路的运费，均按其国内《价规》的规定计收；过境国铁路的运费，均按《统一货价》的规定计算，由发货人或收货人支付。

目前，我国通往欧洲的国际铁路联运线有两条：一条是利用俄罗斯的西伯利亚大陆桥贯通中东、欧洲各国；另一条是由江苏连云港经新疆与哈萨克斯坦铁路连接，贯通俄罗斯、波兰、德国至荷兰的鹿特丹。

（二）国内铁路运输

国内铁路运输是指仅在本国范围内按《国内铁路货物运输规程》的规定办理的货物运。我国出口货物经铁路运输至港口装船及进口货物卸船后经铁路运往各地，均属此范畴。我国大陆往香港、澳门地区的铁路货物运输也按国内铁路运输办理，但又不同于一般的国内铁路运输。对港铁路运输由内地段铁路运输和港段铁路运输构成，由中国对外贸易运输总公司在各地的分支机构及香港中国旅行社联合组织进行。从发货地运至深圳北站后，由深圳外运分公司负责接货并向海关申报，海关放行过轨后，由香港中国旅行社负责办理港段铁路运输托运工作，将货物运至九龙目的站，交给收货人。对澳门地区的铁路运输，是先将货物运抵广州南站再转船至澳门。

上述供应香港、澳门地区的铁路运输货物，凡系信用证结算的，都由出口单位凭发货地外运公司签发的"承运货物收据"连同其他单证办理结汇手续。

二、航空运输

航空运输（Air Transport）作为一种现代化的运输方式，具有快捷方便、节省费用且不受地面限制等优点。对于一些体积小、贵重、量小而急需的商品如电脑、电子产品和药品等，特别是易腐、鲜活和季节性强的商品适宜于航空运输。

航空运输的主要方式有：

1. 班机运输

班机运输是指在固定航线上，按固定时间、固定始发站、固定目的站和途经站进行货物运输的方式，一般为客货混载，因而舱位有限。

2. 包机运输

包机运输是指包租整架飞机或由几家航空货运代理公司联合包租一架飞机运送货物的方式。包机运输适合于大宗货物运输，费率低于班机运输，但运送时间则长于班机运输。

3. 集中托运

集中托运是指航空货运代理公司把若干批单独发运的货物集中成一批向航空公司办理托运，填写一份总运单送至同一目的地，然后由其委托的当地的代理人负责分发给各个实际收货人。这种托运方式，可降低运费，是航空货运代理公司的主要业务之一。

4. 航空快递业务

航空快递业务是由快递公司与航空公司合作，派专人以最快的速度在发货人、机场、收货人之间传递货物的方式。该方式比较适合于急需的药品、贵重物品、合同资料及各种票据单证的递送。

航空运输的费用（运费）一般是按货物的实际重量（千克）和体积重量（以 6 000 立方厘米或 366 立方英寸体积折合为 1 千克）两者之中较高者计收。该费用是指从始发机场至到达机场的运费，不包括提货、报关、仓储等其他费用。针对航空运输货物的不同性质和种类，航空公司规定有特种货物运价、等级货物运价和一般货物运价等。

三、集装箱运输

集装箱运输（Container Transport）是指将一定数量的单件货物装入特制的标准规格的集装箱内，以集装箱作为运输单位进行货物运输的现代化运输方式。在这种方式下，发货人可以直接在自己的工厂、仓库或集装箱货运站将货物装入集装箱，然后通过多种运输方式将集装箱运到收货人的工厂、仓库或集装箱货运站后拆箱。货物装箱后，中途不论经过多少国家或更换多少种运输工具，既不必拆箱查验，也不必将货物从箱内取出更换，使货物的交接由"港到港"延伸到"门到门"。因此，集装箱运输大大减少了货物损坏、失窃和污染的发生，降低了货运成本，加速了船舶周转，缩短了货运时间。目前，集装箱运输已成为国际上普遍采用的一种重要运输方式，适用于海洋运输、铁路运输及国际多式联运。

国际标准化组织为了统一集装箱的规格，推荐了 3 个系列、13 种规格的集装箱，而应用最广的是 IA 型（8 英尺×8 英尺×40 英尺）、IC 型（8 英尺×8 英尺×20 英尺）和 IAA 型（8 英尺×8.6 英尺×40 英尺），习惯上称为 40 英尺和 20 英尺集装箱。为了便于统计计算，国际上都以 20 英尺集装箱作为计算标准单位，以 TEU（Twenty-foot Equivalent Unit）表示。在统计型号不同的集装箱时，按集装箱的长度一律换算成 20 英尺单位（TEU）加以计算。

集装箱货物的装箱方式有两种：整箱货（Full Container Load，FCL）和拼箱货（Less than Container Load，LCL）。对于托运数量达到整箱要求的整箱货，可以由发货人在自己的工厂或仓库自行装箱，也可以由承运人代为装箱，装箱后直接运往集装箱堆场（Container Yard，CY）交由承运人运往目的地（港）交给收货人。对于托运数量达不到一个集装箱容积或负荷量要求的拼箱货，则一般由承运人在集装箱货运站（Container Freight Station，CFS）根据货物性质和目的地分类整理，把不同货主的货物拼装在一个集装箱内，货到目的地（港）后，再由承运人拆箱后分拨给各收货人。

按装箱方式的不同，集装箱货物的交接方式可分为：（1）整箱交接（FCL/FCL）。（2）拼箱交接（LCL/LCL）。（3）整箱交、拆箱接（FCL/LCL）。（4）拼箱交、整箱接（LCL/FCL）。按交接地点的不同，集装箱货物的交接方式可分为：（1）门到门（Door to Door）。（2）门到场（Door to CY）。（3）门到站（Door to CFS）。（4）场到门（CY to Door）。（5）场到场（CY to CY）。（6）场到站（CY to CFS）。（7）站到门（CFS to Door）。（8）站到场（CFS to CY）。（9）站到站（CFS to CFS）。

集装箱运输费用的计算，一种是沿用件杂货运费的计算方法，以每运费吨为计算单位，适合于拼箱货运输；另一种是按不分货种的包箱费率计算，适合于整箱货运输。集装箱包箱费率有三种形式：（1）FAK（Freight for All Kinds），即不细分箱内货物类别，不计货量，只按箱型规定统一的费率。（2）FCS（Freight for Class），即按不同货物种类和等级制定的包箱费率。（3）FCB（Freight for Class and Basis），即按不同货物类别、等级及计算标准制定的包箱费率。

四、国际多式联运和大陆桥运输

（一）国际多式联运

国际多式联运（International Multimodal Transport）是在集装箱基础上发展起来的一种高效、现代化的联合运输方式。通常以集装箱为媒介，把各种单一的运输方式有机结合起来，构成一种国际性的连贯运输。《联合国国际多式联运公约》把它定义为："由多式联运经营人按照多式联运合同，以至少两种不同的运输方式，将货物从一国境内接收地点运至另一国境内指定交货地点的一种运输方式。"主要有海陆、海空、陆空联运等。

国际多式联运只需通过一次托运、一次计费、一张单证、一次保险就可完成货物的全程运输。也就是说，它把涉及两种及两种以上运输方式的货物运输作为一个单一运输过程来安排。与传统运输方式相比，具有手续简单、货运速度快、结算方便等优越性，同时还能提高货运质量，有效地实现"门到门"的运输，因而在国际上被越来越广泛地采用。开展国际多式联运业务必须具备下列条件：

（1）必须有一个多式联运合同，明确规定多式联运经营人与托运人之间的权利、义务、责任和豁免。

（2）必须是国家间两种或两种以上不同运输方式的连贯运输。

（3）必须使用一份包括全程的多式联运单据，并由多式联运经营人对全程运输负总的责任。

（4）必须是全程单一的运费率。

（二）大陆桥运输

大陆桥运输（Land Bridge Transport）是指以集装箱为媒介，以大陆上的铁路或公路运输系统为中间桥梁，把大陆两端的海洋运输连接起来的一种海-陆-海连贯运输方式。它属于一种国际多式联运。利用大陆桥运输，可以减少中间环节，节省包装费用，大大缩短运输时间，降低运输成本。

世界上大的三条大陆桥运输路线是西伯利亚大陆桥、新欧亚大陆桥和北美大陆桥。其中，新欧亚大陆桥于 1992 年 9 月起正式开办国际联运业务。此条运输线东起我国连云港，西至荷兰鹿特丹，跨亚欧两大洲，连接太平洋和大西洋，穿越中国、哈萨克斯坦、俄罗斯，与西伯利亚大陆桥重合。经白俄罗斯、波兰、德国到荷兰，辐射 20 多个国家和地区，全长 1.08 万公里，在我国境内全长 4 134 公里。

五、公路、内河、邮政和管道运输

（一）公路运输

公路运输（Road Transport）是陆上运输的一种基本运输方式，它不仅可以直接运进或运出对外贸易货物，而且也是车站、港口和机场集散进出口货物的重要手段。公路运输具有机动、灵活、方便、应急性强等特点，尤其在实现"门到门"的运输中，公路运输发挥着不可替代的作用。

（二）内河运输

内河运输（Inland Waterway Transport）是水上运输的重要组成部分，是连接内陆腹地与沿海地区的纽带，在运输和集散进出口货物中也起着重要的作用。内河运输具有运量大、投资少、成本低等优点，适宜装运大宗货物，如矿砂、粮食、化肥、煤炭等。

（三）邮政运输

邮政运输（Post Transport）是通过邮局运送货物的一种运输方式，它具有国际多式联运和"门到门"的性质。托运人只需按邮局章程一次托运、一次付清足额邮资，取得邮政包裹收据，交付手续即告成功。邮件到达目的地后，收件人可凭邮局到件通知向邮局提取货物。这是一种较简便的运输方式，但只适用于传递重量轻、体积小的货物。

（四）管道运输

管道运输（Pipeline Transport）是一种特殊的运输方式。它是借助高压气泵的压力，通过管道将货物输往目的地的一种运输方式，主要适用于运输液体和气体货物。

管道运输具有固定投资大、建成后运输成本低的特点。管道运输在美国、欧洲的许多国家以及石油输出国组织（OPEC）的石油运输方面具有重要作用。我国管道运输起步较晚，但随着石油工业的发展，为石油运输服务的石油管道也迅速发展起来。

第三节　买卖合同中的装运条款

装运条件是进出口业务完成过程中一个非常重要的条件，它主要体现在货物买卖合同中的装运条款里。由于国际贸易货物绝大部分通过海洋运输，所以国际货物买卖合同中的海上装运条款较具有代表性，它主要涉及装运期和交货期、装运港和目的港、分批装运与转运等多项内容。

一、装运期

装运期（Time of Shipment）是国际货物买卖合同中的一个要件，是指卖方将货物装上运输工具或交给承运人的期限。在象征性交货的贸易术语下，装运期等同于交货期，延迟装运就是延迟交货，根据《公约》规定，买方有权要求撤销合同并提出索赔；如果卖方提前装运也属违约，则买方虽无权废除合同，但可以要求损害赔偿。因此，装运期条款一定要协调合理，适时妥当。

装运期的规定方法主要有：

1. 规定一段固定的时间为装运期

所谓固定的一段时间就是有明确具体的年、月、日起止时间，可以限于某月或某几个月内装运，也可以限于某月某日以前装运。这样的规定详细具体，在实际业务中广泛采用。

2. 规定收到信用证后若干天内装运

这种规定方法是针对某些进口管制较严的国家、地区或专为买方制造的特定商品，为防止买方不履行合同而采用的一种方法。例如：收到信用证后 45 天内装运（Shipment within 45 days after receipt of L/C）。

采用此种方法，卖方装运是以买方开出信用证为前提条件的，因此必须同时规定信用证的开到期限，否则可能由于买方拖延开证或拒绝开证而使卖方无法及时安排生产、包装、装运而陷于被动。

3. 采用某些术语表示装运期

这种规定方法不规定具体期限，只是用"立即装运"（Immediate Shipment）、"即刻装运"（Prompt Shipment）、"尽速装运"（Shipment as Soon as Possible）等词语表示。在买方急需而卖方又有现货的情况下，也可慎重使用。但这类术语在国际上并无统一的解释，极易引起争议和纠纷，应尽量避免使用。

二、装运港和目的港

【案例思考6-1】　某公司按 CFR 条件向日本出口红豆 250 吨，合同规定卸货港为"日本口岸"，某公司发货时正好有一船驶往大阪，于是打算租用该船。装运前，某公司主动去电询问在哪个口岸卸货，时值货价下跌，日方故意要求在日本东北部的一个小港卸货，而某公司坚持要在神户或大阪卸货。双方争执不下，日方就此撤销合同。试问某公司在这笔交易中有无失误？日商是否违约？

装运港（Port of Shipment）是指货物起始装运的港口，对于 FOB 合同，装运港为合同要件；目的港（Port of Destination）是指最终卸货的港口，对于 CIF 合同，目的港为合同要件。装运港和目的港的规定，关系到买卖双方履行义务、划分风险责任、费用结算等问题，因而必须在合同中作出具体规定。

在买卖合同中，装运港和目的港的规定方法有以下几种：

1. 一般情况下，分别规定一个装运港和目的港

例如：装运港：大连（Port of Shipment：Dalian）。目的港：纽约（Port of Destination：New York）

2. 有时根据需要，也可分别规定两个或两个以上的装运港和目的港

例如：装运港：青岛/上海（Port of Shipment：Qingdao and Shanghai）。目的港：伦敦/利物浦（Port of Destination：London and Liverpool）

3. 在交易磋商时，如明确规定装运港和目的港有困难，可采用选择港的办法

规定选择港有两种方式，一种是在两个或两个以上港口中选择一个，如 CIF 伦敦选择汉堡或鹿特丹（CIF London, Optional Hamburg/Rotterdam）；另一种是笼统规定某一航区为装运港或目的港，如"中国主要港口"（China Main

Ports）。

三、分批装运和转运

【案例思考6-2】　山东某公司向国外出口一批花生仁，国外客户开来不可撤销信用证，证中的装运条款规定："Shipment from Chinese port to Singapore in May, partial shipment prohibited." 该公司因货源不足，先于 5 月 15 日在青岛港将 200 公吨花生仁装"东风"轮，取得一套提单；后又在烟台联系到一批货源，在该公司承担相关费用的前提下，该轮船又驶往烟台港装了 300 公吨花生仁于同一轮船，5 月 20 日取得有关提单。货物出运后，该公司在信用证有效期内将两套单据交银行议付，银行以分批装运、单证不符为由拒付货款。问银行的拒付是否合理？为什么？

分批装运和转运关系到买卖双方的权益，因而，也构成合同中的重要条款。

分批装运（Partial Shipment）是指一个合同项下的货物先后分若干期或若干批装运。在成交数量较大、资金限制或市场需要等情况下，可在合同中规定分批装运条款。转运（Transhipment）是指货物从装运港至目的港的运输过程中，从一运输工具转移到另一运输工具上，或是由一种运输方式转为另一种运输方式的行为。一般来说，当货物运往无直达船停靠或虽有直达船而无固定船期或船期较少的港口时，可在合同中规定"允许转运"条款。

根据《跟单信用证统一惯例》的有关规定，关于分批装运和转运应注意如下几点：

第一，若信用证中没有明示禁止分批装运或转运，可视为允许分批装运或转运。为了避免不必要的争议，除非买方坚持不允许分批装运，原则上应在合同中明确规定允许分批装运或转运。实例如下：

2007 年 10/11/12 月份装运，允许分批装运和转运。

Shipment during Oct. /Nov. /Dec. 2007, with partial shipment and transhipment allowed.

2007 年 2/3 月份两次每月平均装运，由新加坡转运。

During Feb. /Mar. in two equl monthly shipments, to be transhipped at Singapore.

第二，对于同一船只、同一航次及同一目的港的多次装运，即使运输单据表面上注明不同的装运日期或不同的装运港口，也不应视为分批装运。

第三，对于分批装运的货物，如其中任何一批未按规定装运，则该批及以后各批均告失效。

四、装运通知

装运通知（Advice Shipment）是装运条款中不可缺少的一项内容。不论按哪种贸易术语成交，交易双方都要承担相互通知的义务。规定装运通知的目的在于明确买卖双方的责任，促使双方互相配合，共同搞好车、船、货的衔接，有利于贸易的顺利进行。在按 CFR 或 CPT 条件成交时，装运通知具有特殊重要的意义。所以卖方在货物装船后，必须向买方发出装运通知。实际业务中基本上采用电传通知。

五、滞期/速遣条款

在国际贸易中，大宗货物多数采用定程租船方式运输，而滞期/速遣条款是租船合同中必不可少的一项奖罚条款。滞期是指在规定的装卸期限内，承租人未能完成装卸作业，给船方造成经济损失，对此，承租人要向船方支付一定的罚金，称为滞期费。速遣是指在规定的装卸期限内，承租人提前完成装卸作业，使船方节省了在港开支，对此，船方要向承租人支付一定的奖金，称为速遣费。但是，在业务中，负责装卸货物的不一定是承租人，可能是买卖合同的另一方，如 FOB 合同的承租人是买方，而负责装货的可能是卖方；反之，CIF 合同的承租人是卖方，而负责卸货的则可能是买方。因此，负责租船的一方为了敦促对方及时完成装卸任务，就必须在货物买卖合同中也规定滞期/速遣条款。

在签订贸易合同时，应注意合同中的滞期/速遣条款必须与租船合同中的相应条款保持一致。

第四节　海运提单

伴随着国际货物运输，产生了种类繁多的运输单据，如海运提单、铁路运单、航空运单、多式联运单据等。这些单据在进出口业务中发挥着重要作用，不可缺少。本节将重点介绍海运提单（示例参见图6-1）。

一、海运提单的性质和作用

海运提单（Bill of Lading, B/L），简称提单，是由船公司或其代理人签发的，证明已收到特定货物，允诺将货物运至特定目的港并交付给收货人的书面凭证。它具有以下三个方面的性质和作用：

（1）提单是承运人或其代理人签发的货物收据，证明已按提单所列内容收到货物。

（2）提单是物权凭证，提单的合法持有人有权凭提单向承运人提取货物，也可以通过背书转让，从而转让货物的所有权。

（3）提单是承运人与托运人之间订立运输契约的证明，也是承运人与托运人或收货人处理双方权利、义务问题的依据。

二、海运提单的内容和种类

（一）海运提单的内容

【案例思考6-3】 2007年5月，山东某公司A与希腊某客商B按FOB青岛条件订立了一份价值30余万美元的出口合同，议付信用证付款。6月7日，A公司收到B客商通过银行开来的信用证。该信用证要求海运提单的"托运人"一栏填B客商的名称。6月20日，A公司将货物装运，船方签发的已装船清洁提单的"托运人"为B客商，"收货人"为"TO ORDER"。A公司取得提单后，在该提单上背书向银行办理议付，但银行以提单的第一背书人与"托运人"栏内的记载不符为由拒绝议付。此后不久，A公司又获悉载货船舶抵达目的港后，迟迟不见提单持有人前来提货，当地港务局又不允许该批货物进入码头仓库，船公司只好联系提单上的"托运人"——B客商，按其指示，将该批货物在无正本提单的情况下，直接交给了某收货人。后来，A公司多次向B客商要求直接支付货款，终无结果。试分析：A公司的做法有何不当之处？

目前，各航运公司所制定的提单，格式虽不完全相同，但内容大同小异，主要包括正面内容和背面条款两部分。

1. 提单背面条款

提单背面条款是处理承运人和托运人（或收货人、持单人）之间所发生争议的依据，通常是由船公司事先就印好的。一般来说，主要包括：首要条款、定义条款、承运人的责任和豁免条款、运费条款、转运条款、包装与唛头条款、赔偿条款、留置权条款、特殊货物条款等内容。

为了统一提单背面条款关于托运人和承运人之间的权利义务的规定，国际上先后签署了一系列国际公约，其中包括1924年在布鲁塞尔签订的《关于统一提单的若干法律规则的国际公约》（简称《海牙规则》）、1968年在布鲁塞尔签订的《修改统一提单的若干法律规则的国际公约的议定书》（简称《维斯比规则》）、1978年在汉堡通过的《联合国海上货物运输公约》（简称《汉堡规则》），由于这三项公约签署的历史背景不同，内容不一，各国对这些公约的态度也不相同，因此，各国船公司签发的提单背面条款也就各有差异。

2. 提单正面内容

按照我国目前的操作习惯，提单正面的内容通常由托运人或其委托的外运机构代为填写，在货物装船后，送交船公司或其代理，请求签字；船长、承运人或其代理人在审核所填内容与大副收据内容相符后，正式签发提单，加注"SHIPPED ON BOARD"字样，并加盖装船日期印章。提单正面主要内容及填写方法如下：

（1）托运人（Shipper）：此处应按信用证要求填写托运货物者的全称、地址。一般为出口商，即信用证的受益人，也可是第三方。

（2）收货人（Consignee）：即提单抬头人，应严格按合同及信用证的具体规定填写。

（3）被通知人（Notify Party）：被通知人是收货人的代理人，货到目的港后承运人通知其办理提货前的有关事宜，所以此栏应按信用证要求填写被通知人的详细名称、地址，如信用证未作规定，也可留空。如果是指示提单，则此栏必须填写。

（4）船名、航次（Ocean Vessel，Voyage No.）：应填写货物所装的船名及航次。没有航次的船舶可不填航次。若货物需要转运，则填第二程船船名；当货装直达船时，填写直达船船名。

（5）装货港（Port of Loading）：应严格按信用证的要求，填写实际装运货物的港口名称。如果信用证仅笼统规定，或同时列有几个起运港，则应根据实际情况填写具体港口名称。

（6）卸货港（Port of Discharge）：直达运输时，此栏填目的港，转船运输时一般填转运港。对于信用证中尚未确定目的港的情形，提单上应按信用证规定照填。

（7）唛头及号码（Marks & No.）：按信用证的规定填写，且应与发票和装箱单上的完全一致。如果信用证没有规定唛头，填"N/M"。

（8）件数和包装种类（Numbers and Kind of Parkages）：按实际包装情况填写，并在大写合计数栏填写大写英文数目，如"SAY THREE HUNDRED FIFTY CARTONS ONLY"。

（9）货名（Description of Goods）：应与信用证上的规定完全一致。

（10）毛重、尺码（Gross Weight，Measurement）：一般以公斤表示货物的总毛重，以立方米表示货物的总尺码。

（11）运费（Freight & Charges）：如按CIF或CFR出口，则一般填上"运费预付"（Freight Prepaid）字样，不可漏填；如按FOB出口，则填上"运费到付"（Freight Collect）字样。

（12）提单签发的份数（Number of Original B（S）/L）：一般按信用证要求出具，通常签发三份正本若干副本。正本提单上应印有"ORIGINAL"字样，并需注明发单日和承运人、船长或其代理人的签章。

（13）提单签发日期、地点（Place and Date of Issue）：提单签发日期不得迟于货物装运期。提单签发地点指货物实际装运的港口或接受监管的地点。

（14）承运人签章（Signed by the Carrier）：必须由承运人本人或其代理人签章，并要按信用证的规定方式签章。

（二）海运提单的种类

【案例思考6-4】 我某公司按 CIF 价格条件出口一批货物，合同规定"9 月份装运，信用证的有效期为 10 月 15 日"。卖方 9 月 15 日发货，取得清洁已装船提单，备齐全套单据向银行议付了货款。但买方收到货物后，发现货物受损严重，且短少 50 箱。买方因此拒绝收货，并要求卖方退回货款。问买方有无拒收货物并要求退款的权利？为什么？此案中的买方应如何处理此事才合理？

1. 按货物是否已装船划分

（1）已装船提单。它是指货物装船后，由承运人或其代理人签发的有 "shipped on Boarel" 字样的提单。这种提单必须注明船名、装船日期。实务中，买方一般要求卖方提供已装船提单。

（2）备运提单。它是指承运人在收到托运货物、等待装运时签发的提单。这种提单一般不注明船名和装船日期，买方一般不愿意接受这种提单。备运提单经承运人加注"已装船"字样，并注明船名、装船日期及签字后，即变成已装船提单。

2. 按提单收货人抬头的不同划分

（1）记名提单。它是指在提单收货人栏内填写指定收货人名称的提单。这种提单只能由提单上指定的收货人提货，不能背书转让。

（2）不记名提单。它是指提单收货人栏内不填写具体收货人名称的提单，该栏或留空白，或填写 "to the bearer"。这种提单任何人持有皆可提货，且无需背书，交付提单即为转让，因而风险较大，实务中很少使用。

（3）指示提单。它是指提单收货人栏内只填写"凭指示"（to order）或"凭××指示"（to the order of ××）字样的提单。这种提单经背书后可转让，在国际贸易中使用最广。背书的方法有两种：一种是仅有背书人在提单背面签章，而不注明被背书人名称，即空白背书；另一种是除背书人签章外，还需列明被背书人名称，即记名背书。当前实务中使用最广的是"凭指示"并经空白背书的提单，习惯上称其为"空白抬头、空白背书"提单。

3. 按提单对货物外表状况有无不良批注划分

（1）清洁提单。它是指货物在装船时外表状况良好，承运人未加注任何有关货物残损、包装不良或其他有碍结汇批注的提单。

（2）不清洁提单。它是指承运人在提单上加注有货物表面状况不良或存在缺陷等批注的提单。

4. 按运输方式的不同划分

Shipper

中国外运股份有限公司
SINOTRANS LIMITED

B/L No.

Consignee or order

OCEAN BILL OF LADING

Notify address

SHIPPED on board in apparent good order and condition (unless otherwise indicated) the goods or packages specified herein and to be discharged at the mentioned port of discharge or as near thereto as the vessel may safely get and be always afloat.

The weight, measure, marks and numbers, quality, contents and value, being particulars furnished by the Shipper, are not checked by the Carrier on loading.

The Shipper, Consignee and the Holder of this Bill of Lading hereby expressly accept and agree to all printed, written or stamped provisions, exceptions and conditions of this Bill of Lading, including those on the back hereof.

IN WITNESS whereof the number of original Bills of Lading stated below have been signed, one of which being accomplished, the other (s) to be void.

Pre-carriage by	Port of loading
Vessel	Port of transhipment
Port of discharge	Final destination

Container, seal No. or marks and Nos.	Number and kind of packages	Description of goods	Gross weight (kgs.)	Measurement (m³)

PARTICULARS FURNISHED BY SHIPPER

Freight and charges

REGARDING TRANSHIPMENT
INFORMATION PLEASE CONTACT

| Ex. rate | Prepaid at | Freight payable at | Place and date of issue |
| | Total Prepaid | Number of original Bs /L | Signed for or on behalf of the Master |

as Agent

(SINOTRANS STANDARD FORM 6)   SUBJECT TO THE TERMS AND CONDITIONS ON BACK   03C No.GD

图 6-1 海运提单示例

（1）直达提单。它是指由同一船舶将货物从起运港直接运抵目的港卸货所签发的提单。

（2）转船提单。它是指显示货物从起运港起运后必须在中途港换装其他船舶才能运至目的港的提单。

（3）联运提单。它是指货物需经海运与其他运输方式联合运输时，由第一程承运人签发的包括全程、在目的地可凭其提货的提单。但各承运人只对自己运程内的货物运输负责。

5. 按提单内容的繁简划分

（1）全式提单。它是指不但有完整的正面记载事项，而且有详细的背面条款的提单。

（2）简式提单。它是指仅有正面记载项目而没有背面条款的提单。

6. 其他提单

（1）倒签提单。它是指承运人应委托人要求，使提单签发日期早于实际装船日期的提单。这主要是为了使提单符合信用证对装运日期的规定，以顺利结汇。

（2）预借提单。它是指在信用证规定的装运期和议付日期已到，而货物还未及时装船的情况下，托运人让承运人签发的"已装船"提单。这种提单与上述倒签提单的签发日期都不是实际的装船日期。这种行为侵犯收货人的合法权益，应尽量减少或杜绝使用。

（3）过期提单。它是指超过信用证规定的期限才交到银行的提单，或者晚于货物到达目的港的提单。银行一般不接受过期提单。在近洋国家间的贸易合同中，一般订有"过期提单可以接受"条款。

（4）舱面提单。它是指货物装在船舶甲板上时签发的提单，故又称甲板货提单。由于货物在甲板上风险较大，所以买方和银行一般不接受这种提单。

【本章小结】　国际货物运输是国际贸易不可缺少的重要环节。海洋运输是运用最广泛的一种运输方式，其经营方式有班轮运输和租船运输两种。班轮运输的承运方式灵活，适合批量小、批次多的件杂货物运输。班轮运费由基本运费和附加费构成。租船运输包括定程租船、定期租船、光船租船，适合大宗货物的运输。租船运输的费用表现为运费或租金。

除海洋运输外，国际货物运输方式还有铁路运输、航空运输、集装箱运输、国际多式联运、大陆桥运输以及公路、内河、邮政和管道运输等，这些运输方式在国际贸易中都各自发挥着作用。

在国际货物买卖合同中，买卖双方必须就装运时间、装运港和目的港、分批装运和转运等问题在合同中作出明确规定，这是保证进出口合同顺利履行的重要条件。

运输单据是承运人收到承运货物签发给出口商的证明文件，它是交接货物、处理索赔与理赔以及向银行结算货款或进行议付的重要单据。不同的运输方式使用的运输单据也各有不同。海洋运输方式使用的运输单据是海运提单，它是货物收据、物权凭证和运输契约的书面证明。海运提单的种类有已装船提单与备运提单，记名提单、不记名提单与指示提单，清洁提单与不清洁提单，直达提单、转船提单与联运提单等。

思考与练习题

1. 什么是班轮运输？班轮运输有哪些特点？

2. 班轮运费的计算标准有哪些？

3. 什么是定程租船和定期租船？

4. 装运期在合同中的法律地位如何？规定装运期的方法有哪些？

5. 什么叫分批装运和转运？《跟单信用证统一惯例》对此有何规定？

6. 什么是海运提单？海运提单的性质和作用是什么？

7. 什么是倒签提单和预借提单？

8. 海运提单的抬头有哪些填写方法？指示提单如何背书转让？

9. 某公司出口货物共 3 500 箱，对外报价为每箱 USD380 CFR Sydney，国外商人要求将价格改报为 FOB3%价，试求 FOB3%价为多少？已知该批货物每箱的体积为 45cm×35cm×25cm，毛重为 30 千克，净重 25 千克，商品计费标准为 W/M，基本运费为每运费吨 100 美元，到马尼拉港需加收燃油附加费 20%，货币附加费 10%，港口拥挤附加费 20%。

10. 某公司按 CFR 价格出口洗衣粉 100 箱，该商品内包装为塑料袋，每袋 0.5 千克，外包装为纸箱，每箱 100 袋，箱的尺寸 47cm×30cm×20cm，基本运费为每尺码吨 USD $ 367，另加收燃油附加费 33%，港口附加费 5%，转船附加费 15%，计费标准为 "M"，试计算该批商品的运费为多少？

11. 我国龙江贸易公司向日本大成贸易公司出口东北大豆 100 公吨，2006年产，每公吨 210 美元 CIF 大阪，单层麻袋装，每袋净重 100 公斤。运输标志（唛头）为：

J. D. A.

Osaka Japan

CT-2001-321

Nos. 1000

货物于 3 月 15 日在大连装 "长江" 号轮运往日本大阪。请根据上列条件填制一份 "已装船、清洁空白抬头提单"，并注明 "运费已付"。

提　单

BILL OF LADING

DIRECT OR WITH TRANSHIPMENT

托运人（1）
Shipper

收货人（2）
Consignee

通知（3）
Notify

| 船名（4） | 航次 315 | 装货单号 866 | 提单号 678 |
| Vessel | Voy. | S/O No. | B/L No. |

装货港：中国大连　　　　　　卸货港：日本大阪
Port of Loading　　　　　　　Port of Discharge

运费在　　　　　中国大连　　　支付
Freight Payable at

托运人所提供的详细情况

Particulars Furnished by the Shipper

标志和号数 Marks and Numbers	件数 No. of Packages	货名 Description of Goods	毛重 Gross Weight	尺码 Measurement
（5）	（6）	东北大豆	100 公吨	

合计件数（大写）
Total Packages（In Words）

运费和其他费用：（7）
Freight and Charges

签单日期（8）　　　　　在　　　　　大连
Dated _____ at _____

江海洋 _____　船长
　　　　　　　　　　　　　For the Master

第七章　国际货物运输保险

【开篇案例】　1993 年 7 月，某卷烟厂以 FOB 条件从德国进口总价值 299.8 万西德马克的佛克卷烟包装机组。在获悉货物装运后，该厂即向中国平安保险总公司投保了一切险及战争险。平安保险公司于 1993 年 7 月 22 日签发了保险单。进口设备于 9 月 12 日顺利运抵广州黄埔港，同月 16、17 日卸离海轮，存放于黄埔港码头。该厂于 10 月 21 日向中国人民保险公司当地的分公司办理了国内陆上货物运输保险，11 月 3 日前往黄埔提货。11 月 4 日装载进口设备的 6 辆大货车行驶在广东新丰路段上，由于一辆卧铺大客车强行超车，造成一辆大货车冲出车道，坠入深谷。大货车上装载的一台透明纸卷烟机、3 台电器控制设备被摔得支离破碎。事后，该厂向当地的保险公司报案并要求赔偿，但遭拒绝。在索赔无果的情况下，该厂一方面向法院起诉，一方面为保证技改项目上马，只好贷款重新购买遭损设备，设备购置费折合人民币 497.5 多万元。后法院在审理该案过程中，将中国平安保险总公司追加为本案第三人，通知其参加诉讼，并最终判决当地的保险公司与中国平安保险总公司共同赔偿该卷烟厂 4 994 217.10 元损失及利息。

　　保险是国际货物买卖业务中不可缺少的一个环节。在国际贸易中，货物需要从出口国运至进口国，在漫长的运输途中，包括装卸和储存，可能会遇到难以预料的风险而遭受损失。为了在发生损失后能得到经济补偿，保证买卖业务的顺利开展，就有必要办理货物运输保险，因而保险也成为国际货物买卖合同中的一个不可缺少的条款。

　　国际货物运输保险就是被保险人（The Insured）在货物装运前，要求保险人（Insurer）对运输过程中的货物按投保金额、投保险别予以承保，被保险人按照一定的保险费率向保险人支付保险费并取得保险单据，被保险货物若在运输过程中遭受保险事故造成损失，保险人负责按相应的承保险别赔偿保险单据的持有人。被保险人也称投保人，保险人也称承保人。

　　目前，我国办理的国际货物运输保险业务，按照运输方式的不同，主要分为海洋运输货物保险、陆上运输货物保险、航空运输货物保险和邮包运输货物保险等，其中业务量最大、涉及面最广的是海洋运输货物保险。尽管各种不同货物运输保险的具体责任有所不同，但它们的基本原则、保险人保障的范围等基本一致。因此，本章以介绍海洋运输货物保险为主，对其他运输货物保险仅作简要说明。

【学习目标】 通过本章的学习，应了解国际货物运输保险所面临的各种风险及由此可能产生的各种损失和费用，掌握我国海运货物保险的各种险别及承保范围、除外责任及责任起讫，了解我国陆运、空运货物及邮包运输保险的险别及伦敦保险协会海运货物保险条款，学会正确订立合同中的保险条款，并熟练掌握办理投保手续及保险索赔的相关工作。

第一节　海洋运输货物保险承保的范围

海洋运输货物保险的承保范围包括海上风险和海上风险以外的其他风险造成的损失和费用。正确理解海洋运输保险的承保范围，对于了解保险条款、选择保险险别以及如何进行保险索赔具有重要意义。

一、风险

风险是造成货物损失或发生费用的原因。海洋运输货物保险承保的风险分为海上风险和外来风险两类。

（一）海上风险（Perils of Sea）

海上风险，又称海难，是指船舶或货物在海上运输过程中发生的风险，或随附海上运输所发生的风险。在保险业务中，海上风险中并不是泛指海上发生的所有风险，而是有其特定的内容，即自然灾害和意外事故。

1. 自然灾害（Natural Calamity）

自然灾害是指不以人的意志为转移的自然现象所引起的灾难，如恶劣气候、雷电、海啸、地震、洪水、火山爆发、浪击落海等。这些自然灾害在保险业务中都有其特定的含义。

2. 意外事故（Fortuitous Accidents）

意外事故是指负责运输货物的船舶由于偶然的、难以预料的原因所造成的事故，如船舶搁浅、触礁、沉没、焚毁、互撞、遇流冰或其他固体物体，以及与码头碰撞及失火、爆炸等原因造成的事故。

需要指出的是，按照国际保险市场的一般解释，海上风险并非局限于海上发生的灾害和事故，那些与海上航行有关的发生在陆上或海陆、海河或与驳船相连接之处的灾害和事故，例如地震、洪水、爆炸、海轮与驳船或码头碰撞，也属于海上风险。

（二）外来风险（Extraneous Risks）

外来风险是指由于海上风险以外的其他外来原因（非主观原因）所引起

的风险。外来风险又分为一般外来风险和特殊外来风险两种。

1. 一般外来风险

一般外来风险指除了海上风险以外的一般外来原因所导致的风险，包括雨淋、短量、偷窃、玷污、渗漏、破碎、受潮、受热、串味、锈损和钩损等。

2. 特殊外来风险

特殊外来风险指除了海上风险以外的特殊外来原因所导致的风险，包括战争、罢工、交货不到、拒收等。

二、损失

被保险货物因遭受海洋运输中的风险所导致的损失称之为海损或海上损失。按照各国保险业的习惯，海上损失也包括与海运相连接的陆上或内河运输中所发生的损失。海损按照损失的程度不同，可分为全部损失和部分损失。

（一）全部损失（Total Loss）

全部损失是指整批或不可分割的一批被保险货物在运输途中全部灭失或视同全部灭失，简称全损。全部损失又分为实际全损和推定全损。

1. 实际全损（Actual Total Loss）

实际全损是指被保险货物在运输途中完全灭失，或者受到严重损坏而完全失去原有的形体、效用等使用价值，或者不能再归被保险人所拥有，如载货船舶失踪，经过一定时间后仍没有获知其消息，等等。被保险货物在遭到实际全损时，被保险人可按其投保金额获得保险公司全部损失的赔偿。

2. 推定全损（Constructive Total Loss）

推定全损是指被保险货物在运输途中受损后，实际全损已经不可避免；或者为避免发生实际全损所需支付的费用与继续将货物运抵目的地的费用之和超过保险价值，也就是恢复、修复、受损货物并将其运送到原目的地的费用将超过该目的地货物价值的全部损失。

被保险货物发生推定全损时，被保险人可以要求保险人按部分损失或全部损失赔偿。如果要求按全部损失赔偿，被保险人必须向保险人发出委付通知。所谓委付，就是被保险人表示愿意将保险标的的一切权利和义务转移给保险人，并要求保险人按全部损失赔偿的一种行为。委付必须经保险人同意后方能生效，但是保险人应当在合理的时间内将接受委付或不接受委付的决定通知被保险人。委付一经保险人接受，不得撤回。

（二）部分损失（Partial Loss）

部分损失是指不属于实际全损和推定全损，没有达到全部灭失程度的损失。在保险业务中，按照造成损失原因的不同，部分损失又分为共同海损与单独海损两种。

1. 共同海损（General Average）

共同海损是指在航运途中，船舶、货物和其他财产遭遇风险，为了船、货的共同安全，由船方有意地、合理地采取措施所直接造成的特殊牺牲及支付的特殊费用。

共同海损的成立，必须具备以下四个条件：

（1）危及船、货安全的危险是实际存在的；

（2）所采取的措施是有意且合理的；

（3）作出的牺牲是特殊的，支出的费用是额外的，是为了解除危险，而不是由危险直接造成的；

（4）作出的牺牲和支出的费用是有效果的。

按照惯例，共同海损的牺牲和费用，由精算师计算后，在船舶、货物和运费方三者之间按最后获救价值的多少，按比例进行分摊。这种分摊叫共同海损分摊。

2. 单独海损（Particular Average）

单独海损是指除共同海损以外的部分损失，即被保险货物遭遇海上风险受损后，其损失未达到全损程度，由受损的各方单独承担的部分损失。

共同海损和单独海损的区别在于：第一，造成海损的原因不同。单独海损是承保风险所直接导致的货物的损失；共同海损是为了解除船、货面临的共同危险有意采取合理措施而造成的损失。第二，损失的承担责任不同。单独海损由受损方自行承担，共同海损则由各受益方按受益大小的比例共同分摊。

【案例思考7-1】 我国 A 公司与某国 B 公司于 2006 年 10 月 20 日签订购买 52 500 吨化肥的 CFR 合同，规定装运期为次年 1 月 1 日至 10 日。B 公司租用"顺风号"轮前往装运港装货，途中遇到飓风，结果延迟抵达装运港，使得货物于 1 月 20 日才装船完毕。B 公司出具保函请承运人签发了与合同规定的装运期一致的提单。"顺风号"轮于 1 月 21 日驶离装运港。A 公司收到装运通知后为这批货物投保了水渍险。1 月 30 日"顺风号"轮途经巴拿马运河时起火，造成部分化肥被烧毁；船长在命令救火过程中又造成部分化肥湿毁。船舶最终顺利抵达目的港，但比预计时间延迟了几天。时值国内市场化肥价格下跌，致使 A 公司不得不低价出售余下的化肥，损失惨重。问题：①途中烧毁的化肥损失属什么损失，应由谁承担？为什么？②途中湿毁的化肥损失属什么损失，应由谁承担？为什么？③A 公司可否向承运人追偿由于化肥价格下跌造成的损失？为什么？

三、海上费用

海上费用是指海洋运输货物遇险后，为营救被保险货物所支出的费用。这些费用也由保险人给予赔偿，主要有：

1. 施救费用（Sue and Labor Expenses）

施救费用是指被保险货物在遭遇风险时，被保险人或其代理人、被雇佣人或保险单受让人对被保险货物所采取的各种抢救、防止或减少货损的措施而支出的合理费用。

2. 救助费用（Salvage Charges）

救助费用是指被保险货物遭遇风险时，由保险人和被保险人以外的第三者采取了救助措施并获得成功而向其支付的报酬。

第二节　我国海运货物保险险别

在我国，进出口货物运输最常用的保险条款是中国保险条款（China Insurance Clause，CIC）。该条款是由中国人民财产保险股份有限公司根据我国保险业务的实际需要，并参照国际保险市场的惯例制定，中国人民银行及中国保险监督委员会审批颁布。中国保险条款按运输方式划分，有海洋、陆上、航空和邮包运输保险条款四大类；对某些特殊商品，还配备有海运冷藏货物、陆运冷藏货物、海运散装桐油及活牲畜、家禽的海陆空运输保险条款。本节主要介绍我国海运货物保险。

我国《海洋运输货物保险条款》所承保的险别，分为基本险和附加险两类。

【案例思考7-2】　有一批货物已按发票金额的110%向保险公司投保了平安险。载货船舶于某年的3月5日起航后不久即遇到暴风雨的袭击，使一部分货物遭遇到水渍损失；该船在继续航行中，又于3月11日与另一船舶发生了碰撞事故，又使该批货物遭受了部分损失。请问，保险公司对上述两种损失该如何赔偿？

一、基本险

基本险也称主险。海洋运输货物保险的基本险包括如下三种。

（一）基本险的责任范围

1. 平安险（Free from Particular Average，FPA）

保险公司对平安险的承担责任范围如下：

（1）在运输途中由于自然灾害造成整批货物的实际全损或推定全损。

（2）由于运输工具遭遇意外事故造成货物的全部损失或部分损失。

（3）在运输工具发生搁浅、触礁、沉没、焚毁等意外事故之前或之后，货物又在海上遭遇恶劣气候、雷电、海啸等自然灾害而造成的部分损失。

（4）在装卸或转运过程中，由于一件或数件货物整件落海造成的全损或部分损失。

（5）发生承保责任范围内的危险，被保险人对货物采取抢救、防止或减少货损的措施而支付的合理费用，但以不超过该批货物的保险金额为限。

（6）运输工具遭遇海难后，在避难港由于卸货所引起的损失及在中途港、避难港由于卸货、存仓和运送货物而产生的特别费用。

（7）共同海损的牺牲、分摊和救助费用。

（8）运输契约中订有"船舶互撞责任"条款，根据该条款规定应由货方偿还船方的损失。

2. 水渍险（With Particular Average，WPA 或 With Average，WA）

水渍险的责任范围除包括上述平安险的各项责任外，还负责被保险货物由于恶劣气候、雷电、海啸、地震、洪水等自然灾害造成的部分损失。

平安险对因自然灾害造成的全损负责人赔偿，而水渍不仅对自然灾害所造成的全损负责赔偿，而且对其所造成的部分损失也负责赔偿。

3. 一切险（All Risks，AR）

一切险的责任范围除包括平安险和水渍险的所有责任外，还包括被保险货物在运输途中因一般外来风险造成的全损或部分损失。

上述三种基本险别，被保险人可以从中选择一种投保。

（二）基本险的除外责任

【案例思考 7-3】　某外贸公司与荷兰进口商签订一份皮手套出口合同，价格条件为 CIF 鹿特丹，向中国人民保险公司投保一切险。生产厂家在生产的最后一道工序将皮手套的温度降低到了最低程度，然后用牛皮纸包好装入双层瓦楞纸箱，再装入 20 尺集装箱。货物到达鹿特丹开箱后发现，全部货物湿、霉、玷污及变色，损失达 8 万美元。据了解，该批货物的出口地不异常热，进口地鹿特丹不异常冷，运输途中也无异常，完全属于正常运输。试问：①保险公司对该批货物损失是否赔偿？②进口商对受损货物是否应支付货款？③你认为出口商应如何处理此事？

除外责任是指保险公司明确规定不予赔偿的损失和费用范围。一般都属非意外的、非偶然性的或需经特约承保的风险。我国海运货物保险条款规定的基本险的除外责任如下：

（1）被保险人的故意或过失行为所造成的损失。

（2）发货人的责任所引起的损失。

（3）在保险责任开始前，被保险货物已存在的数量短缺或品质不良所造成的损失。

（4）被保险货物的自然损耗、本质缺陷、特性以及市价跌落、运输延迟所造成的损失或费用。

（5）战争险和罢工险条款规定的责任范围和除外责任。

（三）基本险的责任期限

保险责任期限是指保险公司承担保险责任的起讫时限。我国《海洋运输货物保险条款》对保险责任的起讫，均采用国际保险业所惯用的"仓至仓条款"（Warehouse to Warehouse Clause，W/W Clause），即保险责任自被保险货物运离保险单所载明的起运地仓库或储存处所时开始生效，包括正常运输过程中的海上、陆上、内河和驳船运输在内，直至该项货物运抵保险单所载明目的地收货人的最后仓库或储存处所及被保险人用做分配、分派或非正常运输的其他储存处所为止。如未抵达上述仓库或储存处所，则以被保险货物在最后卸载港全部卸离海轮后满 60 天为止。如在上述 60 天内被保险货物需转运到非保险单所载明的目的地时，则以该项货物开始转运时终止。

二、附加险

附加险是基本险的补充和扩大。被保险人在投保了基本险的基础上，可以根据货物的特点和实际需要再投保一种或数种附加险别。附加险包括一般附加险和特殊附加险。

（一）一般附加险（General Additional Risk）

一般附加险负责赔偿由于一般外来风险所造成的各种损失。中国人民保险公司承保的一般附加险有 11 种，即偷窃、提货不着险（Theft，Pilferage and Non-Delivery），淡水雨淋险（Fresh Water and/or Rain Damage），短量险（Risk of Shortage），混杂、玷污险（Risk of Intermixture and Contamination），渗漏险（Risk of Leakage），串味险（Risk of Odour），受潮、受热险（Damage Caused by Sweating and Heating），钩损险（Hook Damage），包装破裂险（Breakage of Packing），锈损险（Risk of Rust），碰损、破碎险（Risk of Clash and Breakage）。

上述一般附加险均已包括在一切险的责任范围内，因此，凡已投保一切险的就无需再加保一般附加险。

（二）特殊附加险（Special Additional Risk）

特殊附加险承保由于特殊外来风险所造成的全部或部分损失。中国人民保险公司承保的特殊附加险包括下列险别：

1. 战争险（War Risk）

战争险的承保范围包括：由于战争、类似战争行为和敌对行为、武装冲突或海盗行为以及由此而引起的捕获、拘留、扣押所造成的损失；或者由于各种常规武器（包括水雷、鱼雷、炸弹）所造成的损失；由于上述原因所引起的共同海损的牺牲、分摊和救助费用。但对原子弹、氢弹等热核武器所造成的损失，保险公司不予赔偿。

战争险的责任起讫是以水面为限，即自被保险货物在保险单所载明的启运港装上海轮或驳船时开始，直至到达保险单载明的目的港卸离海轮或驳船时为止；如果货物不卸离海轮或驳船，则保险责任以海轮到达目的港的当日午夜起算满 15 天为止；如果在中途港转船，则不论货物是否卸载，保险责任以到达该港或卸货地点的当日午夜起算满 15 天为止；若再装上轮船续运，则保险责任恢复有效。

2. 罢工险（Strike Risk）

罢工险的承保范围包括：被保险货物因罢工者、被迫停工工人或参加工潮、暴动的人员的行动及任何人的恶意行为所造成的直接损失，以及上述行动或行为所引起的共同海损的牺牲、分摊和救助费用。在加保战争险的前提下，再加保罢工险不另行收取保险费。

3. 黄曲霉素险（Aflatoxin Risk）

黄曲霉素险对被保险货物因所含黄曲霉素超过进口国的限制标准，被拒绝进口、没收或强制改变用途而遭受的损失负责赔偿。

4. 交货不到险（Failure to Deliver）

交货不到险指从被保险货物装上船舶时开始，对任何原因造成的不能在预定抵达目的地的日期起 6 个月内交货的情况，负责按全损赔偿。

5. 舱面险（On Deck）

舱面险对被保险货物装放于舱面受损时，除按保险单载明条款负责赔偿外，还负责赔偿包括被抛弃和被风浪冲击落水在内的损失。

6. 进口关税险（Import Duty）

当被保险货物遭受保险责任范围以内的损失后，若被保险人仍需按照完好货物价值完税，该险别负责对损失部分的货物的进口关税给予赔偿。

7. 拒收险（Rejection）

被保险货物在进口报关时，若被进口国政府或有关管理部门拒绝进口或没收，则保险公司按货物的保险价值负责赔偿。

8. 货物出口到香港（包括九龙）或澳门存仓火险责任扩展条款（Fire Risk Extension Clause—For Storage of Cargo at Destination Hongkong，including Kowloon，or Macao）

该险别承保被保险货物运抵目的地卸离运输工具后，如直接存放于保险单载明的过户银行所指定的仓库所造成的存仓火灾损失，直至银行收回押款、解除货物的权益为止，或运输责任终止时期满 30 天为止。

三、海洋货物运输专门保险险别

在我国海洋运输货物保险中，还有两种专门保险险别：海洋运输冷藏货物保险和海洋运输散装桐油保险。这两种险别均属基本险的性质。

（一）海洋运输冷藏货物保险

一些货物如鲜货、水果、蔬菜等为在运输途中保持新鲜，一般都需要经过特殊处理后放入货船的冷藏箱内。但有时可能会由于意外事故和自然灾害使冷却系统失灵，从而造成直接经济损失。为避免上述情况，保鲜货物一般需要投保海洋运输冷藏货物保险。该险别包括冷藏险和冷藏一切险两种。

1. 冷藏险

冷藏险的承保范围除负责水渍险承保的责任外，还对由于冷藏机器停止工作连续达 24 小时以上造成的被保险货物的腐烂或损失负责赔偿。

2. 冷藏一切险

冷藏一切险的承保范围除包括冷藏险的责任外，还对被保险货物在运输途中由于一般外来原因所造成的腐烂或损失负责赔偿。

（二）海洋运输散装桐油保险

根据中国人民保险公司 1981 年 1 月 1 日修订的《海洋运输散装桐油保险条款》的规定，保险公司承保不论何种原因造成被保险散装桐油的短少、渗漏、玷污或变质的损失。

第三节　其他运输方式下的货运保险

一、陆运货物保险

陆运货物保险的险别分为陆运险和陆运一切险两种，此外，还有陆运冷藏货物险，它也具有基本险的性质。

（一）陆运险的责任范围

陆运险的承保责任范围大致相当于海运货物保险中的"水渍险"。保险人对被保险货物在运输途中遭受暴风、雷电、地震、洪水等自然灾害，陆上运输工具遭受碰撞、倾覆、出轨，驳运工具的搁浅、触礁、沉没、碰撞及遭受隧道坍塌、崖崩、失火、爆炸等意外事故所造成的全损或部分损失负责赔偿。

（二）陆运一切险的责任范围

陆运一切险的承保责任范围相当于海运货物保险中的"一切险"。保险人除承担上述陆运险的责任外，还对由于一般外来原因造成的全损或部分损失负责赔偿。

（三）陆运冷藏货物险

陆运冷藏货物险的承保范围除包括陆运险的责任范围，还负责赔偿由于冷藏机器或隔温设备的损坏所造成的被保险货物解冻融化而腐坏损失。

陆运货物保险的责任起讫与海运货物保险相同，也采用"仓至仓条款"。陆运险和陆运一切险的除外责任也与海运基本险的除外责任相同。

二、空运货物保险

我国现行航空运输货物保险的基本险别有空运险和空运一切险两种。

（一）空运险的责任范围

空运险的承保责任范围相当于海运货物保险中的"水渍险"。保险人对被保险货物在运输途中遭受雷电、火灾、爆炸，因飞机遭受恶劣气候或其他危难事故而被抛弃，飞机遭受碰撞、倾覆、坠落或失踪等自然灾害或意外事故所造成的全损或部分损失负责赔偿。

（二）空运一切险的责任范围

空运一切险的承保责任范围除包括上述空运险的全部责任外，保险人对被保险货物因一般外来原因所造成的全损或部分损失也负责赔偿。航空运输一切险简称空运一切险。空运一切险也是一种基本险，其承保责任范围相当于海运保险中的"一切险"。

此外，在投保空运险或空运一切险的基础上，可加保空运货物战争险，保险人会对空运途中由于战争、类似战争和敌对行为、武装冲突及各种常规武器、炸弹所造成的损失负责赔偿。

空运险和空运一切险的责任起讫也采用"仓至仓条款"，但与海运险不同的是：如货物运达保险单所载明目的地而未抵运保险单所载明的收货人仓库或储存处所，则以被保险货物最后卸离飞机后满 30 天终止；如在上述 30 天内被保险货物需转运到非保险单所载明的目的地时，则以该项货物开始转运时终止。

空运战争险的责任起讫是自货物装上保险单所载明的起运地的飞机时开始，到卸离保险单所载明的目的地的飞机为止，但最长以飞机到达目的地当天午夜起满 15 天为止。

空运险和空运一切险的除外责任与海运货物保险的除外责任基本相同。

三、邮政运输货物保险

我国现行邮政运输货物保险的基本险别有邮包险和邮包一切险。

（一）邮包险

邮包险的承保范围包括被保邮包在邮运途中遭受恶劣气候、雷电、海啸、地震、洪水等自然灾害，或由于运输工具遭遇搁浅、触礁、沉没、碰撞、出轨、倾覆、坠落、失踪、失火、爆炸等意外事故所造成的全损或部分损失。

（二）邮包一切险

邮包一切险的承保范围除包括上述邮包险的全部责任外，还负责赔偿被保险邮包在运输途中由于一般外来原因导致的全损或部分损失。

邮包险和邮包一切险的保险责任，是自保险邮包离开保险单所载起运地点寄件人的处所运往邮局时开始生效，直至该项邮包运达保险单所载明的目的地邮局，自邮局发出到货通知给收件人的当日午夜起算，满 15 天为止。在此期限内，邮包一经递交至收件人处所，保险责任即告终止。

第四节　伦敦保险协会海运货物保险条款

在国际保险市场上，英国伦敦保险协会制定的"协会货物条款"（Institute Cargo Clause，ICC）对世界各国保险业有着广泛的影响。目前，世界上许多国家在海运保险业中直接采用该条款，还有许多国家在制定本国保险条款时参考或采用该条款内容。我国出口企业和保险公司对国外商人投保 ICC 的要求，一般均可接受。

"协会货物条款"最早制定于 1912 年，后来经过修订，新条款于 1982 年 1 月 1 日公布，1983 年 4 月 1 日开始实行。新条款共有六种险别。

一、协会货物条款（A）——ICC（A）

ICC（A）的责任范围最广，大体相当于中国人民保险公司所规定的一切险。协会货物条款采用承保"除外责任"之外的一切风险的概括式规定办法，即对于"除外责任"项下所列风险保险人不予负责外，其他风险均予负责。除外责任有：（1）一般除外责任，如因包装原因造成的损失；由船方原因造成的损失；使用原子弹或热核武器所造成的损失。（2）不适航、不适货除外责任，如被保险人在装船时已知船舶不适航、不适货。（3）战争除外责任。（4）罢工除外责任。

二、协会货物条款（B）——ICC（B）

ICC（B）比 ICC（A）的责任范围要小，故采用"列明风险"的方式，即一一列明所承保的风险，包括：（1）水灾、爆炸。（2）船舶或驳船触礁、搁浅、沉没、倾覆。（3）陆上运输工具倾覆或出轨。（4）船舶、驳船或运输工具同水以外的任何外界物体碰撞。（5）在避难港卸货。（6）地震、火山爆发、雷电。（7）共同海损牺牲。（8）抛货。（9）浪击落海。（10）海水、湖水或河水进入船舶、驳船、运输工具、集装箱、大型海运箱或贮存处所。
(11) 货物在装卸时落海或跌落造成整件的全损。

ICC（B）的除外责任，除对海盗行为和恶意损害不负责外，其余均与
ICC（A）的除外责任相同。

三、协会货物条款（C）——ICC（C）

ICC（C）的承保责任较 ICC（A）和 ICC（B）都要小得多，它仅承保
"重大意外事故"所导致的损失，对非重大意外事故和自然灾害所导致的损失
均不负责，其责任范围也采用"列明风险"的方式，包括：(1) 火灾、爆炸。
(2) 船舶或驳船触礁、搁浅、沉没、倾覆。(3) 陆上运输工具倾覆或出轨。
(4) 船舶、驳船或运输工具同除水以外的任何外界物体碰撞。(5) 在避难港
卸货。(6) 共同海损牺牲。(7) 抛货。

ICC（C）的除外责任与 ICC（B）完全相同。

四、协会战争险条款（货物）

五、协会罢工险条款（货物）

六、恶意损害险条款

ICC（A）、ICC（B）、ICC（C）是可以独立投保的险别，战争险和罢工
险在需要时也可以单独投保。恶意损害险是新增加的一种附加险别，承担被保
险人以外的其他人的故意破坏行为所导致被保险货物的灭失或损坏，但出于政
治动机的人的行为除外。它在 ICC（A）中列为承保责任，在 ICC（B）和 ICC
（C）中均列为除外责任。因此，在投保 ICC（B）和 ICC（C）时，如需取得
这种风险的保障，应另行加保恶意损害险。

第五节 进出口货物运输保险实务

一、货物买卖合同中的保险条款

【案例思考 7-4】 光华公司以 CIF 条件引进一套英国产检测仪器，因合
同金额不大，合同采用简式标准格式，保险一项只简单规定"保险由卖方负
责"。到货后，光华公司发现有一部件变形而影响整套仪器的正常使用，于是
向外商提出索赔，外商答复仪器出厂经严格检验并有质量合格证书，并非他们
的责任。光华公司只好请商检局进行检验，检验结果认为是运输途中部件受到

振动、挤压导致变形的。光华公司就向保险代理索赔，而保险公司认为此情况属"碰损、破碎险"的承保范围，但保单上只投保了"协会货物条款（C）"，没有投保"碰损、破碎险"，所以无法赔付。光华公司无奈只好重新购买此部件，即浪费了金钱，又耽误了时间。试分析，光华公司在这笔交易中的失误。

在国际货物买卖合同中，为了明确交易双方在货运保险方面的责任，通常都订有保险条款，其主要内容有：保险投保人、保险金额、投保险别以及适用的保险条款等。

以 FOB、CFR 或 FCA、CPT 条件成交的合同，保险一般由买方办理，其保险条款可以简化。如：

例 1 保险由买方负责。

Insurance：To be covered by the buyer.

以 CIF 或 CIP 成交的出口合同由卖方办理保险手续，而实际风险的承担者为国外进口方，所以应在合同中明确规定保险金额、投保险别、适用的保险条款等。如：

例 2 保险由卖方按发票金额的 × ×% 投保 × × 险、× × 险，以中国人民保险公司 1981 年 1 月 1 日的有关海洋运输货物保险条款为准。

Insurance：To be covered by the seller for …% of total invoice value against…，…as per and subject to the relevant ocean marine cargo clauses of the People's Insurance Company of China，dated Jan. 1，1981.

二、保险险别的选择

保险人承担的保险责任，是以保险险别为依据的。在不同险别情况下，保险人承担的责任范围不同，被保险货物在遭受风险损失时可能获得的补偿不同，保险费率也不同。以 FOB、CFR 或 FCA、CPT 条件成交的合同，保险由买方自己负责办理，交易双方不会在险别的选择上发生争议。以 CIF 或 CIP 成交的出口合同，由卖方负责办理保险，但卖方并不承担货物在运输途中的风险，所以，卖方为了节省保险费的支出，总希望选择保险责任较小的险别，而买方为了获得更大的保险保障，则希望选择保险责任较大的险别。因此，交易双方在订立合同时，应对投保险别作出明确的规定，以免日后在执行合同过程中发生争议。

选择保险险别的原则是：既要使货物运输风险有保障，又要使保险费用的支出合理。通常要考虑以下几个因素：（1）货物的种类、性质和特点。（2）货物的包装。（3）货物的运输情况，包括运输方式、运输工具、运输路线等。（4）港口情况，如装卸设备及能力等。（5）目的地的政治局势。

三、保险金额的约定

保险金额也可称为投保金额，是指被保险人向保险公司投保的金额，也是保险公司承担赔偿或者给付保险金责任的最高限额，还是计算保险费的基础。以 CIF 或 CIP 成交时，买卖双方要约定保险金额。按照国际保险市场的习惯做法，出口货物的保险金额一般按 CIF 价或 CIP 价加成计算，即按发票金额再加上一定的百分率，通常是 10%，即按 CIF 价或 CIP 价的 110% 投保。保险金额的计算公式是：

$$保险金额 = CIF（或 CIP）价 × （1 + 投保加成率）$$

如果是按 CFR 条件成交，则需先把 CFR 换算成 CIF，再加成计算保险金额，其计算公式是：

$$CIF = CFR / [1 - 保险费率 × （1 + 投保加成率）]$$

至于进口货物的保险，进出口企业一般与中国人民保险公司签订了预约保险合同，保险金额以进口货物的 CIF 价值为准，一般不再加成。在以 FOB 或 CFR 条件进口时，则按预约保险合同规定的平均保险费率直接计算保险金额，其计算公司为：

$$保险金额 = [FOB 价 × （1 + 平均运费率）] / （1 - 平均保险费率），或$$
$$保险金额 = CFR 价 / （1 - 平均保险费率）$$

四、保险的基本程序

投保人在确定保险险别与保险金额，而且船只配妥、货物已确定装运日期后，即可根据合同或信用证的规定，向保险公司办理投保手续。具体程序如下：

（一）申请投保

我国出口货物运输保险需逐笔办理，投保人申请投保时，通常要填写国外运输"投保单"，列明投保人名称、货物名称、唛头、运输路线、船名或装运工具、开航日期、航程、投保险别、保险金额、投保日期、赔款地点等。投保单一式两份，一份由保险公司签署后交投保人作为接受承保的凭证，一份由保险公司留存，作为缮制、签发保险单（或保险凭证）的依据。保险单一经签发，保险契约即告成立。

对于进口货物，为了简化手续和避免漏保，各专业进出口公司可与保险公司签订预约保险合同。凡属预约保险合同范围内的进口货物，一经起运，保险公司即自动按预约保险合同所订立的条件承保。但被保险人应在每笔货物起运前，及时将起运通知书（包括货物名称、数量、保险金额、船名或其他运输工具名称、航程起讫地点、开航或起运日期等）送交保险公司。

（二）支付保险费

被保险人投保时需向保险公司交纳一定金额的保险费，双方的契约关系才能成立。保险费是根据保险公司的保险费率表按保险金额计算的，其计算公式为：

$$保险费 = 保险金额 \times 保险费率$$

保险费率是保险公司根据一定时期货物的赔付率情况而确定的。因此，不同的货物、不同的险别、不同的目的地，保险费率也是不同的。中国人民保险公司的出口货物保险费率分为一般货物费率和指明货物费率两大类。前者适用于所有货物，后者仅指特别订明的货物。凡未列入"指明货物费率表"中的货物，均属于"一般货物费率"的范围。凡属于"指明货物费率表"中的货物，如投保一切险，则在计算费率时，应先查出"一般货物费率"，然后再加上"指明货物费率"。

同样，我国进口货物的保险费率也分为一般货物费率和指明货物费率两大类。此外，在预约保险合同下，保险公司还可以提供一种优惠的"特约费率"。

例3　一批化工原料由大连装船出口至荷兰的阿姆斯特丹，合同性质为CIF，合同总金额为58万美元，投保一切险，保险费率为5.5‰，加保战争险，保险费率为0.25‰，保险金额按CIF总金额加10%投保，试计算投保人应交付给保险人的保险费：

保险金额 = CIF价 × （1 + 10%） = 580 000 × （1 + 10%） = 638 000（美元）

保险费率 = 5.5‰ + 0.25‰ = 0.005 5 + 0.000 25 = 0.005 75

保险费 = 保险金额 × 保险费率 = 638 000 × 0.005 75 = 3 668.5（美元）

即，投保人应交付的保险费是3 668.5美元。

（三）取得保险单据

保险公司接受承保后，即根据投保单的内容，签发承保凭证——保险单据。保险单据是保险人与投保人之间订立保险契约的证明文件。当发生保险责任范围内的损失时，它又是保险索赔和理赔的主要依据。常用的保险单据主要有下列形式：

1. 保险单（Insurance Policy）（示例参见图7-1所示）

保险单是保险公司与投保人之间成立保险合同关系的正式凭证，俗称"大保单"。保险单可以转让，通常是被保险人向银行进行押汇的单证之一。在CIF合同中，保险单是卖方必须向买方提供的单据。

保险单的主要内容及缮制方法如下所述。

（1）发票号码（Invoice No.）：填写投保货物商业发票的号码。

（2）保险单号次（Policy No.）：填写保险单号码。

（3）被保险人（The Insured）：如来证无特别规定，按照习惯填写出口公司名称。如遇到特殊规定时，应按信用证的要求填写。

（4）保险货物项目（Description of Goods）：应填写保险货物的名称，按发票或信用证填写。

（5）包装、单位及数量（Quantity）：与提单相同，此项写明包装方式及包装数量，并填写最大包装的件数。

（6）保险金额（Amount Insured）：一般按发票金额加一成填写，至少等于发票金额。

（7）承保险别（Conditions）：一般应包括具体险别、保险责任起讫时间、适用保险条款的文本及日期。只需在副本上填写。

（8）货物标记（Marks & Nos.）：即唛头和号码，应与发票和运输单据一致。

（9）总保险金额（Total Amount Insured）：将保险金额以大写的形式填入。计价货币也应以全称形式填入。

（10）保费（Premium）：出口公司不必填写具体金额。

（11）装载运输工具（Per Conveyance S. S.）：填写装载船的船名。

（12）开航日期（Sailing on or about）：一般填写提单装运日期，或填写"As per B/L"。

（13）起运港、目的港（From…to…）：填写 FROM 装运港 TO 目的港。当一批货物经转船到达目的港时，填目的港 W/A（VIA）转运港。

（14）保险单份数（Copies of Insurance Policy）：一般提交一份原件，一份复印件。当信用证要求提供的保险单"IN DUPLICATE/IN TWO COPIES"时，出口公司应交给保险公司正副本各一份。

（15）赔款偿付地点（Claim Payable at…）：填写目的地名称。

（16）日期（Date）：指保险单的签发日期，应是货物离开出口方仓库前的日期。

（17）投保地点（Place）：一般为装运港（地）的名称。

2. 保险凭证（Insurance Certificate）

保险凭证是一种简化的保险单，它的背面不载明保险人与投保人的权利和义务条款，其效力等同于保险单，俗称"小保单"。但当信用证要求提交正式保险单时，一般不得以保险凭证代之。

3. 联合凭证（Combined Certificate）

联合凭证又称"联合发票"或"承保证明"，是比保险凭证更简化的保险单据，即在出口货物的发票上由保险公司加注承保险别、保险金额及保险编号。一般只能在我国内地对港澳地区出口时使用。

4. 预约保险单（Open Policy）

预约保险单，又称开口保险单，是一种预约保险合同，它适用于我国从国外进口货物。在合同中，规定了承保货物的范围、险别、费率、责任、赔偿处理等条款，货物在国外一经起运，投保人立即将起运通知书送交保险公司，保险公司即自动按预约保险合同所订立的条件承保。这种保险单对于经常进口的单位来说极为方便，可以防止漏保或迟保，可以大大简化保险手续。

五、保险索赔

如果当被保险货物发生属于保险责任范围内的损失时，则被保险人在保险有效期内可以向保险人提出赔偿要求，称为保险索赔。

当被保险人或其代理人向保险人索赔时，应做好以下几项工作：第一，被保险人获知被保险货物遭受损失后，应立即向保险人或保险单上所载明的保险理赔代理人发出损失通知；第二，被保险人如果发现货物整件短少或有明显残损痕迹，除向保险人报损外，还应立即向承运人或有关部门索取货损货差证明，并根据需要提出书面索赔文件；第三，应采取合理的施救、整理措施；第四，备妥索赔单证，包括检验报告、保险单据正本、运输单据、发票、装箱单或重量单、向承运人等第三者责任方请求赔偿的文件以及索赔清单等。

【本章小结】　进出口货物在海上运输、装卸和储存过程中，可能会遭受各种不同风险，而海洋运输货物保险人主要承保海上风险、海上损失与费用以及外来原因所引起的风险损失。海上风险包括海上发生的自然灾害和意外事故；海上损失按损失的程度不同，可分为全部损失和部分损失，其中全部损失又包括实际全损和推定全损，部分损失包括共同海损和单独海损；费用包括施救费用和救助费用。

在我国，进出口货物运输最常用的保险条款是中国保险条款。该条款按运输方式来分，有海洋、陆上、航空和邮包运输保险条款四大类；对某些特殊商品，还配备有海运冷藏货物、陆运冷藏货物、海运散装桐油及活牲畜、家禽的海陆空运输保险条款。我国海运货物保险条款包括三种基本险别，即平安险、水渍险和一切险。附加险别包括一般附加险和特殊附加险。保险责任的起讫根据险别的不同而有所区别。基本险的责任起讫，采用国际保险业惯用的“仓至仓条款”，而战争险的责任起讫仅限于水上危险。陆运、空运货物与邮包运输保险是在海运货物保险的基础上发展起来的，因这几种运输方式下的风险种类与海运有所不同，故具体险别及承保范围与海运货物保险也有所不同。

中国平安保险股份有限公司
PING AN INSURANCE COMPANY OF CHINA LTD.
货 物 运 输 保 险 单
CARGO TRANSPORTATION INSURANCE POLICY

被保险人
Insured：

中国平安保险股份有限公司根据被保险人的要求及其所交付约定的保险费，按照本保险单背面所载条款与下列特款，承保下述货物运输保险，特立本保险单。
This Policy of Insurance witnesses that **PING AN INSURANCE COMPANY OF CHINA, LTD.**, at the request of the Insured and in consideration of the agreed premium paid by the Insured, undertakes to insure the undermentioned goods in transportation subject to the conditions of Policy as per the clauses printed overleaf and other special clauses attached hereon.

保单号
Policy No.

发票或提单号
Invoice No. or B/L No.

运输工具
Per Conveyance S. S.

起运日期　　　　　自
Slg. on or abt.　　　From

至
To

保险金额
Amount Insured

保险货物项目、标记、数量及包装：
Description, Marks, Quantity & Packing of Goods：

赔款偿付地点
Claim Payable at

查勘代理人
Survey by：

承保条件
Condition：

ORIGINAL

签单日期
Date：

For and on Behalf of
PING AN INSURANCE COMPANY OF CHINA, LTD.

··

Authorized Signature
复核：　　　　　　　制单
地址及电话
Address & Tel.

注：未加盖本公司保单专用章，保单无效。

图 7-1　保险单示例

在世界海上保险业中，英国伦敦保险协会制定的"协会货物条款"对世界各国的保险业有着广泛的影响。

在国际货物买卖合同中，为明确交易双方在保险方面的责任，通常都定有保险条款，其内容主要包括：保险投保人、保险险别、保险金额以及适用的保险条款等。投保人在确定保险险别与保险金额，而且船只配妥、货物已确定装运日期后，即可填写投保单向保险公司办理投保手续，保险公司收取相应的保险费以后签发保险单据。保险单据是保险人与投保人之间订立保险契约的证明文件，如果当被保险货物发生属于保险责任范围内的损失时，则被保险人在保险有效期内可以凭保险单据向保险人提出赔偿要求。

思考与练习题

1. 试述实际全损与推定全损的联系与区别。
2. 什么是共同海损？构成共同海损的条件是什么？
3. 简述施救费用救助费用的联系与区别。
4. 按照中国保险条款（CIC）的规定，平安险的承保范围是什么？
5. 我国海运保险有哪些附加险别？
6. "仓至仓条款"是如何定义的？
7. 买卖合同中的保险条款应包括哪些内容？举例说明。
8. 某公司以每箱 80 美元 CIF 悉尼条件出口某商品 8 000 箱，投保了水渍险、串味险及淡水雨淋险，保险费率分别为 0.7%、0.3%、0.2%，按发票金额的 110% 投保。试计算该批货物的保险金额和保险费各是多少。
9. 某公司租用"明西奥"轮出口一批散装亚麻子到美国，不幸，在南美飓风的冷风区内搁浅被迫抛锚。当时船长发现船板有断裂危险，一旦船体裂缝漏水，亚麻子受膨胀有可能把船板胀裂，所以船长决定迅速脱浅。于是，该船先后 4 次动用主机，超负荷全速开车后退，终于脱浅成功。抵达纽约港后，对船体进行全面检修，发现主机和舵机受损严重，经过理算，要求货方承担 6 451 英镑的费用，而货主对该项费用发生异议，拒绝付款。请问该货主是否该支付这笔费用？

第八章　货款的支付

【开篇案例】　某公司一位业务员与国外客户商定，货款结算使用美元电汇支付。货物发出后十余天，该公司业务员收到客户电汇付款的银行收据传真件，当即书面指示船公司将货物电放（凭提单正本影印件提货）给提单上的通知人，客户将货提走，货款却未到账。经查客户在银行办理了电汇付款手续后，取得银行收据，马上传真给卖方，并要求立即电放货物，在拿到卖方给船公司的电放指示附件后，即去银行撤销了这笔电汇付款，造成该公司损失8万美金。

国际货款结算涉及信用和使用何种货币、票据，以及在什么时间、以何种方式收付等问题。货款顺利收回是一笔交易圆满结束的重要标志，采用什么样的结算方式能够及时、安全收回货款，是业务员应当知道的基本常识。在进出口贸易实务中，买卖双方都极力争取有利于自身的结算方式，以便买方融通资金和卖方安全收汇，因此，依据结算方式订立的支付条款也就成为国际货物买卖合同的重要交易条款。

【学习目标】　通过本章的学习，了解出口货款结算方式及其特点、规律，熟悉各种结算单证的内容与作用，掌握货款支付的规定方法，能够合理选用结算方式并知晓具体的运作程序，学会审核各种结汇单证，熟练运用和填制合同支付条款的内容。

第一节　支付工具

【案例思考8-1】　A银行向B银行开出不可撤销信用证，受益人交单后，B银行通过快递将单据寄交A银行，A银行审单后发现汇票上小写金额为USD905 000.00，大写金额为 HONG KONG DOLLARS NINE HUNDRED AND FIVE THOUSAND ONLY，金额不一致，遂拒付。收到A银行的拒付电后，B银行认为所述不符点仅是打字手误，非实质性不符点，A银行不该拒付。如何解决双方的争议？

国际贸易货款的收付，采用现金结算的较少，大多使用非现金结算，即采用各类金融票据来进行支付。金融票据是指可以流通转让的债权凭证，是国际上通行的结算和信贷工具。金融票据主要有汇票、本票和支票，其中汇票最为常见。

一、汇票（示例参见图 8-1 所示）

（一）汇票的含义和内容

根据《中华人民共和国票据法》第 19 条规定：汇票（Bill of Exchange）是出票人签发的，委托付款人在见票时或在指定日期无条件支付确定的金额给收款人或持票人的票据。

按照各国广泛引用或参照的《英国票据法》的规定，汇票是一个人向另一个人签发的，要求即期或定期或在可以确定的将来时间，对某人或其指定人或持票人支付一定金额的无条件书面支付命令。

从上面的定义可以看出，汇票有三个基本当事人，即出票人（Drawer）、受票人（Drawee）或付款人（Payer）和收款人（Payee）。随着汇票的流通转让，还会出现背书人、被背书人、承兑人、保证人和持票人等其他当事人。

各国票据法对汇票内容的规定不同，一般认为应包括下列基本内容：（1）注明"汇票"字样。（2）无条件的支付命令。（3）汇票金额。（4）出票日期和地点。（5）收款人姓名和商号。（6）付款地点。（7）付款期限。（8）付款人姓名和商号。（9）出票人签字。

（二）汇票的种类

1. 按出票人（Drawer）的不同

可分为银行汇票（Banking Bill）和商业汇票（Commercial Bill）。出票人为银行，即为银行汇票；出票人为商业企业或个人，即为商业汇票。

2. 按有无附商业单据

可分为光票（Clean Bill）和跟单汇票（Documentary Bill）。汇票在使用过程中，如无附商业单据，即为光票；如有附商业单据如发票、提单等，即为跟单汇票。

3. 按付款时间的不同

可分为即期汇票（Sight Draft）和远期汇票（Time Bill or Usance Bill）。即期汇票是付款人见到汇票后立即付款；远期汇票是付款人见到汇票后在一定期限或在特定日期付款。远期汇票的付款时间一般有以下四种规定方式：（1）见（汇）票后××天付款（At × × days after sight）。（2）出（汇）票后××天付款（At × × days after date of issue）。（3）提单日期后××天付款（At × × days after date of B/L）。（4）指定日期（Fixed date）。要注意上述（1）～（3）种情况下付款时间的不同，假如期限都为 60 天，那么，（3）最早，（2）其次，（1）最迟，因为在通常情况下，提单日期最早，汇票日期不得早于提单日期，而见票日期是国外收到汇票时的日期，从出票到见票需要一个邮程。

4. 按汇票承兑人的不同

可分为商业承兑汇票（Trader's Acceptance Bill）和银行承兑汇票（Banker's Acceptance Bill）。前者是由企业或个人承兑的远期汇票，它建立在商业信用基础之上；后者是由银行承兑的远期汇票，它建立在银行信用基础之上。

一份汇票通常同时具备几种属性，例如，一份商业汇票，可以同时又是即期的跟单汇票或远期的银行承兑汇票。

BILL OF EXCHANGE

凭
Drawn under _____

信用证号
L/C No. _____

日期　　　年　　月　　日
Date _____

按　　　　息　　　　　付款
Payable with Interest @ _____ % per Annum

号码　　　汇票金额　　　中国　辽宁　锦州　　年　月　日
No. _____ Exchange for ▓▓▓▓▓ Jinzhou, Liaoning, China. _____

见票　　　　　　　　　　日后（本汇票之副本未付）付
At _____ Sight of This **FIRST** of Exchange（Second of Exchange Being Unpaid）

受款人
Pay to the Order of _____

金　　额
The Sum of ▓▓▓▓▓▓▓▓▓▓▓▓▓▓

此致
To: _____

_____
（Authorized Signature）

图 8-1　汇票示例

（三）信用证项下汇票主要项目的填制

1. 出票人（Drawer）

一般是信用证的受益人，即出口商

此处要求盖章并手签。

2. 受票人（Drawee）

此处按信用证规定填具，通常是开证行或其指定的银行。

3. 收款人（Payee）

汇票上的收款人通常称为"抬头"，有三种填法：（1）限制性抬头（Non-Negotiable），如"Pay to A Co. only"。这种方法限定了汇票的收款人，不能转让和流通。（2）指示性抬头（Endorsable），如"Pay to order 或 Pay to the order of A Co. or ××bank"。这种汇票经过持票人在背面签字（背书）后，即可转让给他人。（3）持票人或来人抬头（Marketable），如"Pay to the bearer"。这种汇票无需持票人背书，仅凭交付即可转让给他人。实务中，常见的填法是："Pay to the order of ××bank（Negotiating bank）"。

4. 金额（Amount）

商业汇票金额有大写和小写两栏。在填制汇票金额和币种时要注意：（1）汇票金额不能超过信用证规定的总金额或其允许的金额增减幅度。（2）汇票金额的大小写必须一致。（3）汇票上的货币名称、金额原则上应与发票一致。（4）汇票金额不得涂改，不得加盖校对章。

例如：小写金额为：USD25 530.80

大写金额为：

SAY：UNITED STATES DOLLARS TWENTY-FIVE THOUSAND FIVE HUNDRED THIRTY CENTS EIGHTY ONLY.

5. 付款期限（Tenor）

应按信用证的规定填写。如"AT ×× SIGHT"或"AT 90 DAYS AFTER SIGHT"。

6. 出票地点和出票时间（Place and Date of Issueance）

在信用证支付方式下，出票地点就是议付地点，即信用证受益人所在地。出票时间一般为议付日期，不能早于其他所有单据的出单日期，更不能迟于信用证规定的交单期和有效期。

7. 汇票号码（Bill Number）

一般为发票号码。

8. 出票条款（Drawn Clause）

其又称出票根据，表明汇票是根据某号信用证开出的，包括开证行名称、信用证号码、开证日期三项。

9. 利息条款（Interest Clause）

汇票上的利息条款有明确的利率和利息的起讫日期，是开证行向进口方计收利息的依据，与出口方无关。此栏应按信用证的规定列明，但如信用证未规定利息条款，则无需在汇票上加注。

（四）汇票的使用程序

1. 出票（Issue）

出票是指出票人在汇票上填写付款人、付款金额、付款日期和地点及收款人等项目，经签字交给受票人的行为。

2. 提示（Presentation）

提示是指持票人将汇票提交付款人要求承兑或付款的行为。付款人见到汇票叫见票（Sight）。提示可分为付款提示和承兑提示。如果是即期汇票，则持票人应向付款人作出付款提示；如是远期汇票，则持票人先作承兑提示，到期时要求付款。

3. 承兑（Acceptance）

承兑是指付款人对远期汇票表示承担到期支付汇票金额的行为。承兑的具体手续是由付款人在汇票正面写上"承兑"字样，注明承兑的日期，并由付款人签名后交还收款人或其他持票人。即期汇票不需要承兑。

4. 付款（Payment）

付款是指受票人（付款人）对即期汇票在持票人提示付款时立即履行支付责任或对已经承兑的汇票在到期时履行支付责任的行为。付款后，汇票上的一切债权债务即告终止。

5. 背书（Endorsement）

汇票是一种流通工具（Negotiable Instrument），可以在票据市场上流通转让。背书是转让汇票权利的一种法定手续，它是指由汇票持有人在汇票背面签上自己的名字或再加上受让人的名字，并把汇票交给受让人的行为。经过背书，汇票的权利即由背书人转给了被背书人。背书人对被背书人负有担保汇票必然会被承兑或付款的责任。通常，汇票可以经过再背书而在票据市场上继续转让。

背书的方式有以下三种：

（1）限制性背书，如"Pay to B Co. only"。作成限制性背书的汇票，被背书人不得将汇票再行流通转让，而且只能凭票取款。

（2）记名背书，又称特别背书，如"Pay to the order of C Co."，"Pay to C Co. or order"。作成记名背书的汇票，被背书人可继续将汇票背书转让给他人。

（3）空白背书，又称不记名背书。背书人只在汇票背面签名而不记载被背书人名称。经空白背书后，受让人可以不需背书，仅凭交付即可继续转让；受让人也可将空白背书转变成记名背书。

6. 拒付（Dishonor）

持票人提示汇票要求承兑时，遭到拒绝承兑（Dishonor by No-Acceptance），或持票人提示汇票要求付款时，遭到拒绝付款（Dishonor by Non-Payment），均称为拒付，也称退票。除了明确表示拒付外，付款人逃匿、死亡或宣告破产，以致付款事实上已不可能执行时，也视为拒付。

7. 追索（Resource）

当持票人遭到拒付时，可向出票人或背书人行使追索权。汇票的善意持有人有权向所有"前手"追索，一直可追索到出票人。持票人为了行使追索权，通常必须及时发出拒付通知，将拒付事实书面通知其"前手"，并需及时请公证机构做成拒绝证书，以证明自己已按规定行使票据权利但未获结果，由此才得以行使追索权。为了避免承担被追索的责任，出票人或背书人在出票或背书时可加注"不受追索"（Without Recourse）字样，但这种汇票一般不易在市场上转让和流通。

二、本票

（一）本票的含义和内容

我国《票据法》对本票的定义是：本票（Promissory Note）是出票人签发的，承诺自己在见票时无条件支付确定的金额给收款人或持票人的票据。本法所称本票，是指银行本票。

《英国票据法》关于本票的定义是：本票是一人向另一人签发的，保证于见票时或定期或在可以确定的将来时间，对某人或其指定人或持票人无条件支付一定金额的书面承诺。

由于本票是出票人向收款人签发的书面承诺，所以本票的基本当事人只有两个，即出票人和收款人。本票的付款人就是出票人本人。本票的出票人在任何情况下都是主债务人。

各国票据法对本票内容的规定大同小异。我国《票据法》规定本票必须记载下列事项：（1）注明"本票"字样。（2）无条件的支付承诺。（3）确定的金额。（4）收款人名称或商号。（5）出票日期。（6）出票人签字。

（二）本票的种类

按出票人的不同，本票可分为商业本票（Commercial Note）和银行本票（Banking Note）。企业和个人签发的本票为商业本票；银行签发的本票为银行本票。商业本票按付款日期不同可分为定日付款本票、签票日后定期付款本票、见票后定期付款本票和见票即付本票。银行本票则都是即期的。我国《票据法》规定，本票仅限于银行本票，且开立后自出票日起，付款时间不能超过2个月。

三、支票

（一）支票的含义和内容

我国《票据法》规定：支票（Check or Cheque）是银行存款户签发的，要求银行见票时立即从其账户中无条件支付一定金额给指定收款人或持票人的书面命令。实际上，支票就是以银行为付款人的即期汇票。

支票的基本当事人与汇票一样，共有三个：出票人、付款人和收款人。出票人就是支票的签发人，他在银行已经开设存款账户且与银行订有支票协议。付款人是出票人的开户银行。

签发支票以存款者银行账户上有足够数额的存款，或以其事先同银行协议了一定的透支额度作为前提条件。各国法律一般都禁止签发空头支票，即出票人签发的支票金额不能超过其付款时在付款人处实有的存款金额。

我国《票据法》规定，支票必须记载以下事项：（1）注明"支票"字样。（2）无条件的支付委托。（3）确定的金额。（4）付款人姓名和商号。（5）出票日期。（6）出票人签字。未记载以上事项之一的，支票无效。

（二）支票的种类

按照我国的《票据法》，支票可分为现金支票和转账支票。现金支票可以向银行提取现金，转账支票则通过银行将票款收入收款人账户。转账支票也叫画线支票。画线即是在支票正面画上两道平行线。使用画线支票的目的是为了在支票遗失、被人冒领时，还有可能通过银行代收的线索追回票款。

按各国票据法规定，支票可以由银行加"保付"（Certified to Pay）而成为保付支票（Certified Check）。支票一经保付，付款责任即由银行承担，出票人、背书人都可免予追索。付款银行对支票保付后，即将票款从出票人的账户转入一个专户，以备付款。所以，保付支票在提示时，不会被退票。

在我国出口贸易中，如国外进口商以支票作为支付凭证，为防止对方开立空头支票，除可要求对方出具"保付支票"外，还可在收到对方支票后，立刻委托我国国内银行凭该支票向国外付款行收款，待支票面额收妥后方可发货，以防上当受骗。（汇票、本票和支票的主要区别参见表 8-1 所示）

表 8-1　　　　　　　　　　　　汇票、本票和支票的主要区别

项目＼票据	汇票	本票	支票
性质	无条件书面支付命令	无条件书面支付承诺	无条件书面支付命令

续表

票据　　项目	汇　票	本　票	支　票
当事人	出票人、付款人、收款人	出票人、收款人	出票人、付款人、收款人
付款时间	有即期和远期之分远期汇票要承兑	有即期和远期之分远期本票无需承兑	只有即期
份数	多份	一份	一份
主债务人	承兑前是出票人承兑后是承兑人	出票人	出票人
有无到期日记载	有	有	（都是即期）
出票人担保的责任	付款和承兑	自付款	付款

四、票据的使用

票据是可以流通转让的信用工具，通常用做结算工具或信贷工具。汇票既是结算工具又是信贷工具，本票基本上是信贷工具，而支票则是结算工具。以下就简单介绍一下当今世界商业实务中这三种票据的使用情况。

支票主要用于国内结算，出票人签发支票给收款人很方便，不需数钞票也不需去银行。对于收款人来说只需将支票交往来银行很快就可收账，也相当方便。因此，在西方国家的国内结算中，支票的使用相当广泛。

汇票作为结算工具主要用于国际汇款。由银行出票又由银行付款的银行汇票对于收款人最为可靠；商业汇票由厂商出具，在国际贸易结算中广泛使用。而且，以进出口贸易为背景的商业票据很容易贴现，商业汇票因此成了进出口商获得融资的重要工具。跟单汇票作为付款命令往往与贸易单据一起寄给付款人，其作为结算工具实际上可有可无，仅凭单据进口商也会付款，但其作为信贷工具，却是无法替代的。

在使用商业本票时，由于经常发生出票人拒付案，影响了商业本票的声誉，人们一般不愿意接受商业本票。目前偶尔只见大企业用以筹资的商业本票。至于银行本票（当然这里不包括货币），因为一般国家对发行银行本票限制较多，所以也不多见。

第二节 货款的支付方式——汇付

【案例思考 8-2】 某年，我国大陆某外贸公司与香港地区某商社首次达成一宗交易，规定以即期不可撤销信用证方式付款。成交后港商将货物转售给加拿大一客商，故贸易合同规定由我方直接将货物装运至加拿大。但进口商借故拖延，经我方几番催促，最终于约定装运期前 4 天才收到港方开来的信用证，且信用证条款多处与合同不符。若不修改信用证，则我方不能安全收汇，但由于去加拿大收货地的航线每月只有一班船，若赶不上此次船期，出运货物的时间和收汇时间都将耽误。在我方坚持不修改信用证不能装船的情况下，港商提出使用电汇方式汇来货款，我方同意在收到对方汇款传真后发货。我方第二天收到港商发来的汇款凭证传真件，经银行审核签证无误。同时因我方港口及运输部门多次催促装箱装船，外贸公司有关人员认为货款既已汇出，就不必等款到再发货，于是及时发运了货物并向港商发出装船电文。发货后一个月仍未见款项汇到，经财务人员查询得知港商不过是在银行买了一张有银行签字的汇票传真给我方作为汇款的凭证，在收到发货电文之后，便把本应寄给我外贸公司的汇票退回银行，撤销了这笔汇款。港商的欺诈行为使我方损失惨重。

一、汇付的含义及当事人

汇付（Remittance），又称汇款，指付款人主动通过银行或其他途径将款项汇交收款人的结算方式。在汇款方式下，结算工具（委托通知或汇票）的传送方向与资金的流动方向相同，因此称为顺汇。

汇付业务涉及的当事人有四个：（1）汇款人（Remitter），即付款人，指国际货物买卖合同中的买方或其他经贸往来中的债务人。（2）收款人（Payee），指国际货物买卖合同中的卖方或其他经贸往来中的债权人。（3）汇出行（Remitting Bank），即汇出款项的银行。在进出口贸易中，汇出行通常是买方所在地银行。（4）汇入行（Paying Bank），即解付汇款的银行。在进出口贸易中，汇入行通常是汇出行在卖方所在地的代理行。

二、汇付的种类

（一）信汇（Mail Transfer，M/T）

信汇是指汇出行应汇款人的申请，将信汇委托书邮寄给汇入行，授权其解付一定金额给收款人的一种汇款方式。信汇委托书需由汇出行签字，经汇入行核对签字无误、证实信汇真实性后，方能解汇。信汇的优点是费用低廉，缺点是收款较迟。

（二）电汇（Telegraphic Transfer，T/T）（信汇/电汇业务程序参见图 8-2
所示）

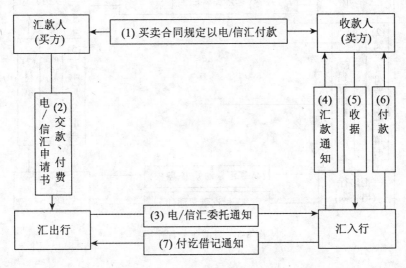

图 8-2　信汇/电汇业务程序图

电汇是指汇出行应汇款人的申请，拍发加押电报、电传或 SWIFT 电文等
给汇入行，授权其解付一定金额给收款人的一种汇款方式。在电报或电传上，
汇出行应加注双方约定的"密押"，以使汇入行核对金额和证实电报的真实
性。电汇具有安全、迅速、银行不占用客户资金，但费用较高的特点，是目前
使用最普遍的汇款方式。

（三）票汇（Demand Draft，D/D）（票汇业务程序参见图 8-3 所示）

票汇是指汇出行应付款人的申请，开立以其海外分行或代理行为付款人的
银行即期汇票，交汇款人自行寄交收款人，以凭票取款的一种汇款方式。这种
方式费用最低，但速度最慢。

票汇与信汇、电汇的不同在于：第一，票汇使用的结算工具是银行即期汇
票，汇票的传递不通过银行，汇入行无需通知收款人前来取款，而是由收款人
自行持票上门取款，而信汇和电汇的汇入行都必须通知收款人取款。第二，票
汇的收款人可以通过背书的方式转让汇票，而信汇/电汇委托书不能流通转让。

三、汇付在国际贸易中的应用

1. 预付货款（Payment in Advance）

预付货款是进口商先将货款的一部分或全部汇交出口商，出口商收到货款
后立即或在一定时间内发运货物的结算方式。预付货款有利于出口商，而不利

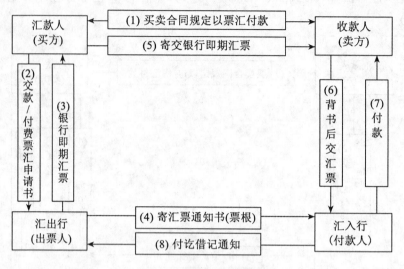

图 8-3 票汇业务程序图

于进口商。

如合同中规定:买方应在装船前××天支付全部或一定比例的货款给卖方。(Buyer should pay total or ××% amount to seller by T/T within ×× days before shipment.)

2. 货到付款(Payment of Arrival)

货到付款是出口商先发货,进口商后付款的结算方式。货到付款方式对出口商不利,他要承担进口商不付款的风险,实际上就是赊销(Open Account, O/A)。

如合同中规定:买方应该在装船后若干天内支付全部或一定比例的货款给卖方。(Buyer should pay total or ××% amount to seller by T/T within ×× days after shipment.)

四、汇付的特点

1. 风险大

汇付方式是买卖双方根据贸易合同互相提供信用,银行只以委托代理人身份行事,属于商业信用。对于预付货款的买方和货到付款的卖方,一旦付款或发货后就失去了制约对方的手段,能否及时收货或收款完全取决于对方的信用,有很大的风险。

2. 资金负担不平衡

对于预付货款的买方或货到收款的卖方来说，资金大量占用，负担较重，另一方的负担则很轻。

3. 手续简便，费用少

汇付方式的手续是最简单的，银行的手续费也最少。因此，在交易双方相互信任的情况下，或在跨国公司的不同子公司之间，用汇款方式最理想。

第三节　货款的支付方式——托收

【案例思考 8-3】　我国甲公司同南美客商乙公司签订合同，由甲公司向乙公司出口一批货物，双方商定采用跟单托收结算方式了结贸易项下的结算。我方的托收行是甲银行，南美代收行是乙银行，具体付款方式是 D/P90 天。但是到了规定的付款日，对方毫无付款的表示，更严重的是，代收行乙银行在乙公司承兑汇票后就将全部单据交给了乙公司。于是甲公司在甲银行的配合下，聘请了当地较有声望的律师对代收行乙银行将 D/P 远期作为 D/A 方式承兑放单的行为向法院提出起诉。当地法院以惯例为依据，主动请求我方撤诉，并改为调解方式解决该案。经过双方多次谈判，该案终以双方互相让步得以妥善解决。

一、托收的含义及当事人

托收（Collection）是指债权人（一般为出口商）开具汇票或者连同货运单据，委托当地银行通过它在国外的分行或代理行，向债务人（一般为进口商）收取货款的一种支付方式。在托收方式下，结算工具（委托通知或汇票）的传送方向与资金的流动方向相反，因此称为逆汇。

在国际贸易中，托收方式涉及的基本当事人有：（1）委托人（Principal），即开出汇票委托银行向国外付款人代收货款的人，也称为出票人，通常为出口商。（2）托收行（Remitting Bank），即接受出口商的委托代为收款的银行，通常为出口地银行。（3）代收行（Collecting Bank），即接受托收行的委托向付款人收取票款的进口地银行，通常为托收行的国外分行或代理行。（4）付款人（Payer），即汇票中指定的付款人，通常为进口商。

除了上述基本当事人外，托收业务有时还涉及提示银行和"需要时的代理"两个当事人。提示行是指向付款人提示汇票和单据的银行，可以由代收行自己兼任，也可以委托与付款人有账户往来关系的银行作为提示行。"需要时的代理"是指委托人为防止因付款人拒付，发生无人照料货物的情形而在付款当地事先指定的代理人。该代理人通常只被授权在拒付发生时代为料理货物存仓、转售或运回等事宜。

二、托收的种类及业务程序

根据委托人签发的汇票是否随附商业单据来划分，托收可以分为光票托收（Clean Collection）和跟单托收（Documentary Collection）。

（一）光票托收

光票托收是指委托人仅签发汇票而不附带任何货运单据的一种托收业务。在国际贸易中，光票托收主要用于货款尾数、小额货款、佣金、样品费及其他贸易从属费用的收取。

（二）跟单托收

跟单托收是指在委托人所开具的汇票以外，还附有货运单据的托收。在实务中，跟单托收所附单据主要有提单、保险单、装箱单，等等。在国际贸易支付中采用的托收方式通常都是跟单托收，其中的货运单据代表了货物的所有权，交单即等于交货，因此，贸易合同中要对所交单据做适当规定。

按照付款行向进口商交付货运单据的条件不同，跟单托收可分为付款交单（Documents against Payment，D/P）和承兑交单（Documents against Acceptance，D/A）。

1. 付款交单

付款交单是指代收行必须在付款人（进口商）付清票款后，方可将全套托收单据交（放）给付款人。按付款时间的不同，付款交单又可分为：

（1）即期付款交单（D/P at sight），即付款人（进口商）见票即付后，代收行就将全套托收单据交（放）给付款人。（即期付款交单业务程序参见图8-4所示）

（2）远期付款交单（D/P after ×× days' sight），即付款人（进口商）见票后先作承兑，然后于承兑到期日付清货款，代收行方可将全套托收单据交（放）给付款人。（远期付款交单业务程序参见图8-5所示）

付款交单的最本质特点是，不管是即期D/P还是远期D/P，代收行均以进口商付款为条件将全套托收单据（发票、提单等）交给进口商。因此，如果进口商没有付款，则银行通常不会将单据交与进口商，所以出口商面临的最大风险是进口商因市场发生不利变动等因素拒绝付款，但货物仍归出口商所有。

在远期D/P方式下，当到货日期早于付款日期时，进口商如果想提前取得货运单据以便及时转售或使用货物，进口商可采取两种做法：一是在付款到期日之前付款赎单；二是进口商开立信托收据（Trust Receipt，T/R）交给代收行，以借出单据先行提货。所谓信托收据是进口商借单时提供的一种书面信用担保文件，用来表示其愿意以代收行的受托人身份代为提货、报关、存仓和

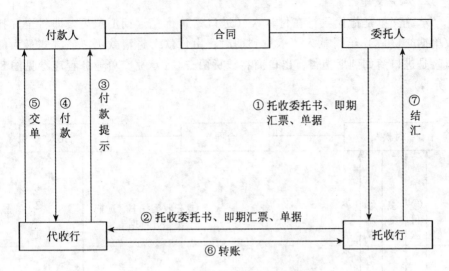

图 8-4　即期付款交单业务程序图

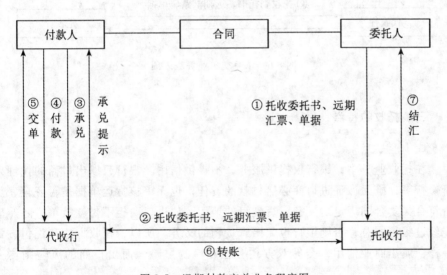

图 8-5　远期付款交单业务程序图

销售，并承认货物的所有权仍属银行，保证取得的货款应于汇票到期日交付代收行。按惯例，如果出口商主动授权代收行凭 T/R 借单给进口商，则进口商到期拒付的风险由出口商自己承担；如果代收行自主决定凭 T/R 借单，则一切后果由代收行负责，即代收行于汇票到期日不能收到货款时，必须赔偿出口商货款。

2. 承兑交单

承兑交单是指代收行在付款人（进口商）承兑远期汇票后，即将全套托收单据交（放）给付款人，承兑到期时，由付款人付清款项。该方式最大的风险是进口商如到期拒付，出口商将钱货两空。（承兑交单业务程序参见图 8-6 所示）

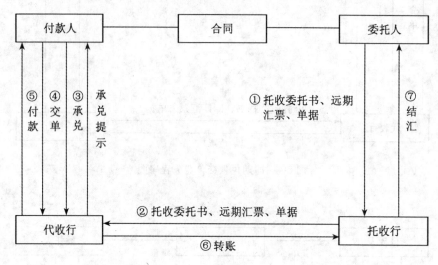

图 8-6　承兑交单业务程序图

三、托收的特点

1. 风险大

在托收业务中，银行仅提供服务，不提供信用。银行只以出口商的代理人身份行事，既无保证进口商必然付款的责任，也无审核货运单据是否齐全、是否符合买卖合同规定的义务。货到目的地后，如进口商拒不付款赎单，除非事先经过银行同意，否则银行也无照管货物的义务。所以，托收方式和汇付方式一样，属于商业信用，交易双方均存在相应的风险，而出口商的风险则更大些。

2. 资金负担不平衡

在托收业务中，出口商需要垫付自有资金备货、装运，等进口商付款后才能通过银行收回货款，故资金负担较重。而进口商只要付款就可获得合格的单据并凭以提货、销售或使用，因而资金负担较轻；如果是承兑交单方式，则进口商在承兑后即可取得单据，凭以提货，然后用售出货物所得款项向银行付款，这相当于出口商给予进口商的全额资金融通。

3. 手续稍多，费用稍高

托收方式的费用比汇款方式要高些，手续也烦琐一些，但由于托收实质上是出口商对进口商提供融资，因而有利于调动进口商采购货物的积极性，从而有利于促成交易和扩大出口。因此，有人把托收方式看做是一种非价格竞争手段。

总之，在托收业务中，对于出口商来说风险较大，资金负担较重。因此，在出口贸易中，为了防范、避免风险或尽量减少风险，出口商应注意对进口商资信情况、经营状况的调查，要了解拟成交商品在进口国的市场行情，掌握进口国的贸易管制、外汇管制制度及商业惯例；尽量选择付款交单方式；在具体交易时，严格按照买卖合同的规定装运货物、制作单据，以防止被进口商找到任何拒付的理由，同时应力争自办保险。

四、《托收统一规则》

国际商会为调和托收业务中有关当事人之间的矛盾，以利于国际贸易和金融活动的开展，在 1958 年草拟了《商业单据托收统一规则》，并建议各国银行采用。后几经修订，新的《托收统一规则》于 1996 年 1 月 1 日正式生效，简称 URC522。

URC522 包括七部分：A. 总则及定义；B. 托收的方式及结构；C. 提示方式；D. 义务与责任；E. 付款；F. 利息、手续费及费用；G. 其他规定，共计26 条。URC522 公布实施后，已成为具有一定影响的托收业务国际惯例，并被各国银行广泛采纳和使用。我国已正式加入国际商会，我国银行在采用托收方式结算时，必须按照 URC522 的解释和原则办理。

五、合同中的托收条款示例

1. 即期付款交单（D/P at sight）

例 1　买方应凭卖方开具的即期跟单汇票于见票时立即付款，付款后交单。（Upon first presentation the buyer shall pay against documentary draft drawn by the sellers at sight. The shipping documents are to be delivered against payment only.）

2. 远期付款交单（D/P after ××days' sight）

例 2　买方对卖方开具的见票后××天付款的跟单汇票，于第一次提示即予承兑，并应于汇票到期日即应付款，付款后交单。（The Buyers shall duly accept the documentary draft drawn by the Sellers after ××days' sight upon first presentation and make payment on its maturity. The shipping documents are to be delivered against payment only.）

3. 承兑交单（D/A after days' sight）

例3 买方应对卖方开具的远期跟单汇票于第一次提示时应即于承兑，并于到期日付款，承兑后交单。（Upon first presentation the buyer shall accept against documentary draft drawn by the sellers after × × days' sight. The shipping documents are to be delivered against acceptance only.）

第四节 货款的支付方式——信用证

【**案例思考 8-4**】 欧洲某银行开立一张不可撤销议付信用证，该信用证要求受益人提供"Certificate of Origin：E. E. C. Countries"（标明产地为欧共体国家的原产地证明书）。该证经通知行通知后，在信用证规定的时间内受益人交来了全套单据。在受益人交来的单据中，商业发票上关于产地的描述为"Country of Origin：E. E. C."，产地证则表明"Country of Origin：E. E. C. Countries"。议付行审核受益人提交的全套单据后认为，单单、单证完全一致，于是该行对受益人付款，同时向开证行索汇。开证行在收到议付行交来的全套单据后，认为单单、单证不符：（1）发票上产地一栏标明：E. E. C.，而信用证要求为 E. E. C. Countries。（2）产地证上产地一栏标明 E. E. C. Countries，与发票上的产地一栏不符，开证行明确表明拒付，并且保留单据听候处理。收到开证行拒付通知后，议付行据理力争：信用证对于发票并未要求提供产地证明，况且发票上的产地系与产地证一致。故议付行认为不能接受拒付，要求开证行立即付款。

长期以来，信用证作为银行信用的支付方式，一直处于主导地位。虽然进入 20 世纪 90 年代以来信用证在世界贸易中的使用率迅速下降，但信用证仍是我国出口企业首选的支付方式。因此，有关信用证业务的知识是外贸人员必须熟练掌握的。

《跟单信用证统一惯例——2007 年修订本，国际商会第 600 号出版物》（简称 UCP600）是国际商会制定并出版的关于跟单信用证的国际使用规则，是国际贸易和国际结算中最重要的国际惯例之一。该惯例适用于所有在文本中明确表明受其约束的跟单信用证，除非信用证明确修改或排除，否则该惯例各条文对信用证所有当事人均具有约束力。因此，为了业务的顺利开展以及处理可能发生的纠纷和争议，了解和熟悉 UCP600 是非常重要的。本节在介绍信用证的内容时，将结合 UCP600 的有关规定来解释。

一、信用证的含义及当事人

UCP600 第二条定义：信用证（Letter of Credit，L/C）意指一项约定，无

论其如何命名或描述，该约定不可撤销并因此构成开证行对于相符提示予以兑付的确定承诺。这个定义中隐含四层意思：（1）信用证是由银行开立的，属于银行信用。（2）卖方（受益人）需要向银行出示单据。（3）出示的单据必须符合信用证条款。（4）信用证是不可撤销的，即使未如此表明。

简言之，信用证是银行开立的一种有条件的承诺付款的书面文件。

信用证结算方式一般有三个基本当事人，即开证申请人、开证行、受益人。在使用过程中，又产生了其他一些当事人。

1. 申请人（Applicant or Opener）

申请人是指向银行提出申请要求开立信用证的一方，即进口商或实际买主。

2. 受益人（Beneficiary）

受益人是指信用证上指定的有权使用该证的人，是信用金额的合法享受人，即出口商或实际供货人。

3. 开证行（Issuing Bank）

开证行是指应申请人要求或者代表自己开出信用证的银行，一般为进口地银行。

4. 付款行（Paying Bank or Drawee Bank）

付款行即开证行指定的对信用证项下的受益人付款或充当汇票付款人的银行，可以由开证行自己承担，也可是其授权的另一家银行。

5. 通知行（Advising Bank）

通知行是指应开证行的要求向受益人通知信用证的银行，一般为开证行的往来行或出口商指定的银行。

6. 议付行（Negotiating Bank）

议付行即开证行授权买入或贴现受益人提交的符合信用证规定的汇票和单据的银行，一般为出口地银行或开证行指定的银行。

二、信用证的业务流程

信用证的业务程序因信用证类型的不同而有所不同，但基本环节大致相同，有申请、开证、通知、议付、索偿、付款赎单、付款等。现以最常见的即期不可撤销跟单议付信用证为例来说明信用证的业务程序。（信用证的业务程序参见图8-7所示）

（1）订立合同。

（2）申请人向开证行申请开立信用证。

（3）开证行开出信用证。

（4）通知行将信用证通知给受益人。

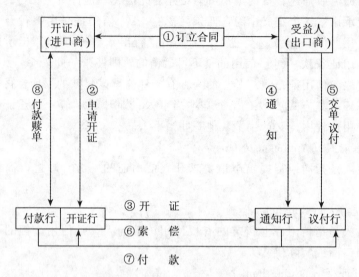

图 8-7　即期不可撤销跟单议付信用证业务程序示意图

（5）受益人将全套单据交给议付行，议付行审单无误后垫付货款给受益人。

（6）议付行向付款行寄出单据请求偿付信用证款项。

（7）付款行审核单据无误，即对议付行偿付。

（8）付款行向申请人提示单据，申请人付款赎单。

三、信用证的主要内容（SWIFT 信用证示例参见图 8-8 所示）

至今为止，信用证尚未有统一的格式，但其基本内容大致相同，概括起来，一般包含以下内容：

1. 关于信用证本身的说明（About L/C）

它包括信用证的号码、种类、金额、开证日期、到期日、交单地点及当事人等。

2. 对汇票的说明（About Draft）

它包括汇票的当事人、金额、期限和主要条款等。

3. 关于货物的说明（About Goods）

它包括货物的名称、品质规格、数量、单价、包装、唛头、价格条件等。

4. 关于单据的说明（About Documents）

它包括要求受益人提交的单据种类、份数、签发条件等内容。这是跟单信用证的核心内容。

5. 关于装运和保险的说明（About Shipment and Insurance）

它包括装运港、目的港和转运港，是否允许分批和转运，装运日期；以 CIF 或 CIP 贸易术语达成的交易项下的保险要求及投保的金额和险别等。

6. 关于交单期限的说明（About Presentation）

每个要求出具运输单据的信用证都应规定在装运日期后向银行交单的时间期限。如果没有规定该期限，根据国际惯例，则银行将拒绝受理迟于装运日期后 21 天提交的单据，但无论如何，单据必须不迟于信用证的有效期内提交。

7. 其他

（1）关于特殊条款（About Additional Conditions）。对于较为复杂的信用证，一般均有这个条款，比如对装运、单据等的特殊要求。

（2）开证行保证付款的文句。

（3）关于给议付行的指示（About Banking Instructions）。

下面是一份 SWIFT 信用证的示例。SWIFT 是环球银行金融电讯协会（Society for Worldwide Inter-Bank Financial Telecommunication）的缩写。该组织目前拥有 192 个国家和地区的 7 000 多家金融机构会员，基地设在荷兰、中国（香港）、英国和美国。它的电讯信息系统以十几种语言、每周 7 天、每天 24 小时向世界各地提供金融服务，且具有自动储存信息、自动加押和核押、以密码处理电文、自动将文件分类等多种功能。SWIFT 信用证就是依据国际商会所制定的电报信用证格式，利用 SWIFT 系统所设计的特殊格式来传递的信用证。或者指开证银行通过 SWIFT 开立的信用证。目前，这种信用证在国际上已普遍使用，其格式代号为 MT700 和 MT701，而当对 SWIFT 信用证进行修改时，则采用 MT 707。

```
BASIC HEADER F 01 BKCHCNBJA5XX 9056 375784
APPL.  HEADER O 700 1340990118 BPSMPTPLAXXX 2682 088146 9901182140 N
                            + BANCO PINTO AND SOOTO MAYOR, LISBOA
                            + PORTUGAL
（BANK NO.：1218000）        + LISBON CODEX, PORTUGAL
MT：700  ———— ISSUE OF A DOCUMENTARY CREDIT ————
SEQUENCE OF TOTAL              27：1/1
FORM OF DOCUMENTARY CREDIT    40A：IRREVOCABLE
DOCUMENTARY CREDIT NUMBER     20：058230CDI11711LC
DATE OF ISSUE                 31C：990118
DATE AND PLACE OF EXPIRY      31D：990220 QINGDAO
APPLICANT                     50：SAINT BILL LIMITADA
```

RUA DE PEDROUCOS, 98-A

1200 – 287 LISBOA

PORTUGAL

BENEFICIARY 59: DASHAN METALS + MINERALS – IMPORT + EXPORT CPRPORATION

21 YUNHAI ROAD, QINGDAO

CHINA

CURRENCY CODE, AMOUNT 32B: USD20659. 20

MAXIMUN CREDIT AMOUNT 39B: NOT EXCEEDING

AVAILABLE WITH...BY... 41A: BKCHCNBJ51C

BY PAYMENT

+ BANK OF CHINA, QINGDAO BRANCH

(BANK NO. : 0044105) + QINGDAO CHINA

PARTIAL SHIPMENT 43P: NOT ALLOWED

TRANSHIPMENT 43T: ALLOWED

LOADING/DISPATCH/TAKING/FROM 44A:

QINGDAO

FOR TRANSPORTATION TO ... 44B:

LISBON BY SEAFREIGHT

LATEST DATE OF SHIPMENT 44C: 99021

DESCRPT OF GOODS/SERVICES 45A:

+ 12000 PAIRS DOUBLE STAR BRAND MEN'S RUBBER SHOES AS PER PROF. INVOICES DD 98. 11. 17 AND 98. 11. 25

+ CIF LISBON

DOCUMENTS REQUIRED 46A:

+ SIGNED COMMERCIAL INVOICE (ORIGINAL AND 4 COPIES), VISAED BY THE CHAMBER OF COMMERCE CERTIFYING GOODS ORIGIN

+ FULL SET (3/3) OF CLEAN ON BOAED OCEAN BILLS OF LADING, TO THE ORDER OF BANCO PINTO + SOTTO MAYOR, NOTIFYING BUYERS, THEIR NAME AND ADDRESS FULLY MENTIONED AND STATING FREIGHT PAID

+ PACKING LIST

+ INSURANCE POLICY/CERTIFICATE TO THE ORDER OF BANCO PINTO + SOTTO MAYOR OR TO ORDER AND BLANK ENDORSED, COVERING GOODS FOR THE INVOICE VALUE PLUS 10 PCT AGAINST THE RISKS OF ICC (A), ISC (CARGO AND IWC (CARGO)

CHARGES 71B: ALL BANKING CHGS OUTSIDE PORTUGAL

ARE FOR BENEF ACCT

PERIOD FOR PRESENTATIONS　　　48：8 DAYS

CONFIRMATION INSTRUCTION　　　49：CONFIRM

INSTRUCTION TO BANK　　　　　　78：PROVIDED DOCS ARE STRICTLY IN GOOD ORDER WE WILL CREDIT YR ACCT WITH AN AMERICAN BANK AT YR OPTION AFTER INSTRUCTIONS IN FIELD

72 HAVE BEEN COMPLIED WITH

SENDER TO RECEIVER INFO　　　　72：AVAILABLE BY YR PYMT AT 5 FULL WORKING DAYS AFTER YR SWIFT ADVICE TO US STATING YOU CONSIDER DOCS IN ORDER AND EXACT AMT OF NEGOTIATION

PLS SEND US DOCS IN 2 SEPARATE LOTS

TRAILER

　　　　　MAC：9FE41FBC CHK：56783EE6A448

NNNN

（注：信用证中的缩写：DOCS—DOCUMENTS；YR—YOUR；AMT—AMOUNT；ACCT—ACCOUNT；CHGS—CHARGES）

图 8-8　SWIFT 信用证示例

四、信用证支付的特点

1. 信用证是一种银行信用，开证行负第一性付款责任

UCP600 第 7 条规定，对于各种类型的信用证，开证行的责任如下：（1）只要规定的单据提交给指定银行或开证行，并且构成相符交单，则开证行必须承付。（2）开证行自开立信用证之时起即不可撤销承担承付责任。（3）指定银行承付或议付相符交单并将单据转给开证行之后，开证行即承担偿付该指定银行的责任。对承兑或延期付款信用证下相符交单金额的偿付应在到期日办理，无论指定银行是否在到期日之前预付或购买了单据。开证行偿付指定银行的责任独立于开证行对受益人的责任。

2. 信用证是独立自足的文件

UCP600 第 4 条阐明了信用证与合同的关系："就其性质而言，信用证与可能作为其开立基础的销售合同或其他合同是相互独立的交易，即使信用证中含有对此类合同的任何援引，银行也与该合同无关，且不受其约束。"因此，虽然信用证是在合同的基础上开立的，但信用证一旦开立就成为独立自足的文件。在这个意义上，银行审核单据时往往只需对照信用证，而不是合同或者两者兼顾。

3. 信用证是一种单据买卖

UCP600 第 5 条规定："银行处理的是单据，而不是单据可能涉及的货物、服务或履约行为。"UCP600 第 34 条规定："银行对任何单据的形式、充分性、准确性、内容真实性、虚假性或法律效力，或对单据中规定或添加的一般或特殊条件，概不负责；银行对任何单据所代表的货物、服务或其他履约行为的描述、数量、重量、品质、状况、包装、交付、价值或其存在与否，或对发货人、承运人、货运代理人、收货人、货物的保险人或其他任何人的诚信与否、作为或不作为、清偿能力、履约或资信状况，也概不负责。"在这个意义上，有关银行只管单据而不管货物、服务、履约行为，只要受益人提交的单据与信用证条款一致，银行就要履行付款责任。否则，银行就可以不履行付款责任，即使货物、服务、履约行为是符合基础合同要求的。

五、信用证的种类

（一）跟单信用证与光票信用证

跟单信用证指凭跟单汇票或凭规定的单据付款的信用证。在国际结算中使用的信用证绝大部分都是跟单信用证。

光票信用证是指凭不附单据的汇票付款的信用证。

（二）即期付款信用证、迟期付款信用证、承兑信用证与议付信用证

即期付款信用证是指开证行或指定银行在收到符合信用证规定的单据后，立即履行付款义务的信用证。

迟期付款信用证是开证行在信用证中规定货物装船后若干天付款，或受益人交单后若干天付款的信用证。

承兑信用证是指开证行或指定银行在收到符合信用证条款的单据及远期汇票后予以承兑，等汇票到期时再行付款的信用证。

议付信用证是指开证行在开立信用证时指定该信用证可由另一家银行或由出口地任何银行议付的信用证。按是否限定议付银行，又可分为自由议付信用证和限制议付信用证，前者是指任何银行均可办理议付，后者却只能由被指定的银行办理议付。

（三）保兑信用证与不保兑信用证

保兑信用证是指另外一家银行接受开证行的要求，对其开立的信用证承担保证兑付责任的信用证。信用证经保兑后，便有开证行和保兑行的双重付款保证，对出口商非常有利，但保兑行要收取较高的保兑费。

相对保兑信用证而言，其他信用证就是不保兑信用证，即仅有开证行承担付款责任的信用证。在国际上使用的信用证绝大多数都是不保兑信用证，因为只要开证行信誉好则付款是有保证的。

（四）可转让信用证与不可转让信用证

可转让信用证是指受益人可以将信用证的权利即装运货物（交货）、交单取款的权利转让给其他人的信用证。在国际贸易中，代理商和中间商的大量存在是可转让信用证产生的直接原因。

不可转让信用证是指受益人不能将信用证权利转让给他人的信用证。一般的信用证都是不可转让的。

（五）循环信用证

循环信用证是指信用证金额被全部或部分使用后，无需经过修改，根据一定条件就可以自动、半自动或非自动地更新或还原再被受益人继续使用，直至达到规定的使用次数、期限或规定的金额用完为止的信用证。它与一般信用证的不同之处在于它可以多次循环使用。循环信用证主要用于长期或较长期内分批均匀交货的供货合同。使用这种信用证，买方可节省开证押金和逐单开证的手续及费用，卖方也避免了等证、催证、审证的麻烦，有利于买卖双方交易的进行。循环信用证可分为按时间循环和按金额循环两种。

（六）对背信用证

对背信用证，又称背对背信用证，是指信用证的受益人以自己为申请人、以该证作为保证，要求一家银行以开证行身份开立的以实际供货人为受益人的信用证。对背信用证的产生，同样是基于中间商的需要。如果信用证不允许转让，或者实际供货人不接受买方国家银行开立的信用证，就可以采用对背信用证。

（七）对开信用证

在补偿贸易或易货贸易中，为解决进出口平衡，由两国不同的开证行相互以对方申请人为受益人开立的两份信用证，即对开信用证。

（八）预支信用证

预支信用证是指开证行允许受益人在发货交单前，可凭汇票或其他有关证件向指定付款行（通常为通知行）提前支取部分或全部货款的信用证。由于预支款是出口商收购及包装货物所用，所以预支信用证又叫打包放款信用证。

（九）备用信用证

备用信用证，又称商业票据信用证、担保信用证或保证信用证，是指开证行根据开证人的请求对受益人开立的承诺承担某项义务的凭证。即开证行保证在开证申请人未能履行其应履行的义务时，受益人只要凭备用信用证的规定向开证行开具汇票（或不开汇票），并提交开证申请人未履行义务的声明或证明文件，即可取得开证行的偿付。备用信用证实质上就是保函，是在开证人（债务人）不履约或违反约定时才使用。如果开证人按期履行合同的义务，则受益人就无需要求开证行偿付。这是之所以称作"备用"的由来。

六、合同中的信用证条款

国际货物买卖合同中的信用证支付条款因使用的信用证不同而有所不同。以下选择两例来示范出口合同中信用证支付条款的具体订法。

例4 即期信用证支付条款：买方应通过卖方可接受的银行于装运月份前××天开立并送达卖方不可撤销的即期信用证，有效期至装运月份后15天在中国议付。（The Buyer shall open through a bank acceptable to the Seller an Irrevocable Sight Letter of Credit to reach the Seller × × days before the month of shipment, valid for negotiation in China until the 15th day after the month of shipment.）

例5 远期信用证支付条款：买方应通过卖方可接受的银行于装运月份前××天开立并送达卖方不可撤销的见票后45天付款的信用证，有效期至装运月份后15天在中国议付。（The Buyer shall open through a bank acceptable to the Seller an Irrevocable Letter of Credit at 45 days' sight to reach the Seller × × days before the month of shipment, valid for negotiation in China until the 15th day after the month of shipment.）

第五节 国际支付方式的选择

【案例思考8-5】 甲国的A公司出口机电设备给乙国的B公司。A公司为了收汇安全，希望B公司预付货款，而B公司为了保证能收到货物，希望采用托收的结算方式。双方需要寻找一种较为平衡的结算方式。考虑到信用证结算费用较高，双方不打算使用信用证结算方式。请分析在这种情况下，可以怎样结合不同的结算方式？

一、三种支付方式的比较

汇付、托收与信用证这三种支付方式的特点与性质是不同的，在选用的时候要认识到各种方式对买卖双方的风险，主要体现在：

1. 汇付与托收

汇付主要用在预付货款与赊销中，前者卖方先收款后发货，对卖方十分有利，对买方十分不利，而后者则刚好相反；托收有付款交单（D/P）和承兑交单（D/A）两种方式，均要求卖方先行发货，然后通过银行向买方收款，对买方相对有利，对卖方相对不利，而后者风险更大。

2. 信用证

信用证支付方式体现"独立性原则、凭单付款原则"。原本这种运行机制是非常有效的，但这种机制本身也存在漏洞，使得不法商人有机可乘。如利用假证、"软条款"、假单、假货等进行信用证欺诈的行为已屡见不鲜。

现将三种方式作一比较，见表 8-2 所示。

表 8-2　　　　　　　　　　三种支付方式的比较

方式	汇付	托收	信用证
性质	商业信用	商业信用	银行信用
卖方风险	采用赊销（O/A）时，十分不利	不管 D/P 或 D/A 均要求卖方先行发货，然后通过银行向买方收款，对卖方相对不利，而后者风险更大	买方可能通过假证骗取货物，通过在信用证设置"软条款"进行欺诈，使卖方遭遇风险
买方风险	采用预付款时，十分不利	对买方相对有利	卖方可能通过提供假单、假货进行欺诈

二、三种支付方式的搭配使用

基于上面的分析，进出口商在选择支付方式时常会出现矛盾，选择单一支付方式有时不免显得过于绝对。在国际贸易中经常出现各种支付方式结合使用的情况，大致有下面三种情况：

1. 汇付与信用证结合

出口贸易中信用证与汇付结合使用是指一笔出口合同金额的一部分由信用证支付，另一部分通过汇付（一般采用电汇，即 T/T）支付。在实际操作中有以下三种情况：

（1）信用证与装船前汇付相结合。合同规定 X%（一般为 70%～80%，下同）货款由信用证支付，剩余 Y%（一般为 20%～30%，下同）货款应由买方在不晚于货物装船前若干天通过汇付方式支付给卖方。一般情况下，买方会先开来信用证，然后在货物装船前若干天办理汇付，卖方收到货款或汇出行出具的汇付收据后将货物按时装船，然后向银行递交全套单据办理议付。这种方式对买方来说有时较为有利，国际市场价格变化对其不利时，买方可能会提出先检验装船前样品，然后借故拒付汇付部分的货款，卖方将无法按时发货，导致信用证过期失效，已生产完毕的货物积压，从而使卖方遭受重大经济损失。因此，对卖方来说，较为不利。

（2）信用证与预付款相结合。合同规定买方在合同签订后先汇付 Y% 的货款作为预付款（订金），剩余 X% 的货款由信用证支付。卖方在收到预付款和信用证后开始备货。通常情况下，卖方的收汇是相当安全的。买方一般不会苛刻要求开证行以单据中的"不符点"来拒付信用证项下的货款，否则，订金将无法收回。

（3）信用证与装船后汇付相结合。合同规定 X% 货款由信用证支付，剩余 Y% 货款待货物装船后或货到目的地后若干天内买方通过汇付方式支付给卖方。这里的"若干天"视具体业务由双方协商决定。卖方按合同与信用证要求将货物装船后，提交全套单据向银行议付。倘若对方并未在规定的期限内办理剩余部分货款的汇付，那么将会给卖方带来很大的损失。

上述三种方式在与中东客户的交易中使用较广泛，比如 30% 为 L/C，70% 为 T/T。

2. 付款交单（D/P）与预付款相结合

合同中规定买方签订合同后先预付 Y% 的订金，剩余 X% 采用付款交单（D/P）方式。买方已支付 20% ~ 30% 的订金，一般不会拒付托收项下的货款，否则，订金将无法收回，因此，卖方的收汇风险将大大降低，即使买方拒付，仍可以将货物返运回国，订金将用于支付往返运费。但若进口国是巴基斯坦、叙利亚、约旦和孟加拉等国，则情况就不同了，这些国家的海关规定如货物返运回国，必须要向其提交买方出具的书面退货声明并经进口国银行书面证实后，海关才能办理退关及退货手续，否则不予办理有关手续。有了上述规定，如果买方在拒付 D/P 后不愿出具书面退货声明，则卖方将不能将货物返运回国。因此，与上述国家的客商交易时，要慎重采用这种支付方式。

3. 跟单托收与信用证结合

即部分货款采用信用证支付，部分采用跟单托收支付。出口合同通常规定："买方需在装运月份（一般为 20% ~ 60%）前若干天送达卖方不可撤销信用证，规定 ××%（一般为 40% ~ 80%）发票金额凭即期光票支付，其余 yy% 金额以跟单托收方式付款交单（即期或远期）。全套货运单据附于托收项下，在买方付清发票的全部金额后交单。如买方不能付清全部发票金额，则货运单据需由开证行掌握，凭卖方指示处理。"

三、三种方式结合使用的优点

1. 如果买方希望控制货物质量及装运，则可采用信用证与装船前汇付结合的方式；如果买方在信用证中规定了卖方难以办到的条款（如软条款），则卖方可要求买方先支付部分订金，既可防范收汇风险又可融通资金，或者当买方急需该批货物时，可以采用信用证与预付款结合的方式；如果买方希望货物到达目的地经检验确定其品质或数量后（很多情况下是为了约束卖方）再结算余额，就可以采用信用证与装船后汇付结合的方式。上述三种方式下，买方（尤其在进口关税较高时）可以达到逃避进口关税的目的，因为卖方将出具两张不同比例的发票，其中信用证项下的发票将会被买方提交给进口国海关用以办理进口清关。

2. 采用付款交单（D/P）与预付款结合的方式，对买方而言，仅支付少量订金，便可获得较为优惠的支付条件（以付款交单取代信用证，节省了开证押金和费用），如前所述，可以少支付一定数额的进口关税；对卖方而言，收汇风险可大大降低，因通常情况下买方已支付订金一般不会轻易拒付托收项下的货款。

3. 信用证与托收结合的方式，对买方而言，可以减少开证押金，少垫资金；对卖方而言，因有部分信用证的保证，且信用证规定货运单据随附托收汇票，开证行在买方付清发票的全部金额后交单，所以收汇比较安全。

现将三种结合方式的优点进行归纳，见表8-3所示。

表8-3　　　　　　　　　三种结合方式的优点比较

优点 ＼ 方式	汇付与信用证	D/P 与预付款	D/P 与信用证
买　方	控制货物质量和装运；获得急需货物；货物到达目的港后再结算余额；少支付进口关税	只支付少部分订金（20% ~ 30%），便可获得较为优惠的支付条件（D/P）；少支付进口关税	可以减少开证押金，少垫资金
卖　方	先获得订金，既可防范收汇风险，又可融通资金	因买方已支付订金，一般不轻易拒付托收项下的货款，收汇风险可降低	有部分信用证的保证，收汇比较安全

【本章小结】　　本章讨论了进出口贸易的主要支付工具、结算方式及不同结算方式的选用和支付条款的订立等问题。

（1）票据是以支付金钱为目的的证券，是由出票人签发的约定由自己或另一人无条件地支付确定金额的可流通转让的证券。它是国际贸易中经常使用的支付工具之一。国际贸易中涉及的支付工具主要有汇票、本票和支票。

（2）结算方式有汇款、托收、信用证等。

（3）每一种结算方式都有利弊，如何采用有利于出口商的结算方式，需要考虑商品、客户、市场、价格、双方各自承担风险的能力、安全收汇等诸多因素。而不同结算方式的结合使用可以降低某些单一结算方式带来的风险。

（4）买卖合同支付条款的订立。支付条款是合同的主要条款，它涉及双方相互提供信用的程度及要价的高低，不是单一和孤立的条款，必须结合各种交易条件进行综合考虑决定取舍，是业务员必须掌握的内容。它主要包括付款金额、付款方式、时间、地点及方法。

思考与练习题

1. 国外来证规定装运期为 10 月，信用证 11 月 15 日到期。我方 10 月 21 日装完，11 月 13 日备妥单据前去银行议付，银行拒付。我方认为信用证尚有效，银行不应拒付。请分析。

2. 我方某公司向某外商进口一批钢材，货物分两批装运。支付方式为不可撤销即期信用证，每批分别由中国银行开立一份信用证，第一批货物装运后，卖方在有效期内向银行交单议付，议付行审单无误后向该商议付货款，随后中国银行对议付行作了偿付。我方在收到第一批货物后，发现货物品质不符合同，因而要求开证行对第二份信用证项下的单据拒绝付款，但遭到开证银行拒绝，问开证银行这样做是否合理？

3. 我方有出口货款一笔，请银行按 D/P 即期托收，在托收申请书中我方没有增加银行责任，该项托收货款后遭买方拒付，银行随即告知我方。时隔数周，我方才向银行交代货物处理办法，此时货物已有部分被盗，我方认为银行没有保管好货物，并要求赔偿，银行断然拒绝。请分析。

4. 我方某公司与外商按 CIF 条件签订一笔大宗商品出口合同，合同规定装运期为 3 月份，但未规定具体开证日期。外商拖延开证，我方见装运期快到，从 7 月底开始，连续多次电催外商开证。8 月 5 日，收到开证行的简电通知，我方因怕耽误装运期，即按简电办理装运，8 月 28 日对方开来信用证正本，正本上对有关单据作了与合同不符的规定，我方审证时未予注意，交银行议付时，银行也未发现，开证行即以单证不符为由，拒付货款，试分析我方应从此事件中吸取哪些教训？

5. 武汉中信服装有限公司根据 F01LCB052712 出口合同对信用证进行了审核，并制作了信用证审核单如下：

信用证审核单

信用证号：001LC375126
合同号：F01LCB052712
开证行：THE ROYAL BANK OF CANADA

审证结果：

（1）有效期太短，不符合同规定的"有效期至装运日后 15 天内在中国议付"。装运日是 3 月 25 日，而信用证有效期到 3 月 30 日，并且在这 5 天内根本来不及议付。建议将信用证有效期改到 4 月 30 日。

（2）投保加成率为 30%（FOR 130 PERCENT OF INVOICE VALUE），高于合同规定的 10%，应将投保加成率改为 10%（FOR 110 PERCENT OF INVOICE VALUE）。

（3）附加条款中的"货经加拿大官方实验室检验合格后方可付款（PAYMENT UNDER THE GOODS WERE APPROVED BY CANADA GOVERNMENT LAB）"使出口商完全处于被动的境地，属于软条款，不能接受，应当要求删除该条款。

要求：请以武汉中信服装有限公司业务员身份，根据信用证审核单给加拿大的 FASHION CO.，LTD. 拟写一份改证函。

第九章　商品的检验、索赔、不可抗力、仲裁

【开篇案例】　1993 年 10 月 22 日，S 省土产进出口公司（卖方，下称土产公司）与香港地区某食品有限公司（买方，下称食品公司）签订了货物成交确认书。确认书规定，由土产公司向食品公司出售 1 500 吨花生果，每吨单价 600 美元，货款总值 9 万美元，交货条件为 FOB 新港，以信用证方式付款，装运期为 1993 年 12 月至 1994 年 2 月。后经双方协商，将合同价由每吨 600 美元调整为 590 美元，交货期为 1993 年 12 月、1994 年 1 月和 2 月各交 500 吨，其他按原合同执行。后食品公司开立信用证，土产公司将货物运至港口仓库并经中国商检局检验合格、出具证书，但食品公司先是不派船装运，后仅装运了部分货物，最终未如期装运合同约定的货物。此后，食品公司以货物质量问题为由，自行与其下家货物买方到港口仓库验货。土产公司认为食品公司未按期装运合同规定货物的行为给其造成了重大经济损失，双方协商未果，申请人向仲裁委员会申请仲裁。

在国际贸易业务中，并非每项合同条款都能顺利得到履行，有时会因此引起争议。为预防可能产生的争议及明确如何处理争议，订立合同时应对商品的检验、争议索赔、不可抗力和仲裁等条件达成协议，以利于贸易的进行，并保护自己的正当商业利益。

【学习目标】　通过对本章的学习，认识进出口商品检验和索赔工作的重要性，掌握不可抗力的具体规定，熟悉对外贸易仲裁的具体做法，学会在买卖合同中订立好相关条款，并能熟练处理商品报检、索赔理赔等业务。

第一节　商品的检验

【案例思考 9-1】　在一笔外贸业务中，买方委托银行开出的信用证上规定：卖方需提交"商品净重检验证书"。买方收到货物后，发现品质不符合规定，而且卖方仅提供了重量单。买方立即委托开证行向议付行提出拒付，但货款已经押出。事后，议付行向开证行催付货款，并解释卖方所附的重量单即为净重检验证书。问：①重量单与净重检验证书一样吗？②开证行能否拒付货款？

国际货物买卖中的商品检验（Commodity Inspection），简称商检，是指商品检验机构对进出口商品的质量、数量（重量）、包装、卫生指标、安全性能等项目进行检验、鉴定，以确定其是否与买卖合同及有关标准的规定一致，是否符合进出口国有关法律、法规的规定。

在国际贸易中，卖方交付货物以后，买方是否受领货物取决于货物是否符合合同规定，如果不相符，则买方有权拒收货物，并可向卖方追究违约责任。而当买方声称卖方交付的货物与合同不符时，卖方往往不予承认，这样，就产生了争议和纠纷。为了判明卖方所交货物是否符合合同规定，就需要一个公证的第三方（商品检验机构）对货物进行检验并出具证明，作为买卖双方交接货物的依据。这种检验称为公证检验。《公约》规定："买方必须在按情况实际可行的最短时间内检验货物或由他人检验货物。"这项规定明确了买方对货物有检验的权利。但买方的检验权并不是强制性的，若买方没有利用合理机会检验货物，即表示放弃了检验权，从而就丧失了拒收货物的权利。

有些商品在进出口贸易中，是否检验不是由买卖双方商定的，而是国家通过制定法律规定必须检验，这种检验称为法定检验，是不依当事人的意愿而强制实施的。为了保护本国消费者的利益，维护出口国的声誉，很多国家都规定了法定检验的制度。我国《商品检验法》规定：商检机构和国家商检部门及商检机构指定的检验机构，依法对进出口商品实施检验。进口商品未经检验不准销售、使用，出口商品未经检验合格不准出口。

由此可见，商品检验是国际贸易中一个十分重要的环节，也是买卖合同中必须订明的一项内容。

一、检验时间和地点

检验时间和地点是指在何时、何地对货物实施检验权。所谓检验权，是指买方或卖方有权对所交易的货物进行检验，其检验结果即作为交付与接受货物的依据。检验时间和地点是关系到买卖双方切身利益的重要问题，也是买卖合同中检验条款的核心内容。在国际货物买卖合同中，关于检验时间和地点的规定方法可归纳为以下几种：

（一）在出口国检验

1. 产地检验

由出口国的产地、工厂检验人员自行或按照合同规定会同买方验收人员于货物离开生产地点之前进行检验，卖方只承担货物离开产地前的责任。对于货物在运输途中发生的一切变化，卖方概不负责。这是国际贸易中普遍采用的习惯做法之一。

2. 装运港（地）检验

装运港（地）检验，又称"离岸品质、离岸重量"，是指出口货物在装运港或装运地装运前，以双方约定的检验机构验货后出具的品质、重量（数量）或包装等检验证明作为买方接受货物的依据。货物运抵目的港（地）后，买方无复验权，除非买方能证明货物的变质或短量是由于卖方的违约或货物固有的瑕疵造成的。

（二）在进口国检验

1. 目的港（地）检验

目的港（地）检验，又称"到岸品质、到岸重量"，是指在货物运抵目的港或目的地卸货后的一段时间内，由双方约定的检验机构验货并出具品质、重量（数量）检验证明作为买方接受货物的最后依据。如果检验证书证明货物的品质或重量（数量）与合同不符且可归责于卖方，则买方可以采取相应救济方法，卖方需对此承担责任。

2. 买方营业处所（最终用户所在地）检验

这种方法将检验延伸和推迟至货物运抵买方营业处所或最终用户所在地后的一定时间内进行，并以双方约定的检验机构出具的检验证书作为买方接受货物的依据。这种做法主要适用于需要安装调试的成套设备、机电仪表产品，以及在口岸开件检验后难以恢复原包装的商品。

（三）出口国检验，进口国复验

在出口国装运港（地）由双方约定的检验机构验货，以其出具的检验证书作为卖方要求买方付款或向银行议付的单据之一，货到目的港（地）后，买方行使复验权。如经约定的检验机构在规定时间内复验发现货物与合同规定不符，且可归责于卖方，买方可在规定时间内凭复验证明向卖方提出异议和索赔。这种做法兼顾了买卖双方的利益，比较公平合理，因而在进出口业务中应用甚广。

（四）装运港（地）检验重量，目的港（地）检验品质

这是以装运港（地）检验机构验货后出具的重量检验证书作为重量的最后依据，以目的港（地）检验机构验货后出具的品质检验证书作为品质的最后依据。习惯称为"离岸重量、到岸品质"。通常适用于大宗商品交易的检验，以调和买卖双方在检验问题上的矛盾。

二、检验机构

国际贸易中的商检工作一般由专业的检验机构办理。在国际贸易中，可供买卖双方选用的商检机构很多，按组织性质大致分为下述几类：（1）官方检验机构，即由国家设立的检验机构，如美国食品药物管理局（FDA）、法国国家实验室检测中心、日本通商产业检查所等。（2）半官方检验机构，即指有

一定权威、由国家政府授权、代表政府行使某项商品检验或某一方面检验管理工作的民间机构，如美国担保人实验室（UL）等。（3）非官方检验机构，即指由私人创办、具有专业检验及鉴定技术能力的公证行或检验公司，如英国劳埃氏公证行、瑞士日内瓦通用鉴定公司（SGS）等。

在我国，主管全国出入境商品检验检疫和鉴定管理工作的机构是中华人民共和国出入境检验检疫局及其设立在全国各地的分支机构，通常称为国家商检部门。后来，为进一步发挥其质量监督和检验检疫作用以适应我国加入 WTO 及同国际接轨的需要，国务院在 2001 年 4 月 10 日将原国家质量技术监督局与之合并，成立了中华人民共和国质量监督检验检疫总局（简称国家质检总局），是我国负责质量监督检验检疫的最高机构。合并以后，原通关模式不变，检验检疫职能不变，垂直管理体制不变。

三、商品检验的内容和检验证书

商品检验机构依据委托人的要求，对进出口商品的品质、数量（重量）、包装及其他内容进行检验、鉴定。检验证书（Inspection Certificate）就是检验机构在检验、鉴定后出具的书面证明文件。

国际货物买卖中的检验证书种类繁多，常见的检验证书有：品质检验证书、重量或数量检验证书、包装检验证书、兽医检验证书、卫生/健康检验证书、消毒检验证书、熏蒸证书、温度检验证书、残损检验证书、船舱检验证书、货载衡量检验证书、价值证明书、产地证明书等。在实际业务中，买卖双方应根据成交货物的种类、性质及有关国家的法律和贸易惯例来确定交易中应取得何种商品检验证书，并在合同中加以规定。

上述各种检验证书针对不同商品的不同检验项目出具，其内容、形式各有差别，但作用基本相同。具体表现在以下几个方面：（1）它是证明卖方所交货物是否符合合同规定的依据。（2）它是办理索赔、理赔的凭证。（3）它是卖方向银行议付货款的单据之一。（4）它是海关验关放行的依据。（5）它是进口国家实行关税差别待遇的依据。

在我国，检验证书通常由国家出入境检验检疫局及其设在各地的分支机构签发，也可由中国对外贸易促进委员会或中国进出口商品检验总公司出具。需要注意的是，检验证书的有效期一般为两个月，鲜活商品的检验证书的有效期为两周，出口方应在货物经检验合格后尽快装运，以免逾期，否则需重新办理报验。

四、检验依据和检验方法

商品检验的依据是检验和衡量进出口商品是否合格的依据。对进出口商品

进行检验并出证,必须先确定检验的依据。在选用检验依据时,一般要遵循以下原则:

(1)必须使用法律或行政法规规定的标准。

(2)法律或行政法规未规定有强制性标准或其他必须执行的检验标准的,按照买卖双方在合同中约定的标准进行检验。凭样品成交的,应当按照样品检验。

(3)法律或行政法规规定的标准如果低于买卖合同中约定的标准,按合同约定的标准进行检验。

(4)如果法律或行政法规未规定必须使用的标准,且买卖合同中也未约定检验标准或约定的检验标准不明确,则按生产国标准检验;如没有生产国标准,则按国际通用标准检验;如无生产国标准和国际通用标准,则按进口国标准检验。

(5)在信用证支付的交易中,信用证中规定的标准也是必须使用的,即既要符合合同中规定的标准,又要符合信用证中规定的标准。如果二者规定不一致,则按信用证规定的标准检验。

检验方法是指对进出口商品检验时抽样的数量和方法。在检验中一般采用感官检验、化学检验、物理检验、微生物学检验等方法。鉴于对同一项目、同一检验可能有多种方法可供选用,而所得结果却不尽相同,所以最好在合同中订明相应的检验方法。

五、合同中的检验条款

国际货物买卖合同中的检验条款繁简不一,一般包括:买方复验权的规定、检验或复验的时间和地点、检验机构、检验项目和检验证书等。

例1 出口合同中的检验条款示例:

"双方同意以装运港中国出入境检验检疫局签发的品质和数量(重量)检验证书作为信用证项下议付单据的一部分。买方有权对货物的品质、数量进行复验。复验费用由买方负担。如发现品质和/或数(重)量与合同不符,买方有权向卖方索赔,索赔期限为货到目的港××天内。"

例2 进口合同中的检验条款示例:

"双方同意以××检验机构出具的品质及数量或重量证明书作为有关信用证项下付款的单据之一。但是,货物的品质和数量或重量应按下列规定办理:货到目的港××天内,经中国出入境检验检疫局复验,如发现品质或数量或重量与本合同规定不符时,除属保险公司或船公司负责外,买方凭中国出入境检验检疫局出具的检验证明书,向卖方提出退货或索赔。所有因退货或索赔引起的一切费用(包括检验费)及损失,均由卖方负担。在此情况下,凡货物适于抽样者，买方可应卖方要求，将货物的样品寄交卖方。"

第二节　争议与索赔

【案例思考 9-2】　我公司以 CFR 条件对德国出口一批小五金工具。合同规定货到目的港后 30 天内检验，买方有权凭检验结果提出索赔。我公司按期发货，德国客户也按期凭单支付了货款。可半年后，我公司收到德国客户的索赔文件，称上述小五金工具有 70% 已锈损，并附有德国某内地一检验机构出具的检验证书。对德国客户的索赔要求，我公司应如何处理？

涉及国际货物买卖的索赔，通常有三种情况，即货物买卖索赔、货物运输索赔和货物保险索赔。本节只介绍货物买卖索赔。

一、争议与索赔的含义

争议（Dispute）是指交易的一方认为对方未能部分或全部履行合同规定的责任与义务而引起的纠纷。双方当事人中任何一方不履行或不按合同约定履行合同义务的行为就是违约。

索赔（Claim）是指遭受损害的一方要求违约方赔偿的行为。违约方对索赔的处理行为称为理赔。索赔和理赔是一个问题的两个方面，在受损害方是索赔，在违约方是理赔。

国际货物买卖中交易双方产生争议，进而引发索赔的原因很多，大致可归纳为三类，即：（1）卖方违约，如卖方不按合同规定的交货期交货或不交货。（2）买方违约，如买方不按合同规定付款赎单、无理拒收货物。（3）合同规定欠明确，如规定"立即装运"、"即期装运"等。

从违约性质来看，产生争议的原因：一是当事人一方的故意行为；二是当事人一方的疏忽过失或对业务不熟悉；三是当事人一方对合同条款的约束性认识不够、重视不足。

各国法律均认为依法有效成立的合同对当事人均具有法律约束力，受损害方有权向违约方提出索赔。各国法律和《公约》都规定了对违约的处理办法，概括起来主要有三种，即要求实际履行、损害赔偿、撤销合同。请求损害赔偿是各国法律最常见的违约救济方法，而且通常可以与实际履行、撤销合同等方法并行不悖。因此，买卖双方可根据交易的具体特点，在合同中订立索赔条款，以便在发生争议时有具体的处理依据。

二、合同中的索赔条款

【案例思考 9-3】　某贸易商以 FOB 价向国内某厂订购一批货，在买卖合同中订明如工厂未能于 7 月底以前交付运输，则工厂应赔付货款 5% 的违约金，后因工厂交货延迟 5 天，以致贸易商被其买方索赔为货款的 3%，请问：贸易商是否可依约向工厂索赔？索赔 5% 还是 3%？

国际货物买卖合同中的索赔条款有两种规定方式：一种是异议与索赔条款；另一种是违约金条款。大多数合同中只订有异议与索赔条款，只有在买卖大宗商品和机械设备的合同中才会同时订立上述两种条款。

（一）异议与索赔条款（Discrepancy and Claim Clause）

异议与索赔条款一般针对卖方交货品质、数量或包装与合同规定不符订立。该条款除规定"一方当事人如违反合同，另一方当事人有权提出索赔"外，还包括索赔依据、索赔期限、索赔金额及处理索赔的方法等内容。

1. 索赔依据

索赔依据主要规定索赔必须出具的依据和出证机构，若依据不全、不清或出证机构不符合要求，则均可能造成对方拒赔。索赔依据包括法律依据和事实依据。前者是指贸易合同和有关国家法律的规定；后者是指违约的事实及书面证明。

2. 索赔期限

索赔期限是指索赔方向违约方提出赔偿要求的有效期限，超过此期限，违约方得以免除赔偿责任。索赔期限有两种：一是约定期限，即合同中规定的索赔期限；二是法定索赔期限，如《公约》规定索赔期限是自买方收到货物之日起 2 年。

约定期限的长短取决于买卖货物的特性、运输及检验所需的时间等因素。在规定索赔期限时，需要对起算时间作出明确规定，通常有以下几种：（1）货物到达目的港后××天起算。（2）货物到达目的港卸离海轮后××天起算。（3）货物到达最终目的地后××天起算。（4）货物经检验后××天起算。实务中，一般货物的索赔期限通常限定为货物到达目的港卸货后 30 天或 45 天，而机械设备一般定为货到目的港卸货后 60 天或 60 天以上。

3. 索赔金额

索赔金额是指受损害方向违约方索取的损害赔偿金额。由于双方当事人在订约时很难预计未来会在哪些环节上违约，也难预计受损的程度，从而难以确定索赔金额。所以，对于索赔金额通常在合同中只作一般的笼统规定。根据以往的法院判例，索赔金额一般包括实际损失加上预期的商业或生产利润。

实务中，合同中的索赔条款往往与商检条款结合起来订立，因而称为检验与索赔条款。

例 3 "买方对于装运货物的任何异议必须于装运货物的船只到达目的港后 30 天内提出，并需提供经卖方同意的公证机构出具的检验报告，如果货物已经加工，则买方即丧失索赔权利。属于保险公司或轮船公司责任范围的索赔，卖方不予受理。"

Any discrepancy on the shipped goods should be put forward within 30 days after the arrival of the vessel carrying the goods at the port of destination and the Buyer should present the Survey Report issued by the Surveyor agreed by the Seller. If the goods have been processed, the Buyer will loss the right to claim. The Seller shall not settle the claim within the responsibility of the Insurance Company or Shipping Company.

（二）违约金条款（Liquidated Damage Clause）

违约金条款，又称罚则，是指当事人双方中的一方如在未来不履行合同义务，则应向另一方支付一定数额的罚金。该条款一般适用于卖方延期交货或买方延期接货、延期付款等情况。罚金数额由交易双方商定，并规定最高数额，通常以不超过交易总额的5%为宜。支付罚金并不能解除违约方继续履行合同的义务，违约方既要支付罚金，还要继续履行合同义务。

例4　"除本合同第×条所列举的不可抗力原因外，卖方不能按时交货，在卖方同意由付款银行在议付货款中扣除罚金或由买方于支付货款时直接扣除罚金的条件下，买方应同意延期交货。罚金率按每7天收取延期交货部分总值的0.5%，不足7天者以7天计算。但罚金不得超过延期交货部分总金额的5%。如当卖方延期交货超过合同规定期限10周时，则买方有权撤销合同，但卖方仍应不延迟地按上述规定向买方支付罚金。"

Unless caused by the Force Majeure Specified in Clause × of this contract, in case of delayed delivery, the Sellers shall pay to the Buyers for every week of delay a penalty amounting to 0.5% of the total value of the goods whose delivery has been delayed. Any fraction part of a week is to be considered a full week. The total amount of penalty shall not, however, exceed 5% of the total value of the goods involved in late delivery and is to be deducted from the amount due to the Sellers by the paying bank at the time of negotiation, or by the Buyers direct at the time of payment. In case the period of delay exceeds ten weeks later than the time of shipment as stipulated in the contract, the Buyers have the right to terminate this contract but the Sellers shall not thereby be exempted from payment of penalty.

第三节　不可抗力

【案例思考9-4】　我进口商向巴西木材出口商订购一批木材，合同规定"如受到政府干预，合同应当延长，以至取消"。签约后适逢巴西热带雨林破坏加速，巴西政府对木材出口进行限制，致使巴西出口商在合同规定期内难以履行合同，并以不可抗力为由要求我方延迟合同执行或者解除合同，我方不同意对方要求，并提出索赔。请分析我方的索赔要求是否合理。

国际货物买卖合同从签订到双方履约通常有一定的时间间隔。在此期间，可能会发生一些非当事人所能控制的重大变化，而使当事人失去原有的履行合同的基础。为防止产生不必要的纠纷，维护当事人各自的利益，双方当事人有必要在合同中订立不可抗力条款。

一、不可抗力的含义

不可抗力（Force Majeure），又称人力不可抗拒，是指在货物买卖合同签订后，不是由于任何一方当事人的过失或疏忽，而是由于发生了当事人既无法预见和预防，又无法避免和克服的意外事件，以致不能履行或不能如期履行合同，遭受意外事故的一方，可以免除履行合同的责任或延期履行合同。由此可见，合同中的不可抗力条款是一项免责条款。

二、不可抗力的范围及事件的认定

不可抗力的范围较广，涉及的领域很多，且情况复杂多变，难以划定其确切的范围，但就其起因而论，可以分为三种情况：（1）自然力量引起的事故，如水灾、火灾、冰灾、暴风雨、大雪、地震等。（2）政府行为，如颁布禁令、调整政策制度等。（3）社会异常事故，如骚乱、战争、罢工等。

在国际贸易中，一项致使合同不能履行或不能按期履行的意外事件能否被视为不可抗力，不是由当事人说了算的，而是要看该项意外事件是否符合下列条件：（1）意外事件必须发生在合同签订以后。（2）不是由于任何一方当事人的过失或疏忽造成。（3）意外事件是当事人无能为力、不能控制的。

由于不可抗力是一项免责条款，又是法律的一项原则，买卖双方通常主要是卖方都可以援引用来解释自身承担的合同义务，这种援引在多数情况下是扩大了不可抗力的范围，以减少自己的责任。比如卖方可能把生产过程中的意外事故、战争预兆、原材料匮乏、能源危机、航运机构的怠慢或汇率变动、市价下跌等，统统归入不可抗力的范围。因此，在交易中应认真分析，防止盲目接受对方提出的免责要求。

三、不可抗力的处理

【案例思考9-5】　中国从阿根廷进口普通豆饼2万吨，交货期为8月底，拟转售欧洲。然而，4月份阿根廷商人原定的收购地点发生百年未见洪水，收购计划落空。阿商要求按不可抗力处理免除交货责任，问中方应该怎么办？

《公约》规定："一方当事人享受的免责权利只对履约障碍存在期间有效，如果合同未经双方同意宣告无效，则合同关系继续存在，一方履行障碍消除，双方当事人仍需继续履行合同义务。"所以，不可抗力事件发生后，对合同的处理主要有两种方式：一是解除合同；二是延迟履行合同。究竟如何处理，应视事件的原因、性质、规模及对履行合同所产生的实际影响程度而定。

四、不可抗力事件的通知及证明

不可抗力事件发生后，因不可抗力不能履行合同义务的一方当事人必须及时通知对方才能免除其责任，同时还应提供必要的证明文件，并提出处理意见。对方当事人应于接到通知后及时答复，如有异议也应及时提出。在国外，出具证明的机构一般是当地的商会或合法的公证机构。在我国，由中国国际贸易促进委员会亦即中国国际商会出具。

五、合同中的不可抗力条款

国际货物买卖合同中的不可抗力条款主要包括三个方面：不可抗力事件的范围、不可抗力事件的处理原则和办法、不可抗力事件发生后通知对方的期限和方式以及出具相应证明文件的机构等。

我国进出口合同中的不可抗力条款，基本上有以下三种规定：

（一）概括式规定

例5　"因不可抗力事故所致，不能如期交货或不能交货时，卖方不负任何责任。但卖方必须向买方提供由中国国际贸易促进委员会或其他有关机构所出具的证明。"

The Sellers shall not be responsible for late delivery or non-delivery of the goods due to the Force Majeure. However, in such case, the Sellers shall submit to the Buyers a certificate issued by the China Council for the Promotion of International Trade or other related organization as evidence.

这种规定方法没有明确不可抗力的具体内容和范围，含义模糊，解释伸缩性大，难以作为解决问题的依据，不宜采用。

（二）列举式规定

例6　"由于战争、地震、水灾、火灾、暴风雨的原因，致使卖方不能全部或部分装运或延迟装运合同货物，卖方对于这种不能装运或延迟装运本合同货物不负责任。但卖方需用电报或电传通知买方，并需在15天内以航空挂号信件向买方提交由中国国际贸易促进委员会出具证明此类事故的证明书。"

If the shipment of the contracted goods is prevented or delayed in whole or in part by reason of war, earthquake, flood, fire or storm, the Seller shall not be liable for non-shipment or late shipment of the goods of this Contract. However, the Seller shall notify the Buyer by cable or telex and furnish the latter within 15 days by registered airmail with a certificate issued by the China Council for the Promotion of International Trade (China Chamber of International Commerce) attesting such event or events.

这种方法在合同中详细列明了不可抗力的范围,虽然具体,但难以囊括所有,因此可能出现遗漏情况以致引起争议。这种规定方法也不太妥当。

(三) 综合式规定

例7 "如因战争、火灾、地震、水灾、暴风雨等其他不可抗力的原因,致使卖方不能部分或全部装运或延迟装运,卖方对此均不负责,但卖方须用电报(电传)通知买方,并以航空信件向后者提出由中国国际贸易促进委员会出具证明该事件的证书。"

If shipment of the contracted goods is prevented or delayed in whole or in part by reason of war, fire, earthquake, flood, firestorm or other cause of Force Majeure, the Seller shall not be liable for this Contract. However, the Seller shall notify the Buyers by cable or telex and furnish the latter by registered airmail with a certificate issued by the China Council for the Promotion of International Trade attesting such event or events.

这种规定方法既具体明确,又有一定的灵活性,不但列明了一些具体的不可抗力事件,还加上了"其他不可抗力的原因",这样就为双方当事人确定未列明的意外事件是否构成不可抗力提供了依据。这是实务中使用最为广泛的一种方法。

第四节 仲 裁

【案例思考9-6】 1987年9月13日,A公司与B外贸公司在南京签订一项合同。合同规定:A公司向B外贸公司出售一套乳胶手套制造设备,价款CIF南通53万美元,其中75%即397 500美元以信用证支付,25%即132 500美元以产品补偿。此外,合同中还约定了出现争议提交中国国际经济贸易仲裁委员会仲裁的条款。合同签订后,A公司交付了设备,B外贸公司支付了75%的货款。后来,双方就设备投产后的产品质量及补偿产品的价格等问题产生争议。为此,A公司与该设备的实际用户江苏省C合成纤维厂协商,于1988年11月26日签订了《备忘录》,对设备投产后的遗留问题作出规定,并将原合同中以产品补偿货款25%的付款方式变更为以现款方式,于1989年3月30日前分两次支付给A公司14万美元。B外贸公司作为合同的买方和用户的代理人在《备忘录》上签署了同意的意见。付款期限过后，A 公司在多次催要剩余货款，B 外贸公司始终拒付的情况下，于 1990 年 1 月 19 日，依照合同中的仲裁条款，向中国国际经济贸易仲裁委员会申请仲裁。1990 年 11 月 12 日，仲裁委员会作出裁决：B 外贸公司于 1991 年 1 月 15 日前分两次支付给 A 公司货款 132 500 美元，逾期加计年利率为 12.5% 的利息。1991 年 2 月 21 日，因 B 外贸公司未按仲裁裁决履行，A 公司依据《中华人民共和国民事诉讼法（试行）》第一百九十五条的规定，向仲裁机关所在地的北京市中级人民法院申请执行。

北京市中级人民法院接到 A 公司申请执行书后，经审查认为该申请符合《中华人民共和国民事诉讼法（试行）》第一百九十五条的规定，决定予以执行。该院首先向被执行人 B 外贸公司发出执行通知，后于 1991 年 3 月 1 日派员前去执行。在执行中，被执行人提出，它是代理江苏省 C 合成纤维厂进口设备，该厂是实际用户，产生的纠纷应由该厂承担责任；被执行人并据此拒绝履行裁决中确认的其应当履行的义务。鉴于此种情况，执行人员明确指出：依据双方所签合同，与 A 公司签订购销设备合同的买方是 B 外贸公司，仲裁中的被诉方和裁决中的义务承担方也是 B 外贸公司，因此，B 外贸公司应当承担和履行裁决义务；并告知被执行人，如不履行义务，则法院将强制执行。3 月 2 日，B 外贸公司将货款及逾期利息共计 138 053.96 美元和应承担的申请执行费人民币 2 693.64 元，用支票汇往北京市中级人民法院。同年 4 月 3 日，北京市中级人民法院将执行的货款及利息交付申请执行人 A 公司。

在国际贸易中，对买卖双方发生的争议可以通过当事人之间协商、第三者从中调解、提交仲裁及司法诉讼的方式解决。其中，仲裁是解决国际贸易争议的一种重要方式。

一、仲裁的含义及特点

仲裁（Arbitration），又称公断，是指买卖双方在争议发生之前或之后，签订书面协议，自愿将争议提交双方同意的仲裁机构予以裁决的一种方式。

仲裁方式既不同于协商和调解，又不同于诉讼。协商和调解强调自愿性，双方都同意才能进行；诉讼可以由争议的某一方向法院提出，不存在自愿性，且法院的判决具有强制性。而仲裁的特点在于：（1）仲裁以争议双方自愿为原则。（2）仲裁机构和仲裁员由双方协议选定。（3）仲裁程序简单，处理问题比较迅速及时，且费用较低。（4）仲裁裁决是终局性的，对争议双方均有约束力。

二、仲裁协议

(一) 仲裁协议的含义及形式

仲裁协议是双方当事人表示愿意将他们之间的争议提交仲裁机构解决的一种书面协议。

仲裁协议主要有两种形式:一种是由双方当事人在争议发生之前订立的,表示同意把将来可能发生的争议提交仲裁解决的协议,这种协议一般就是买卖合同中的"仲裁条款";另一种是由双方当事人在争议发生之后订立的,表示同意把已经发生的争议提交仲裁的协议,这种协议称为"提交仲裁协议"。

这两种仲裁协议的形式虽然不同,但法律效力是相同的,而且一般认为两种仲裁协议均具有独立性,不受相应合同效力的约束。

(二) 仲裁协议的作用

(1) 约束双方当事人只能以仲裁方式解决争议,不得向法院起诉。

(2) 排除法院对有关案件的管辖权。如果一方违背仲裁协议,自行向法院起诉,则另一方可根据仲裁协议要求法院不予受理,并将争议案件退交仲裁庭裁断。

(3) 使仲裁机构取得对有关争议案件的管辖权。

双方当事人在签订合同时,如果不愿意将日后可能发生的争议诉诸法律程序,则应在合同中订立仲裁条款。

三、合同中的仲裁条款

国际贸易买卖合同中的仲裁条款通常包括以下几个方面的内容:提请仲裁的争议范围、仲裁地点、仲裁机构、仲裁程序规则的适用、仲裁裁决的效力以及仲裁费用的负担等。

(一) 仲裁的争议范围及仲裁地点

仲裁的争议范围是仲裁机构依法管辖的范围,凡当日后所发生的争议超出所规定的范围时,仲裁机构无权受理。所以,在仲裁协议中一定要规定清楚,如可规定"凡因与执行本合同有关的一切争议均提交仲裁解决"。

仲裁地点与仲裁所适用的规则有关。一般情况下,在哪个国家仲裁,往往就适用哪个国家的仲裁规则,这可能对仲裁结果产生某些影响。因为,不同的仲裁规则,对买卖双方的权利、义务的解释会有一定的差别。因此,仲裁地点往往是当事人磋商仲裁条款的焦点。

仲裁地点的选择通常有三种:(1) 在本国仲裁。(2) 在外国仲裁。(3) 在双方同意的第三国仲裁。一般来说,当事人总是首先争取在本国仲裁,其次是在被告国仲裁,最后是在双方同意的第三国仲裁。

（二）仲裁机构

仲裁机构有两种形式：一种是由双方当事人在仲裁协议中规定一个常设的仲裁机构。例如，我国常设的仲裁机构是设在北京的中国国际经济贸易仲裁委员会及其分别设在深圳和上海的分会。世界上许多国家也都有常设的国际贸易仲裁机构。另一种是由双方当事人指定仲裁员所组成的临时仲裁庭，当争议处理完毕即自动解散。

如何选择仲裁机构，应在磋商仲裁地点时一并考虑，因为仲裁地点与仲裁机构大多是在同一个国家。

（三）仲裁程序

仲裁程序是关于如何进行仲裁的行为规范，其内容包括仲裁的申请、仲裁的答辩抗辩与反诉、仲裁员的指定与仲裁庭的组成、仲裁审理与裁决及仲裁费用的收取等各项工作如何进行。当事人和仲裁机构都应按仲裁程序行事。

（四）仲裁裁决的效力

各国的仲裁规则均规定仲裁裁决是终局的，对双方当事人均有约束力，任何一方当事人不得向法院起诉，也不得向其他任何机构提出变更裁决的请求。在我国的进出口合同中，一般都规定仲裁裁决是终局的。

（五）仲裁费用的负担

在仲裁条款中应订明由哪方负担仲裁费用。一般规定由败诉方承担，也有规定由仲裁庭酌情决定。我国仲裁规则规定，败诉方所承担的费用不得超过胜诉方所得胜诉金额的10%。

例8　"凡有关执行合同所发生的一切争议应通过友好协商解决，如协商不能解决，则将分歧提交中国国际贸易促进委员会按有关仲裁程序进行仲裁，仲裁将是终局的，双方均受其约束，仲裁费用由败诉方承担。"

All disputes in connection with the execution of this Contract shall be settled friendly through negotiation. In case no settlement can be reached, the case then may be submitted for arbitration to the Arbitration Commission of the China Council for the Promotion of International Trade in accordance with the Provisional Rules of Procedure promulgated by the said Arbitration Commission. The Arbitration Commission shall be final and binding upon both parties. And the arbitration fee shall be borne by the losing parties.

例9　"有关合同的一切争议，应通过协商友好解决。如协商不能解决，应提交仲裁，仲裁应在被告所在国进行，或者在双方同意的第三国进行，仲裁裁决是终局的，对双方均有约束力。"

All disputes in connection with the execution of this Contract shall be settled friendly through negotiation. In case no settlement can be reached through negotiation, the case should then be submitted for arbitration. The Arbitration shall take place in the country where the defendant resides or in the third country mutually agreed upon by both parties. The decision of Arbitration shall be final and binding upon both parties.

【本章小结】 买卖双方在合同中明确规定商品检验与索赔条款可尽量减少争议或使发生的争议得到妥善解决，维护双方的利益。因此，本章详细介绍了进出口商品的检验时间、检验地点、检验机构及检验证书等内容，并分析了不同的检验方法、检验依据、索赔对象和索赔时限。但在国际货物买卖履约过程中常因种种原因发生争议，甚至导致仲裁或诉讼等情况发生。为了公平、公正、合理地划分责任归属，最大限度地保护有关当事人的合法权益，在国际货物买卖合同中还要订立一些不可抗力和仲裁条款。

思考与练习题

1. 名词解释

商品检验　违约金条款　不可抗力　仲裁

2. 简答题

(1) 进出口商品的检验时间和地点通常有哪几种规定方法？

(2) 在国际贸易中检验证书有哪些作用？

(3) 国际货物买卖合同中的索赔条款主要包括哪些内容？

(4) 不可抗力事件是如何认定的？

(5) 仲裁协议有哪些作用？

(6) 仲裁条款包括哪些内容？对仲裁地点如何规定？

3. 判断改错题

(1) 若买方没有利用合理的机会检验货物，就是放弃了检验权，从而就丧失了拒收货物的权利。（　　）

(2) 凡属法定检验范围的商品，在办理进出口清关手续时，必须向海关提供商检机构签发的检验证书，否则，海关不予放行。（　　）

(3) 只要支付了罚金，即可不履行合同。（　　）

(4) 在进出口业务中，当进口人发现货物与合同规定不符时，在任何时候都可以向供货方索赔。（　　）

(5) 若合同中没有规定索赔条款，则买方便无权提出索赔。（　　）

(6) 合同无效，不影响合同中仲裁条款的效力。（　　）

(7) 我国从日本进口在当地通常可以买到的某化妆品，在交货前，该商

生产产品的工厂因爆炸被毁，该商要求援引不可抗力免责条款解除交货责任。对此，我方应予同意。（　　）

（8）仲裁裁决作出后即具有法律效力，有关当事人应自觉执行。若当事人拒绝执行裁决，则仲裁机构可以强制执行。（　　）

（9）援引不可抗力条款的法律后果是撤销合同或变更合同。（　　）

（10）产生经济纠纷后，除仲裁外，只能选择诉讼方式解决争议。（　　）

4. 案例分析题

（1）买卖双方以 CIF 价格术语达成一笔交易，合同规定卖方向买方出口商品 5 000 件，每件 15 美元，信用证支付方式付款；商品检验条款规定："以出口国商品检验局出具的检验证书为卖方议付的依据，货物到目的港，买方有权对商品进行复验，复验结果作为买方索赔的依据。"卖方在办理装运、制作整套结汇单据并办理完结汇手续后，收到买方因货物质量与合同不符的电传通知及目的港检验机构出具的检验证明，但卖方认为交易已经结束，责任应由买方自负。问：卖方的看法是否正确？为什么？

（2）我某企业与某外商按国际市场通用规格订约进口某化工原料。订约后不久，市价明显上涨。交货期限届满前，该商所属生产该化工原料的工厂失火焚毁，该商以该厂失火属不可抗力为由要求解除其交货义务。对此，我方应如何处理？为什么？

（3）某年我国某公司出口某种农产品 1 500 公吨给英国某公司，货价为 348 英镑每 M/T CFR LONDON，总货款为 522 000 英镑；交货期为当年 5—9 月。订立合同后，我国发生自然灾害（水灾）。于是，我方以发生不可抗力为由，要求豁免合同责任，但对方回电拒绝，并称该商品市价上涨 8%；由于我方未交货，使其损失 15 万英镑，并要求我方公司赔偿其损失，我方未同意。最后双方协商并同意仲裁解决。问结果会怎样？

5. 实训题

在一份国外银行开来的信用证中关于商检证书的条款如下：

Inspection Certificate in duplicate issued and signed by authorized person of applicant whose signature must comply with that held in our bank's record.

请问：如果你是出口公司的业务员，会接受这样的条款吗？为什么？

第十章　国际货物买卖合同磋商程序

【开篇案例】　S公司8月12日向其客户A公司寄出一份附有精美图片的商品目录，介绍了S公司经营的各式男女手套。8月20日A公司回电表示对货号为308A、309B、311B的女式手套很感兴趣，每个货号订购100打，并要求大、中号各半，10月份交货，请S公司报价。8月22日S公司发盘如下：报青字牌女式羊毛手套300打，货号308A、309B、311B各100打，大、中号各半，每双CIFI旧金山12美元，纸箱装，10月份装运，即期不可撤销信用证支付，8月30日复到有效。8月28日A公司回电：你8月22日电悉。价格过高，每双CIFI旧金山10美元可接受。次日S公司去电：你28日电悉。最低价每双CIFI旧金山11美元，9月5日复到有效。9月3日S公司收到A公司的电开信用证，其中单价为每双11美元，包装条款中注明纸箱装，每箱15打，其他与发盘相符。S公司审证时发现了A公司对包装条款所作的添加。S公司的习惯包装是每箱10打，考虑到交货期临近，若提请修改，则恐怕难以按时交货，另外，即使按信用证要求包装，也不会增加费用。但到9月20日，储运部门通报，公司库存中没有可装15打手套的纸箱，现有纸箱一种为可装10打的习惯包装，另一种可装20打。S公司随即与纸箱厂联系，纸箱很少见，该厂不能供应。附近的几个纸箱厂也如此答复。在此情况下，S公司一面四处落实箱源，一面于9月10日去电A公司，表示包装条款不能接受，要求改为每箱装10打或20打。

请根据上述案例，简述磋商的过程。A公司的每箱15打的包装条款是否有效？

国际货物买卖合同的各项条款必须通过买卖双方的交易磋商才能确定下来。所谓交易磋商是指买卖双方以一定的方式并通过一定的程序，就交易的各项条件进行协商，最后达成协议的整个过程。交易磋商是签订货物买卖合同的基础，是进出口商品贸易的基础工作。

【学习目标】　通过对本章的学习，要求了解合同磋商的复杂性和法律性，掌握进出口交易磋商的一般程序及《公约》对此的相关规定，能够运用相关知识进行询盘、发盘、还盘。

第一节　交易磋商的方式及内容

一、交易磋商的方式

交易磋商的方式可分为口头和书面两种。在特殊情况下，一项交易的达成也可以通过买卖双方已成为习惯的某些行为予以确认。

1. 口头磋商

口头磋商是指交易双方在谈判桌上面对面的谈判，如参加各种交易会、客户来访、电话洽谈、出国推销，或委托驻外机构、海外企业代为在当地洽谈等。由于口头磋商方式是面对面的直接交流，便于了解对方的诚意和态度以采取相应的对策，并根据进展情况及时调整策略，达到预期的目的。口头磋商比较适合谈判内容复杂、涉及问题较多的业务，如大型成套设备的交易谈判。

2. 书面磋商

书面磋商是指交易双方通过信件、电报、电传、电子邮件及电子数据交换等形式进行洽谈。随着现代通信技术的发展，书面磋商越来越简便易行，成本费用低廉，因此，买卖双方通常采用这种方式磋商交易。

二、交易磋商的内容

交易磋商的内容涉及拟签订的买卖合同中的各项条款，包括两个方面：（1）主要交易条件。如货物的品名、品质、数量、包装、价格、装运、支付条件、保险等。（2）一般交易条件。如商品检验、索赔、不可抗力和仲裁条件等。主要交易条件通常需双方逐一磋商直至达成一致意见，而一般交易条件则不需如此，因为这些条件是对每笔交易都适用的共性的交易条件，往往被印成书面文件或印在合同背面，事先提供给可能与之交易的客户，只要对方没有异议，就不必逐条协商，这些条件也就成为今后双方进行交易的共同基础。

第二节　交易磋商的程序

在国际贸易实务中，交易磋商可以分为四个环节：询盘、发盘、还盘和接受。这里所用的"盘"字，是我国对外贸易实务中使用的一个术语，它的意思是指一系列交易条件。

一、询盘（Inquiry）

询盘是指交易的一方为了销售或购买某种商品，向对方询问买卖该商品的有关交易条件的行为，也称邀请发盘。

（一）说明

（1）询盘的内容可涉及商品的价格、品质、数量、包装、装运、交货期等，也可以是为了索取样品或商品目录。大部分询盘是为了询价。

（2）询盘可以由买方向卖方提出，也可由卖方向买方提出。前者称为操盘（Buying Inquiry），后者称为索盘（Selling Inquiry）。

（3）询盘不是交易磋商的必经步骤，询盘的内容对于询盘人和被询盘人均无法律上的约束力。

（4）询盘可采取口头形式，但更多的是采取函电形式。询盘常用的术语有：Please advise…，Please quote…

（二）询盘示例

例 1 I'M INTERESTED IN YOUR HARDWARE. I'VE SEEN THE EXHIBITS AND STUDIED YOUR CATALOGUES. I THINK SOME OF THE ITEMS WILL FIND A READY MARKET IN CANADA. HERE'S A LIST OF REQUIREMENTS; I'D LIKE TO HAVE YOUR LOWEST QUOTATIONS, C. I. F. VANCOUVER.

我对你们的小五金有兴趣。在看了展品和商品目录后，我觉得有些商品在加拿大会很有销路。这是询价单，希望你们报成本加运费保险费到温哥华的最低价。

（三）询盘应注意的问题

（1）询盘不一定要有"询盘"字样，凡含有询问、探询交易条件或价格方面的意思表示均可作询盘处理。

（2）业务中询盘虽无法律约束力，但当事人仍需考虑询盘的必要性，尽量避免只是询价而不购买或不售货，以免失掉信誉。

（3）询价时，询价人不应只考虑如何询问商品的价格，也应注意询问其他交易条件，争取获得比较全面的交易信息或条件。

（4）要尊重对方询价，对对方的询价，无论是否出售或购买均应及时处理与答复。

（5）询盘可以同时向一个或几个交易对象发出，但不应在同时期集中发出，以免暴露我方销售或购买的意图。

二、发盘（Offer）

发盘，又称发价、报盘、报价，是指交易的一方向另一方提出某项商品的交易条件，并表示愿意按照这些条件与对方达成交易、订立合同的行为。

（一）说明

（1）发盘可以在收到询盘后发出，也可以未经询盘直接发出。

（2）发盘的内容不是一项或几项交易条件，而必须是足以构成合同成立的那些主要交易条件。

（3）发盘可以是卖方的行为，称之为售货发盘（Selling Offer），也可是买方的行为，称之为购货发盘（Buying Offer）或递盘。

（4）发盘既是商业行为，又是法律行为，在合同法中称之为要约。在发盘的有效期内，发盘人不得任意撤销或修改发盘内容。发盘一经对方在有效期内表示无条件接受，发盘人将受其约束并承担按照发盘条件与对方订立合同的法律责任。也正因为如此，发盘人在作出发盘前，必须对发盘的内容进行认真的核算、分析，确保内容的准确性，以免陷于被动。

（5）发盘一般采用的术语：offer，firm offer，quote，supply，bid…

（二）发盘示例

例 2　WE THANK YOU FOR YOUR INQUIRY OF JULY 10TH，ASKING US TO MAKE YOU A FIRM OFFER FOR BLACK TEA．WE HAVE SENT A LETTER THIS MORNING，OFFERING YOU 50 METRIC TONS OF BLACK TEA，AT USD ×× NET PER METRIC TON CFR SHANGHAI FOR SHIPMENT DURING NOVEMBER/DECEMBER SUBJECT TO YOUR ORDER REACHING HERE BY JULY 30TH．

感谢 7 月 10 日的询价。今晨已经去函，报 50 公吨红茶每公吨 ×× 美元 CFR 上海净价，装运期为 11 月和 12 月，以 7 月 30 日前复到为准。

（三）发盘的撰写

发盘可采用谈判或函电的形式。一封理想的报盘书信，通常应包括下列内容：

（1）感谢对方来函，明确答复对方来函询问事项，如：THANK YOU FOR YOU RENQUIRY FOR…

（2）阐明欲交易的商品品名、数量、包装、价格、装运、支付、保险等，如：FOR THE BUTTERFLY BRAND SEWING MACHINE，THE BEST PRICEIS USD89．00 PER SET FOB TIANJIN…

（3）声明发盘的有效期或约束条件，如：IN REPLY WE WOULD LIKE TO OFFER，SUBJECT TO YOUR REPLY REACHING US BEFORE…

（4）鼓励对方订货，如：WE HOPE THAT YOU PLACE A TRIAL ORDER WITH US…

三、还盘（Counter-Offer）

还盘，又称还价，是指受盘人在接到发盘后，不能完全同意发盘的内容，为了进一步协商，对发盘提出修改意见的行为。

（一）说明

（1）还盘可以是针对价格，也可以是针对其他交易条件提出修改意见。在还盘中没有提出修改的交易条件，意味着还盘人已经同意，不再重复。

（2）还盘是对原发盘的拒绝，还盘一经作出，原发盘即失去效力，发盘人不再受其约束；还盘又是受盘人向原发盘人提出的新的有约束力的发盘。因此，还盘在法律上被称为反要约，与发盘具有同样的法律效力。

（3）还盘的行为在买卖双方之间可以反复进行，但有时在发盘后可不经过还盘而直接被受盘人表示接受。

（4）还盘可以用口头或书面方式表达，一般与发盘采用的方式相符。进行还盘时，可明确使用"还盘"字样，也可以不使用，只是在内容上表示对原发盘的修改。

（二）还盘示例

例 3 I THINK IT UNWISE FOR EITHER OF US TO INSIST ON HIS OWN PRICE. HOW ABOUT MEETING EACH OTHER HALF WAY AND EACH MAKES A FURTHER CONCESSION SO THAT BUSINESS CAN BE CONCLUDED.

我想我们双方都坚持自己的价格是不明智的，能不能互相作出让步？各方都再让一步，生意就能成交了。

例 4 THAT STILL LEAVES A GAP OF 20 DOLLARS TO BE COVERED. LET'S MEET EACH OTHER HALF WAY ONCE MORE, THEN THE GAP WILL BE CLOSED AND OUR BUSINESS COMPLETED.

这样还剩下 20 美元的差额呀。我们再一次各让一半吧。这样差额就可以消除，生意也做成了。

四、接受（Acceptance）

接受是指受盘人接到对方的发盘或还盘后，无条件同意对方提出的条件，愿意与对方达成交易，并及时表示出来的行为。

（一）说明

（1）接受在法律上称为承诺，它与发盘一样，既是一种商业行为，也是一种法律行为。接受产生的重要法律后果是交易达成，合同成立。

（2）接受可以简单表示，例如，"你 10 日电接受"，也可详细表示，即将洽商的主要交易条件再重述一遍，表示接受。

（3）表示接受应在对方发盘（或还盘）规定的有效期内进行。

（4）接受可以由卖方作出，也可以由买方作出。表示接受的术语有：accept, agree, confirm…

（二）接受示例

例 5　YOUR 10TH CABLE CONFIRMED.

你方 10 日电我确认。

例 6　YOUR 24TH WE ACCEPT CHINESE ROSIN WW GRADE IRON DRUM 100 M/T USD 195.00 PER M/T CFR ANTWERP AUGUST SHIPMENT IRREVOCABLE L/C AT SIGHT.

你 24 日电我接受，中国松香 WW 级铁桶装，每公吨 195.00 美元，8 月装船，不可撤销即期信用证付款。

第三节　发盘与接受

【案例思考 10-1】　2003 年 2 月 5 日，加拿大休顿电子有限公司向我国 H 电子集团公司发盘，出售集成电路板 20 万块，每块 FOB 维多利亚港 25 美元。H 公司接到发盘后，于 2 月 7 日还盘，将数量减至 10 万块，价格降至 20 美元并要求对方即期装运。2 月 10 日，加拿大休顿公司电传 H 电子公司，同意将数量减至 10 万块，但价格每块只能降至 22 美元，新发盘有效期为 10 天。H 电子公司于 2 月 15 日发出电传表示同意。但 2 月 18 日，加拿大休顿公司来电撤销 2 月 10 日的发盘。于是双方对合同是否成立发生纠纷。

发盘和接受是交易磋商中为了使交易合同成立而必不可少的两个环节。判定合同是否成立，不仅要看有无发盘和接受，还要看发盘和接受是否有效。在实践中，有些函电里有"发盘"、"定购"、"接受"、"同意"等表示，但不一定是法律意义上的发盘或接受，如果不加分析而以为合同成立，就有可能发生争议，甚至给自己带来损失。因此，判定发盘和接受是否有效对交易的顺利达成是很重要的。

一、发盘

（一）有效发盘的构成条件

1. 表明订约的意旨

（1）发盘必须表明发盘人愿意按照发盘所列条件同对方签订合同的意思，可以是明示的，也可以是暗示的。

（2）如果发盘中没有表明订约意旨，或表示了发盘人不受其发盘的约束，则该项发盘就不是真正的发盘，而只能被看做是发盘邀请（Invitation to Offer）。

2. 向一个或一个以上特定的人提出

（1）发盘的对象可以是一个，也可以是数个；可以是自然人，也可以是法人，但必须特定化，不能是泛指广大的公众，即发盘要注明受盘者的公司、企业或个人的名称。

（2）广告、商品目录、价目单等是向广大的公众发出的，没有特定的对象。因此，这类行为一般不能构成发盘，而仅视为发盘邀请。

3. 内容十分确定

（1）《公约》规定，一项发盘只要写明货物、规定数量和价格，即可被认为内容"十分确定"而构成一项有效的发盘。至于所缺少的其他内容，可在合同成立后，按照双方之间已确立的习惯做法、惯例或按《公约》有关规定予以补充。

（2）在我国的外贸业务中，一般应明示或暗示地规定至少六项主要交易条件，即货物的品名与品质、数量、包装、价格、交货和支付条件。

4. 送达受盘人

（1）送达受盘人是指将发盘内容通知对方或送交对方本人或其营业地址、通信地址。

（2）《公约》和各国的法律都规定，发盘于送达到受盘人时生效。如果发盘在传递途中遗失，则该发盘不生效，对发盘人不再有约束力；如果受盘人在收到发盘之前，由其他途径获悉发盘的内容而主动表示接受，则只能看做是双方的交叉发盘，合同并不成立。

（二）发盘的有效期

发盘的有效期是指可供受盘人作出接受的期限。凡是发盘都是有有效期的，一般都明确作出规定。例如："Offer subject reply here May 15th"（发盘限5月15日复到）。这种明确规定有效期的发盘，从发盘被送达受盘人时开始生效，到发盘规定的有效期满为止，在有效期内，发盘人不得撤销发盘。但也有不明确规定有效期的发盘，是指在合理时间内有效。所谓"合理时间"，国际上并没有明确的规定或解释，一般与买卖货物的特性及发盘采用的方式有关。这种方式很容易产生争议。

（三）发盘的撤回（Withdrawal）

发盘的撤回是指一项发盘在尚未送达到受盘人之前亦即尚未生效之前，由发盘人将其取消。《公约》第15条第（2）款规定："一项发盘，即使是不可撤销的也可以撤回，如果撤回的通知在发盘到达受盘人之前或同时到达受盘人"。也就是说，只要发盘还未生效，对发盘人没有约束力，发盘人可以用更快的通信方式使撤回的通知先于发盘到达受盘人，或起码与之同时送达，从而取消该发盘。

在实际业务中，发盘的撤回只有在使用信件或电报向国外发盘时，方可适用。例如，以信函方式发盘，发盘人可以在信函到达受盘人之前，用电报或传真方式将其撤回。

（四）发盘的撤销（Revocation）

发盘的撤销是指一项发盘在已经送达受盘人之后亦即已经开始生效之后，由发盘人将其取消。《公约》第 16 条规定："在未订立合同之前，发盘得以撤销，如果撤销通知于受盘人发出接受通知之前送达受盘人"。但在下列情况下，发盘不得撤销：

（1）发盘规定了有效期或以其他方式表明发盘是不可撤销的。

（2）受盘人有理由信赖该项发盘是不可撤销的，并已本着对该项发盘的信赖采取了行动。

【**案例思考 10-2**】 我国某公司于某年 9 月 12 日以电报方式请法国一钢材供应商对其所售某型号钢材发盘。我方在电报中声明："此发盘是为了计算投标价格和确定是否参加投标之用，我方将于 8 月 24 日向招标人送交投标书，开标日期是 10 月 8 日。"法商于 9 月 15 日用电传向我方发盘，发盘条件完成，但我方留意到该发盘没有规定有效期，也没有注明是否不可撤销的。我方根据该发盘计算了标价，并于 9 月 24 日向招标人递交了标书。9 月 30 日，国际市场钢材价格上涨，法商发来传真通知撤销其 9 月 15 日的发盘，我方当即复电表示不同意撤盘，双方为能否撤盘发生争执。10 月 8 日招标人开标，我方中标，随即传真法商接受其 15 日的发盘。但法商坚持该发盘已于 9 月 30 日撤销，合同不能成立。双方就此发生争议。试分析，该争议应如何解决？

（五）发盘的终止或失效

发盘的终止或失效是指发盘失去了法律效力，发盘人不再受发盘的约束，受盘人也失去了接受该发盘的权利。发盘的终止或失效有下列几种情况：

（1）发盘中规定的有效期届满。

（2）受盘人作出拒绝或还盘。

（3）发盘人依法撤回或撤销发盘。

（4）出现人力不可抗拒的意外事故。

（5）在发盘被接受前，当事人丧失行为能力或死亡或法人破产等。

二、接受

（一）接受的构成条件

根据《公约》的解释，一项有效的接受必须具备以下四个条件：

1. 接受必须由特定的受盘人作出

这一条件与发盘的第二个条件是相呼应的。发盘必须向特定的人发出，即表示发盘人愿意按发盘的条件与受盘人订立合同，但并不表示他愿意按这些条件与任何人订立合同，因此，对发盘表示接受，必须是发盘中指明的特定的受盘人，而不能是其他人。如果其他人通过某种途径得知发盘内容并表示完全同意，那么是不能构成有效接受的，除非原发盘人予以确认，否则合同不成立。

【**案例思考10-3**】　法国某中间商就某种商品向我方询盘，我方于9月5日以电报向对方发盘，规定9月15日前复到有效。9月10日我方突然收到英国DL公司按我方发盘的条件开来的信用证，随后又收到法商的电报称："你方5日发盘已转英国DL公司。"当时，该商品的国际市场价格已上涨，我方将信用证退回开证行，按调整后的价格直接向DL公司发盘。但DL公司来电表示信用证是于发盘有效期内送到我方的，是以行为表示的接受，所以合同已经成立，不能接受新的报价。双方因此产生争议。请分析DL公司的接受是否有效？合同是否已经成立？

2. 接受必须表示出来

受盘人表示接受有两种方式：（1）用"声明"表示，即用口头或书面形式向发盘人明确表示同意发盘的内容，这是国际贸易中最常用的表示方法。（2）用"行为"表示。例如卖方用发运货物、买方用支付价款等表示。

需要注意的是，在用行为表示接受时，应是根据该发盘的要求或依照当事人之间确定的习惯做法行事，而且该行为必须在发盘明确规定的有效期内或在合理时间内作出方为有效。另外，我国在批准加入《公约》时，对《公约》承认合同可以用书面以外形式订立的规定声明保留。因此，在实际业务中，意愿上已同意接受对方的发盘，以保持沉默或者用行为表示接受，对我国并不适用。

3. 接受必须在发盘的有效期内传达到发盘人

按照《公约》采用的"到达生效"原则，接受只有在发盘的有效期内到达发盘人时才生效。这是针对以书面形式进行发盘和接受时的规定。如果双方以口头方式进行磋商，则口头发盘必须立即接受才有效，如果双方另有约定则除外。发盘的有效期具有双重意义：一方面它约束发盘人，使发盘人承担义务，在有效期内不能任意撤销或修改发盘的内容，过期则不再受其约束；另一方面，它也约束受盘人，只有在有效期内作出接受，才有法律效力。

4. 接受的内容必须与发盘的内容相符

从原则上讲，接受应是无条件的。但在实际业务中，有时受盘人在答复对方发盘时，使用了"接受"之类的字眼，但又对发盘的内容作了某些更改，这就构成了"有条件的接受"。《公约》第19条规定："对发盘表示接受但载有添加、限制或其他更改的答复，即为拒绝该项发盘，并构成还盘。"由此可见，《公约》认为有条件的接受不能成为有效的接受。

但是，考虑到贸易的实际情况，为了不影响合同的成立，尽量促成交易的达成，《公约》将接受中对发盘条件所作的添加、限制或更改分为以下两种情况：一是实质性变更。凡对货物的价格、付款、质量和数量、交货时间和地点、赔偿责任范围、解决争端等项的添加、限制或更改，均视为实质上变更发盘的条件，构成还盘，发盘人对此不予确认。二是非实质性变更，即以上条件以外的变更，如要求提供重量单、装箱单、商检证等单据，或要求分两批装运等。非实质性变更的接受是否有效，取决于发盘人是否反对。如果发盘人不表示反对，将构成有效的接受，合同得以成立，并且合同的条件以原发盘的内容以及受盘人所作的变更为准。

【案例思考10-4】　我国某外贸公司于3月1日向美方发盘供应某农产品1 000公吨并说明"牢固麻袋包装"（PACKED IN SOUND GUNNY BAGS）。美商收到我方电传后立即复电表示"接受，新麻袋装运"（ACCEPTED, SHIPMENT IN NEW GUNNY BAGS）。我方收到上述复电后即着手备货，准备于双方约定的6月份装船。数周后，该农产品国际市价猛跌，针对我方的催证电传，美商于3月20日来电称："由于你方对新麻袋包装的要求未予确认，双方之间无合同（NO CONTRACT）。"而我方则坚持合同已成立，于是双方发生争议。此案该如何处理？说明理由。

（二）逾期接受（Late Acceptance）

逾期接受是指受盘人的接受通知到达发盘人的时间已经超过了发盘规定的有效期，或在发盘未规定有效期时，已超过了合理的时间。逾期接受在一般情况下无效，只能看做是一项新的发盘。但为了有利于买卖双方成交，《公约》对逾期接受采取了一些灵活的处理方法，使它在符合某些条件的情况下，仍然具有接受的效力，即如果发盘人收到逾期的接受后，毫不迟延地通知受盘人，确认其为有效，则该逾期接受仍有接受的效力。另外，《公约》第21条第（2）款规定：如果一项接受由于传递不正常而未能及时送达发盘人，则该接受仍然有效，除非发盘人毫不迟延地用口头或书面方式通知受盘人原发盘已经失效。

【案例思考10-5】　我国某公司于4月15日向外商A发盘，限20日复到我方。外商于17日上午发出电传，但该电传直到21日才到达我方。我公司以对方答复逾期为由，不予置理。时值该货物的国际市价上涨，我公司遂以较高价格于22日将货物售予外商B。25日外商A来电表示信用证已开出，要求我方尽早装运。我方立即复电外商A："接受逾期，合同不成立。"请分析合同是否成立？

（三）接受的撤回

《公约》规定，接受是可以撤回的，只要撤回的通知先于该项接受到达发盘人或与该项接受同时到达发盘人即可。《公约》第22条规定，接受送达发盘人时生效，因此，在接受通知送达发盘人之前，受盘人可随时撤回接受，即阻止接受生效。

接受是不可撤销的，因为接受通知一旦到达发盘人就生效，合同即告成立，如果允许撤销，则无异于允许毁约的行为。交易磋商各环节的比较见表10-1。

表 10-1 　　　　　　　　　　**交易磋商各环节的比较**

磋商程序	性质	构成条件
询盘 （Inquiry）	询盘内容对交易双方无法律上的约束力	询问价格、品质规格、数量、包装、装运等成交条件；邀请对方发盘
发盘/要约 （Offer）	向对方提出各项交易条件，并表示愿意按这些条件达成交易、订立合同	表明订约意旨；向一个或一个以上特定的人发出；内容十分确定；送达到受盘人
还盘 （Counter Offer）	使原发盘失去效力；构成新的发盘	受盘人对发盘内容不完全同意而提出修改或变更，或有条件的接受
接受/承诺 （Acceptance）	同意对方提出的各项交易条件，并表示愿意按这些条件与对方达成交易、订立合同	由特定的受盘人作出；必须在发盘有效期内送达发盘人；接受内容必须与发盘相符；必须表示出来

【本章小结】　　交易磋商是指买卖双方以买卖某种商品为目的而通过一定程序就交易的各项条件进行洽商并最后达成协议的全过程。交易磋商在形式上可分为口头和书面两种，其内容包括货物的品名、品质、数量、包装、价格、装运、支付条件、保险、商品检验、索赔、不可抗力和仲裁条件等。交易磋商的程序应包括询盘、发盘、还盘和接受等环节，其中发盘和接受是交易成立的基本环节，也是合同成立的必要条件。在交易磋商中，一方的发盘经另一方有效接受，合同即告成立。

根据《公约》的解释，发盘和接受都必须具备一定的条件才有效。发盘必须具备四个条件：表明订约的意旨，向一个或一个以上特定的人提出；内容十分确定；送达受盘人。接受的构成条件是：必须由特定的受盘人作出；必须表示出来；必须在发盘的有效期内传达到发盘人；接受的内容必须与发盘的内容相符。

思考与练习题

1. 交易磋商一般要经过哪些环节？它们的含义是什么？

2. 一项法律上有效的发盘必须具备哪些条件？

3. 一项有效的接受必须具备哪些条件？

4. 发盘能否撤回和撤销？《公约》关于发盘的撤回与撤销问题是怎样规定的？

5. 何谓逾期接受？逾期接受的法律后果如何？《公约》对逾期接受有何规定？

6. 请分析以下来往函电属于交易磋商中的哪个环节？

Incoming telegram dated 5th May：

PLEASE QUOTE IRON DRUM CHINESE ROSIN WW GRADE JUNE SHIPMENT 100M/T CFR ROTTERDAM.

Outgoing telegram dd. 6/5：

YRC5 JULY/AUGUST SHIPMENT AVAILABLE PLS BID.

Incoming telegram dd. 7/5：

YC6 BID REFRENCE PRICE STG500 CFR ROTTERDAM JULY SHIPMENT REPLY.

Outgoing telegram dd. 8/5：

RYC7 LOWEST STG520 CIF ROTTERDAM COVERING W. A. SIGHT L/C REPLY HERE 10TH.

Incoming telegram dd. 9/5：

YC8 ACCEPT PROVIDED D/P SIGHT REPLY IMMEDIATELY.

Outgoing telegram dd. 10/5：

RYC9 SIGHT L/C D/P 50% EACH REPLY HERE BEFORE 12TH.

Incoming telegram dd. 11/5：

YC10 ACCEPTED L/C OPENED MID FOR CITY NO. 12345 D/P HONOURABLE ON PRESENTATION.

第三篇　签订买卖合同

国际货物买卖的双方当事人通过交易磋商，当一方的发盘被另一方接受后，双方就应立即签订国际货物买卖合同，明确双方的权利和义务。此外，国际货物买卖的双方当事人在进行一笔交易时，通常还需要与运输机构、保险公司、银行等签订合同，而在一般情况下，这些合同是履行货物买卖合同所必需的，是为履行货物买卖合同服务的，因而是辅助性的合同，基本的仍然是货物买卖合同。正确地签订国际货物买卖合同、通过合同保护自身利益，是做好国际贸易业务工作的基础。

第十一章　签订买卖合同

【开篇案例】　2007 年 6 月，新加坡技术开发公司与香港地区某电脑公司签订了购买 10 台计算机的合同。香港地区公司提供两台后，新方经检验以质量不合格予以退货，但已支付 2 台计算机的货款 40 万美元。香港地区自知不能提供符合要求的产品，就向新方提议邀请中国内地××计算机公司负责供货，后中国内地、香港地区、新加坡三家公司口头约定由中国内地方公司负责提供剩余 8 台计算机，新方公司向中国内地方公司支付货款。3 个月后，中国内地方公司如期完成了供货义务，经新方公司检验后质量合格，但新方公司向中国内地方指定账户汇付货款时扣除了香港地区交货的 2 台不合格计算机的货款 40 万美元。中国内地方公司为此在新加坡向法院起诉，要求取得货款。

法院审理中，新方公司辩称，该公司是与香港地区公司签订的订购计算机合同，与中国内地方没有合同关系，只是代香港地区支付货款，因此有权扣除前次提供的不合格货物的货款。中国内地方认为，中国内地、香港地区、新加坡三方合约拟定由大陆方交付 8 台计算机，新加坡、香港地区两公司间的债务与中国内地方无关，新方公司私扣 40 万美元是违约行为。法院充分聆听双方陈述后，认为新方公司与香港地区公司的合同是基础合同，因香港地区公司履约有困难，经双方同意邀请中国内地方公司供货合法有效，三方的口头约定可视为新加坡、香港地区合同的修改和补充。中国内地、香港地区、新加坡三方公司形成了新的购买 8 台计算机的合同，原合同 8 台计算机供货义务已由新合同所代替。尽管此合同是以口头约定的方式订立，但根据《联合国国际货物销售合同公约》的规定应具有合同应有的效力。因此，新方公司应向中国内地方付足 8 台计算机的全部货款，而不应从中扣除香港地区公司供应的 2 台不合格计算机的已付款。法院判中国内地方公司胜诉，有关新方公司与香港地区公司的债务纠纷另案处理。

从以上案例看，这是一个典型的国际货物买卖合同纠纷。如何解决双方的纠纷呢？这就涉及国际货物买卖合同的效力、国际贸易惯例的使用和涉外案件法律适用等问题，而这正是本章要学习的内容。

【学习目标】　通过本章的学习，了解国际货物买卖合同的概念和特征，熟悉国际货物买卖合同适用的法律，掌握国际货物买卖合同成立的条件、书面形式、合同的结构和内容，学会签订国际贸易合同，并学会判断国际货物买卖合同是否生效。

第一节　国际货物买卖合同的概念和特征

一、国际货物买卖合同的概念

国际货物买卖合同（Contract of the International Sale of Goods）也称为国际货物销售合同，是指营业地处于不同国家或地区的当事人之间所达成的以买卖货物为目的的协议。

国际货物买卖合同是具有国际因素的买卖合同，《联合国国际货物销售合同公约》以当事人的营业地处于不同的国家或地区作为国际标准。《国际商事合同通则》虽然没有具体确定标准，但却对"国际"给予尽可能广义的解释，排除了根本不含有国际因素的情形。我国《合同法》尽管没有具体规定什么是国际货物买卖合同，但却规定了涉外合同的法律适用条款。

二、国际货物买卖合同的特征

国际货物买卖合同，与国内货物买卖合同一样，都属于商品交换的范畴，没有本质的区别。但由于国际货物买卖合同是在不同的国家或地区之间进行的，因而就具有与国内货物买卖合同不同的特征。

1. 合同当事人条件不同

中国《对外贸易法》第 8 条规定，只有经对外贸易经济主管部门的批准，取得对外贸易经营权的法人、其他组织或者个人，才能作为当事人与外商订立国际货物买卖合同。而国内货物买卖合同却没有如此严格的限制。

2. 合同的标的物范围不同

国际货物买卖合同的标的物必须以实物形态从一国（地区）转移到另一国（地区），是跨国界的，而不动产不具备这个条件，因此不包括在国际货物买卖的标的物之内。

3. 合同的履行情境不同

（1）更复杂。由于国际货物买卖是跨越一国国界的贸易活动，合同所涉及的交易数量和金额通常都比较大，合同的履行期限也比较长，又采用与国内买卖不同的结算方式，故相比国内货物买卖合同复杂得多。

（2）风险大。在进出口活动中，双方当事人要与运输公司、保险公司或银行发生法律关系，长距离运输会遇到各种风险，使用外汇支付货款和采用国际结算方式，可能发生外汇风险，此外，还涉及有关政府对外贸易法律和政策的改变，因此，国际货物买卖合同是当事人权利、义务、风险责任的综合体。

（3）环节多。国际货物买卖合同中买卖的货物一般很少由买卖双方直接交接，而是多由负责运输的承运人转交。而国内货物买卖合同则由双方当事人亲自交接。国际货物买卖合同中买卖双方多处于不同的国家和地区，了解不深，直接付款的情况少，多利用银行收款或由银行直接承担付款责任。

4. 合同的法律适用不同

国内货物买卖合同一般只适用本国法即可，而国际货物买卖合同从签订到履行要涉及国内法、外国法、国际法等一系列的法律规范，存在着法律适用多样性的问题。

第二节　国际货物买卖合同适用的法律

订立和履行国际货物买卖合同，必须使其符合法律规范，只有这样，它才能既受到法律的约束，又得到法律的保护。国际货物买卖合同当事人的营业地既然分别处于不同的国家（地区），而不同的国家（地区）的有关法律规定又常常不一致，一旦发生争议，到底应当按照哪个国家（地区）的法律作为判断是非和解决纠纷的依据，就是一个需要研究的问题。

国际货物买卖合同适用的法律，概括起来有三种：国内法、国际条约或公约、国际贸易惯例。

一、国内法

国内法是指由国家制定或认可并在本国主权管辖范围内生效的法律。国际货物买卖合同必须符合国内法，即符合某个国家制定或认可的法律。

（一）大陆法系的贸易法

欧洲大陆法系的国家，大多把有关贸易的法律编入《民法典》内，作为

《民法典》的一个组成部分。如法国《民法典》第3篇第6章、德国《民法典》第2篇第2章、日本《民法典》第2章第3节，都对贸易双方的权利、义务作出了具体规定。这些国家除民法典外还有《商法典》，专门就商事行为、海商、保险、票据或公司等方面的法律分别作出具体的规定。这些国家采取民法与商法分立的做法，把民法与商法分别编纂为两部法典，以民法为普通法，以商法作为民法的特别法。民法的一般原则可以适用于商事活动，而凡属商法另有特别规定的事项，则应适用商法的有关规定。但是，也有一些大陆法国家采取民法、商法合一的形式，只有《民法典》而没有单独的《商法典》。例如，意大利就只有《民法典》，瑞士只有《债务法典》。

（二）英美法系的贸易法

英美法系各国，原则上不存在民法与商法的区分。在英美法系国家既没有《民法典》，也没有大陆法意义上的《商法典》。这些国家的贸易法由两个部分组成：一是普通法，即由法院以判例形式所确立的法律原则，属于不成文法；二是成文法或称制定法，即有关货物贸易的立法。如英国的《1994年货物买卖与供应法》、美国的《统一商法法典》等。

（三）我国有关货物贸易的法律

我国没有单独的买卖法，因此买卖合同适用《合同法》的规定。买卖合同除适用《合同法》总则外，在《合同法》分则中有一章对买卖合同作了规定，统一适用于国内买卖合同和国际买卖合同。按照我国法律，订立合同包括涉外合同，都必须遵守中华人民共和国法律，即使依照法律规定适用外国法律或者国际惯例的，也不得违反中华人民共和国的社会公共利益。但是，由于国际货物买卖合同的当事人所在的国家不同，他们各自又都要遵守所在国的国内法，而不同的国家往往对同一问题的有关法律规定不相一致，因而一旦发生争议引起诉讼时，就会产生究竟应适用何国法律的问题，即以何国法律处理有争议的问题。为了解决这种"法律冲突"，以利于正常的国际往来，通常采用在国内法中规定冲突规范的办法。我国法律对涉外经济合同的冲突规范也采用上述国际通用规则，并在我国《合同法》第126条中作了原则规定："涉外合同的当事人可以选择处理合同争议所适用的法律，但法律另有规定的除外。涉外合同的当事人没有选择的，适用与合同有最密切联系的国家法律。"据此，除法律另有规定外，我国当事人只要与国外当事人取得协议，就可在合同中选择处理合同争议所适用的法律或国际条约，既可选择按我国法律，也可选择按对方所在国法律或双方同意的第三国法律或者有关的国际条约来处理本合同的争议。如果当事人未在合同中作出选择，当发生争议时，则由受理合同争议的法院或仲裁机构依照法院或仲裁机构视交易具体情况认定的"与合同有最密切联系的国家"的法律进行处理。

二、国际条约或公约

国际货物买卖合同的订立和履行还必须符合当事人所在国缔结或参加的与合同有关的双边或多边国际条约。国际条约是两个或两个以上主权国家为确定彼此的政治、经济、贸易、军事等方面的权利和义务而缔结的诸如公约、协定、议定书等各种协议的总称。目前与我国对外贸易有关的国际条约，主要是我国与其他国家缔结的双边或多边的贸易协定、支付协定，以及我国缔结或参加的有关国际贸易、海运、陆运、空运、知识产权、仲裁等方面的协定或公约。而其中与我国进行国际货物贸易关系最大亦是最重要的一项国际条约，就是自 1988 年 1 月 1 日起正式生效的《联合国国际货物销售合同公约》（United Nations on Contracts for the International Sale of Goods，CISG）。

我国认为《公约》是迄今为止最全面、最详尽的关于国际货物买卖的一项统一的法律规范，《公约》中关于合同成立和买卖双方权利、义务的各项规定基本上是公平合理、可以接受的。但是，我国在核准《公约》时，根据我国当时的具体情况对该公约提出了两项保留：其一是关于公约适用范围的保留，我国只承认该公约的适用范围限于营业地分处于不同缔约国的当事人之间所订立的货物买卖合同；其二是关于合同形式的保留，我国认为，订立、变更或终止国际货物买卖合同都应当采取书面形式。

《中华人民共和国民法通则》第 142 条明确规定："中华人民共和国缔结或者参加的国际条约同中华人民共和国的民事法律有不同规定的，适用国际条约的规定。但中华人民共和国声明保留的条款除外"。由此可见，根据"条约必须遵守"的原则，在法律适用的问题上，国家缔结或参加的有关国际条约或公约，除国家在缔结或参加时声明保留的条款以外，优先于国内法。

三、国际贸易惯例

国际贸易惯例是国际贸易法的主要渊源之一，它是指在国际贸易的长期实践中逐渐形成的一些有较为明确和固定内容的贸易习惯和一般做法。国际贸易惯例通常是由国际性的组织或商业团体制定的有关国际贸易的成文的通则、准则和规则，也是国际货物买卖合同应当遵循的重要的法律规范。

国际贸易惯例对各国开展国际贸易的意义在于：其一，为贸易当事人提供了共同遵守的行为准则，有利于交易合同得以顺利履行；其二，在发生贸易纠纷时，国际贸易惯例可以作为解决纠纷的依据。

但是，国际贸易惯例不是法律，它对合同当事人没有普遍的强制性，只有当事人在合同中规定加以采用时，才对合同当事人有法律约束力。所以，当事人在采用时可以对其中的某项或某几项具体内容进行更改或补充。如果在国际货物买卖合同中作了与国际贸易惯例不同的规定，在解释合同当事人义务时，则应以合同规定为准。

在实践中，国际贸易惯例通常能被大多数国家的贸易界人士所熟知，并能普遍地被他们所接受、应用和遵守。例如，国际商会制定的《国际贸易术语解释通则》、《托收统一规则》和《跟单信用证统一惯例》就是被世界上大多数国家的贸易商和银行广泛使用的国际贸易惯例。

我国《民法通则》第 142 条明确规定："中华人民共和国法律和中华人民共和国缔结或参加的国际条约没有规定的涉外民事关系，可以适用国际惯例。"

第三节 国际货物买卖合同成立的条件

当一方的发盘被对方有效接受后，合同即告成立。但合同是不是具有法律效力，还要视其是否具备了一定的条件。不具有法律效力的合同是不受法律保护的。

一个具有法律效力的合同应具备哪些条件，各国的法律规定不尽相同。归纳起来，应该具备以下几项：

1. 买卖双方当事人应具有法律行为的资格和能力

例如，若是"自然人"，则必须是年满 18 周岁的公民。未成年人对达成的合同可不负合同的法律责任；精神病患者和醉汉，在发病期间和神志不清时达成的合同，也可免去合同的法律责任；若属"法人"，则行为人应是企业的全权代表。如非企业负责人代表企业达成合同时，一般应有授权证明书、委托书或类似的文件。在中国只有经政府允许和批准有外贸经营权的企业，才能从事对外贸易活动，才能就其有权经营的商品对外达成销售合同。世界上有许多国家也有类似规定。

2. 国际货物买卖合同必须双方当事人表示意思一致

国际货物买卖合同是买卖双方的法律行为，不是单方面的行为，所以，必须双方当事人表示意思一致，这种合同才能成立。而这种一致必须建立在双方自愿的基础上。所以，通常要通过一方的发盘和另一方对这个发盘的接受的程序，方能证明这是在双方自愿基础上的意见一致。这种自愿，又应以合法为前提，如发现一方用诈骗、威胁或暴力等行为使另一方接受而达成的合同，在法律上是无效的。

3. 国际货物买卖合同是商务合同，是有偿的交换

有偿的交换是国际货物销售合同的性质所决定的，有的国家称作"约因"（Cause），有的国家对此称作"对价"（Consideration）。所谓"对价"或"约

因",一般就是说双方行为有偿,双方都拥有权利又都承担义务,在不履行合同规定的义务时,有向对方赔偿损失的责任。卖方交货,买方付款,是互为有偿。不按合同条款交货或付款,都负有赔偿对方损失的责任。

4. 合同的标的和内容必须合法

合同标的是指合同项下的货物和货款。合同的内容是指合同的各项条款。合同的标的与内容均不得违反国家的法律、法规与政策,不得违反公共政策,无妨于公共安全、公共道德和社会福利,否则将会受到法律的否定与追究。我国《合同法》规定,订立合同必须遵守中华人民共和国法律,并且不得损害中华人民共和国的社会公共利益,否则合同无效。

5. 必须符合法律规定的形式和审批手续

国际货物销售合同是基本经济合同。有的国家法律规定必须采用书面形式,或超过一定金额的合同必须采用书面形式,而不承认口头合同的有效性。有的国家的法律则允许使用口头形式,《公约》第 11 条规定销售合同无需以书面订立或书面证明,在形式方面也不受任何其他条件的限制。中国政府在核准《公约》时,如前所述,对该条及其他有关规定作了保留。此外,大部分国家都有不同程度的对外贸易管制措施,某些销售合同必须经过一定的审批手续方为有效。凡中国法律、行政法规规定应由国家批准的合同,获得批准时,方为合同成立。

凡符合以上条件或原则的合同,才具有法律效力,才能为法律所承认,受法律保护,又为法律所约束。法律保护双方的权利,又要求双方各自承担义务。当事人双方必须恪守合同规定,按规定条款履行合同,任何一方都无权片面变更或废止合同。当履行合同过程中发生争议时,合同是解决争议的法律依据。当司法机关或仲裁机构审理争议时,根据合同规定条款按照法律判定责任方履行义务,赔偿对方的损失,并在必要时强制执行,需要指出的是,凡违反法律、行政法规的合同不仅无效,当事人还可能受到法律制裁。

第四节　国际货物买卖合同书面形式的结构和内容

尽管我国《合同法》中没有规定国际货物买卖合同必须采取书面形式订立,但由于我国在核准《联合国国际货物销售合同公约》时对该公约规定的合同形式进行了保留,认为订立、变更或终止国际货物买卖合同都应当采取书面形式,所以在国际贸易具体业务中应采取书面形式订立国际货物买卖合同。

一、书面合同的作用

1. 作为合同成立的证据

特别是对于口头协商达成的交易，其作用更为明显，这也就是通常所说的"空口无凭、立字为据"。尽管许多合同法中并不否认口头合同的效力，但在国际贸易中一般都要签订书面合同，当双方事后发生争议提交仲裁或诉讼时，仲裁员和法官也要先确定双方是否已建立了合同关系，可见证据的重要性。

2. 作为合同履行的依据

无论是口头还是书面达成的协议，如果没有一份包括各项条款的合同，则给履行带来许多不便。所以在业务中，双方都要求将各自享受的权利和应承担的义务用文字规定下来，作为正确履行合同的依据。

3. 作为合同生效的条件

在实际业务中，合同生效以书面签订合同作为条件，这只是在特定环境下，如在磋商中，双方都同意以签订书面合同为准或者根据有关国家法律规定必须经主管部门批准的合同，这种情况下，可作为合同生效的条件。否则即是以接受生效作为合同生效的条件。

二、书面合同的形式

国际货物买卖的书面合同形式包括正式合同（Contract）、确认书（Confirmation）、协议（Agreement）、备忘录（Memorandum）等多种形式。在我国的进出口业务中，主要采用正式合同和确认书两种形式。随着科技的发展，书面形式在不断多样化。1980年通过《公约》时，书面形式仅包括通常意义上的书面、电报和电传，当时传真还没有普及。1990年《国际贸易术语解释通则》引入了EDI这种数据电文形式。1996年联合国贸易法委员会《电子商贸示范法》将数据电文形式扩大化，除包括EDI外，还包括电子邮件、电报、电传或传真。我国对这种科技发展所做的反应表现在《合同法》上，规定书面形式是指合同书、信件和数据电文（包括电报、电传、传真、电子数据交换和电子邮件）等可以有形地表现所载内容的形式。

1. 合同

合同的内容比较全面，除包括交易的主要条件如品名、规格、数量、包装、价格、交货期、支付方式外，还包括保险、检验、索赔、不可抗力、仲裁等条件，出口人草拟提出的合同称为"销售合同"，进口人草拟的合同称为"购货合同"。使用这种合同，由于内容全面、详细，对于明确双方责任，避免争议十分有利，所以大宗交易一般都采用这种合同形式。

2. 确认书

确认书是合同的简化形式，其内容一般包括货物买卖的主要条件，而诸如异议索赔、不可抗力、仲裁等条款一般不予列入。确认书适用于成交金额不大、批次较多的轻工日用品、土特产品，或者已有包销、代理等长期协议的交易。在实际业务中，卖方拟就的确认书称为"销售确认书"；进口方拟就的确认书称为"购货确认书"。

在我国外贸业务中，一般均由我方根据双方同意的条件制成一式两份的合同或确认书后，先在上面签字，然后寄给对方，对方在经审核无误并签字后，保留一份并将另一份寄还给我方。如对方未按要求将其中一份签字后退回，除磋商时有一方声言以"签订书面合同为准"以外，并不影响双方已经达成的协议内容。假如对方在回签的合同或确认书上更改或附加条款，与原达成的协议内容有抵触，而我方又不能接受时，应及时拒绝，否则即以经过双方签字由对方更改过的书面合同或确认书为准。

三、书面合同的结构和基本内容

国际货物买卖正式合同一般由 3 个部分组成，即合同的约首（首部）、正文（主体）和约尾（尾部）。

1. 约首

约首通常包括合同的名称、编号、序言，订约的日期、地点，订约当事人的名称和法定地址、电子邮箱号码、传真号码、买卖双方订立合同的意愿和执行合同的保证等。

这一部分的内容有两点必须特别注意。其一，要把订约当事人的全名称和详细地址列明。因为有些国家的法律规定这是合同正式成立的条件之一；其二，要明确订约的地点。因为在合同中如果没有对合同适用的法律作出规定，则根据某些国家的法律规定和贸易习惯的解释，可适用于合同订约地国家的法律。

2. 正文

正文是合同的主要部分，具体规定了买卖双方各自的权利和义务，所以也叫做权利义务部分。它包括合同的主要条款和一般条款，用于规定有关货物买卖的各项交易条件，如品质、质量、包装、价格、装运、支付、保险、商检、索赔、仲裁、不可抗力，等等。

3. 约尾

约尾通常包括使用的文字及其效力、合同正本份数、副本效力、买卖双方的签字等项内容。有的合同还根据需要制作了附件附在后面，作为合同不可分割的一部分。合同的约尾涉及合同的效力范围和有效条件等主要问题，所以又称为效力部分。

销售（购买）确认书的结构比较简单，一般只包括商品名称、规格、数量、单价、总值、装运、付款条件、包装等几项主要交易条件，不像正式合同那样明确地由 3 部分组成。确认书一般都没有约尾，有的甚至还没有约首。

附国际货物买卖合同范本

出口合同

合同号：

签约日期：

签约地：

卖方：

地址：中国北京

电话：

传真：

电子邮箱：

买方：

地址：美国洛杉矶

电话：

传真：

电子邮箱：

双方同意按照下列条款由卖方出售、买方购进下列货物：

(1)　货物名称、规格：

(2)　数量：

(3)　单价：

(4)　总值：

(5)　交货条件：FOB/CFR/CIF

除非另有规定，"FOB"，"CFR"和"CIF"均应依照国际商会制定的《国际贸易术语解释通则》（INCOTERMS 2000）办理。

(6)　货物生产标准：

(7)　包装：

(8)　唛头：

(9)　装运期限：

(10)　装运港口：

(11)　目的港口：

(12)　保险：

当交货条件为 FOB 或 CFR 时，应由买方负责投保；当交货条件为 CIF 时，应由卖方按发票金额110%投保＿＿＿险及＿＿＿险（附加险）。

(13)　支付条款：

13.1　信用证（L/C）支付方式

买方应在装运期前/合同生效后＿＿＿日，在银行以电传/电信方式开立以卖方为受益人的不可撤销的议付信用证。信用证应在装船完毕后＿＿＿日内在受益人所在地到期。

13.2 托收（D/P 或 D/A）支付

货物发运后，卖方出具以买方为付款人的付款跟单汇票，按即期付款交单（D/P）方式，通过卖方银行及＿＿＿银行向买方转交单证，换取货物。

货物发运后，卖方出具以买方为付款人的承兑跟单汇票，汇票付款期限为＿＿＿后＿＿＿日，按即期承兑交单（D/A ＿＿＿日）方式，通过卖方银行及＿＿＿银行，经买方承兑后，向买方转交单证。买方按汇票期限到期支付货款。

（14）单证：

卖方应向议付银行提交下列单证：

（a）标明通知收货人/受货代理人的全套清洁的、已装船的、空白抬头、空白背书并注明运费已付/到付的海运提单；

（b）商业发票＿＿份；

（c）在 CIF 条件下的保险单/保险凭证；

（d）装箱单一式＿＿份；

（e）品质证明书；

（f）原产地证明书。

（15）装运条件

15.1 在 FOB 条件下，由买方负责按照合同规定的交货日期洽订舱位。卖方应在合同规定的装船期前＿＿＿日将合同号、货物名称、数量、金额、箱数、总重量、总体积及货物在装运港备受待运的日期以电传/传真通知买方。买方应在装船期前日通知卖方船名、预计装船日期、合同号，以便卖方安排装运。如果有必要改变装运船只或者其到达日期，则买方或其运输代理应及时通知卖方。如果船只不能在买方通知的船期后＿＿＿日内到达装运港，则买方应承担从第＿＿＿日起发生的货物仓储保管费用。

15.2 在 FOB、CFR 或 CIF 条件下，卖方在货物装船完毕后应立即以电传/传真向买方及买方指定的代理人发出装船通知。装船通知应包括合同号、货物名称、数量、毛重、包装尺码、发票金额、提单号码、起航期和预计到达的目的港的日期。如货物系危险品或易燃品，则也应注明危险号。

15.3 允许/不允许部分装运或转运。

15.4 卖方有权在＿＿＿% 数量内溢装或短装。

（16）质量/数量不符合索赔条款

在货物运抵目的港后，一旦发现货物之质量、数量或重量与合同规定不符，买方可以凭借双方同意的检验组织所出具的检验证书，向卖方索赔。但是，应由保险公司或航运公司负责的损失除外。有关质量不符的索赔应由买方在货物到港后 30 天内提出；有关数量或重量不符的索赔应在货物到港后 15 天内提出。卖方应在收到索赔要求后 30 天内回复买方。

（17）不可抗力

卖方对由于下列原因而导致不能或暂时不能履行全部或部分合同义务的，不负责任：水灾、火灾、地震、干旱、战争或其他任何在签约时卖方不能预料、无法控制且不能避免和克服的事件。但卖方应尽快地将所发生的事件通知对方，并应在事件发生后____日内将有关机构出具的不可抗力事件的证明寄交对方。如果不可抗力事件之影响超过 120 天，则双方应协商合同继续履行或终止履行的事宜。

（18）仲裁

因履行本合同所发生的一切争议，双方应友好协商解决，如协商仍不能解决争议，则应将争议提交中国国际经济贸易仲裁委员会（北京），依据其仲裁规则仲裁。仲裁裁决是终局的，对双方都有约束力。仲裁费应由败诉一方承担，但仲裁委员会另有裁定的除外。在仲裁期间，除仲裁部分之外的其他合同条款应继续执行。

（19）特殊条款：

本合同由双方代表签字后生效，一式两份，双方各执一份。

卖方：　　　　　　　　　　　　买方：

授权代表：（签字）　　　　　　授权代表：（签字）

Sales Contract

Contract No. :

Conclusion Date：

Conclusion Place：

The Seller：

Beijing, the People's Republic of China.

Tel：　　　　　　　　　　　　Fax：

E-mail：

The Buyer：

Tel：　　　　　　　　　　　　Fax：

E-mail：

The Seller agrees to sell and the Buyer agrees to buy the under-mentioned commodity according to the terms and conditions stated below：

（1）Name of Commodity, Specification：

（2）Quantity：

（3）Unit Price：

(4) Amount:

Total Value:

(5) Terms of Deliver: FOB/CFR/CIF.

The terms "FOB", "CFR" or "CIF" shall be subject to the "International Rules for the Interpretation of Trade Terms" (*INCOTERMS* 2000) provided by International Chamber of Commerce (ICC) unless otherwise stipulated herein.

(6) Standard of Production:

(7) Packing:

(8) Shipping Mark:

(9) Time of Shipment:

(10) Port of Shipment:

(11) Port of Destination:

(12) Insurance:

If the term of delivery is on FOB or CFR basis, insurance shall be effected by the Buyer.

If the term of delivery is on CIF basis, insurance shall be covered by the Seller for 110% of the invoice value against ____ ; ____ (Addition Insurance) .

(13) Terms of Payment:

13. 1   Letter of Credit

The Buyer shall, ____ days prior to the time of shipment/ after the Contract came into effect, open an irrevocable Letter of Credit by Telex/Mail in favor of the Seller in Bank. The L/C shall expire Days after the completion of loading of the shipment in the locality of the beneficiary.

13. 2   Collection (D/P or D/A)

13. 2. 1   After shipment, the Seller shall draw a sight bill of exchange on the Buyer and deliver the documents through Seller's bank and Bank to the Buyer against payment, i. e D/P. The Buyer shall effect the payment immediately upon the first presentation of the bill (s) of exchange.

13. 2. 2   After shipment, the Seller shall draw a bill of exchange, payable ____ days after on the Buyer and deliver the documents through Seller's bank and Bank to Buyer against acceptance (D/A days). The Buyer shall make payment on the maturity date of the bill of exchange.

(14) Documents Required:

The Seller shall present the following documents to the negotiating bank:

(a) Full set of clean on board ocean Bills of Lading and blank endorsed marked freight prepaid/to collect;

(b) Commercial Invoice;

(c) Under the Term of CIF, Insurance Policy/Insurance Certificate;

(d) Quality Certificate;

(e) Packing List;

(f) Certificate of Origin.

(15) Terms of Shipment:

15.1 On the FOB basis, the Buyer shall book shipping space in accordance with the date of shipment stipulated in the Contract. The seller shall ____ days before the date of shipment stipulated in the Contract advise the Buyer by Telex/Fax of the Contract number, the name of commodity, quantity, total amount, package numbers, total weight, and volume and the date from which goods is ready for loading at the port of shipment. The buyer shall ____ days before the date of shipment stipulated in the Contract, notify the Seller of name of the vessel, the estimated date of loading and the Contract number for the Seller to effect shipment. In case the carrying vessel of the date of arrival has to be changed, the Buyer or its shipping agent shall advise the Seller in time. Should the vessel fail to arrive at the port of shipment within ____ days after the arrival date advised by the Buyer, the Buyer shall bear the storage expense calculated from the days thereafter.

15.2 On the FOB, CFR and CIF basis, The Seller shall, immediately upon the completion of the loading of the goods, give a shipping notice to the Buyer by Telex/Fax. The notice includes the Contract number, name of goods, quantity, gross weigh, measurement, invoiced value, bill of lading number, sailing date. The IMCO number of the inflammable and dangerous goods, if any shall also be indicated.

15.3 Partial shipment and the transhipment are/are not allowed.

15.4 With ____% more or less both in amount and quantity allowed at the Seller's option.

(16) Quality/Quantity Discrepancy and Claim:

In case the quality and/or quantity/ weight of the goods found by the Buyer are not in conformity with the Contract after arrival of the goods at the port of destination, the Buyer may lodge claim with the Seller supported by survey report issued by an inspection organization agreed by both parties, with the exception, however, of those claims for which the insurance company and/of the shipping company are to be held responsible. Claim for quality and discrepancy should be filed by the Buyer within 30 days after arrival of the goods at the port of destination, while for quantity/ weight discrepancy claim should be filed by the Buyer within 15 days after arrival of the goods at the port of destination. The Seller shall reply to the Buyer no later than 30 days after receipt of the claim requirement.

(17) Force Majeure:

The Seller shall not be held responsible for failure or delay to perform all or any part of the Contract due to flood, fire, earthquake, drought, war, or any other events which could not be predicted at the time of the conclusion of the Contract, and could not be controlled, avoided or overcome by the Seller. However, the Seller shall inform the other party of its occurrence in written as soon as possible and thereafter send a certificate of the Event issued by the relevant authority to the other party but no later than 15 days after its occurrence.

If the Force Majeure Event lasts over 120 days, both parties shall negotiate the performance or the termination of the Contract.

(18) Arbitration:

All disputes arising from the Contract should be settled through friendly negotiations. Should no settlement be reached through negotiation, the case shall then be submitted for arbitration to the China International Economic and Trade Arbitration Commission (Beijing) and arbitration rules of this Commission shall be applied. The award of the arbitration shall be final and binding upon both parties. The arbitration fee shall be borne by the losing party unless otherwise awarded by the arbitration organization. During the course of the arbitration, the Contract shall be performed except for the part under arbitration.

(19) Special Provisions:

In witness thereof. This Contract shall come into effect immediately after it is signed by both parties in two original copies each party holds one copy.

The Seller: The Buyer:

第五节　签订国际货物买卖合同应注意的问题

国际货物买卖合同是明确买卖双方权利和义务的依据，也是处理双方出现履约纠纷的依据之一，直接关系到买卖双方的利益。因此，应特别小心谨慎地签订国际货物买卖合同。

1. 签约前应认真调查和分析对方的资信

【案例思考11-1】　中国甲公司为建造一个新型铸造厂需引进一套铸造设

备，遂向美、德、日等国知名厂家发电询盘，但报价都在 1 千万美元以上，我方难以接受。西班牙商人乙得知情况后主动向我方报出 500 万美元的价格，保证按我方要求的技术水平供货。我方虽对乙了解不深，但苦于找不到条件优惠的供货渠道，即与乙签订了正式供货合同。双方约定：买方于订约后 15 日内开出信用证，卖方于年底（12 月 31 日）前交齐全部设备。但是年底乙只交付了 203 万美元的货物，我方就此与乙交涉，乙便以种种借口推脱责任，要求延期，并提出"鉴于美元汇价下跌，合同价格应加价 50 万美元"。我方对乙的这种行为极为不满，但考虑到工期紧张，再找供货商十分困难，于是经讨价还价，与对方达成了加价 30 万美元、不迟于次年 9 月底交齐全部货物的变更协议。结果到签约次年的 9 月底仍有 120 万美元的关键设备未交付，此时我方信用证已经到期，乙要求继续延长信用证期限。迫于工程需要，我方经办人员口头答应了对方要求，但因种种原因信用证未能延期，乙以无信用证为由停止供货。在此情况下，我方不得不决定对乙采取诉讼手段。经过调查发现，乙只是一个小商人，其下属几家小公司早已先后倒闭，且因其对铸造设备行情估计不足，为向我方供货，乙已欠下了制造商很多货款，有些制造商已对乙采取了措施。这样，即使我方在诉讼中胜诉也不会有实质收获。至此，我方工期拖延，造成难以弥补的损失。

如果不对对方的资信进行调查和分析，盲目地签订合同，则很可能会出现货物损失或货款损失的情况，如出口业务中对方拒收货物或收货后拒付货款，进口业务中向对方预付货款或进口货物质量低劣等。只有充分了解对方的资信后，根据对方的资信来决定合同的签订，才能保证下一步合同的履行。

2. 凡在我国境内签订或在我国履行的国际货物买卖合同，应采用书面形式

如果合同订立地和履行地都在国外，则也要尽量采取书面形式，以备他方违约时有证可查。在发生争议时用《公约》规则保护自己。

3. 应正确估计我方的履约能力

【案例思考 11-2】　内地甲进出口公司与香港乙公司签订了 2 亿条 X 产品买卖合同，交货期限为合同成立后的三个月内，价格条款为每条××美元 CIF 香港，违约金条款为：如合同一方在合同履行期内未能履行合同规定的义务，则必须向另一方支付合同总价 3.5% 的违约金。实际上内地公司并无在三个月内加工 2 亿条 X 产品的能力，因急于扩大出口，赚取外汇，只看到合同利润优厚，未实际估计自己是否有能力履行合同，便与其他公司订立了合同。合同期满，内地公司未能向外方交付 X 产品并与之交涉合同延期，对方态度强硬，以数量不符合规定拒收，并以内地公司违约而要求支付违约金××多万元，内地公司损失巨大。这是一起以合法手段掩盖非法目的，利用合同违约金条款作

弊的案例。

如果匆匆与对方订立合同，当我方发现履约能力有限时则为时已晚，构成了违约，以致遭受赔偿追索。履约能力在我方出口交易中表现为能否按规定的时间和条件交付货物；在进口贸易中则表现为能否按规定受领货物和支付货款。因为在国际贸易中实行无过错原则，即违约方尽管导致违约时主观上无过错责任，但行为已造成了不能履行或者不能完全履行合同，就必须承担违约责任，除非是符合免责的条件。

4. 在签订标的条款时，应注意条款的内容明确、具体、全面

【案例思考11-3】 2007年，中国A外贸公司与德国S公司签订了一系列出口X产品合同。根据中德贸易协定规定，凡中国从德国进口货物，均按德方国家标准进行验收，凡中国出口到德国的货物则按中国国家标准进行验收。但是，这份出口合同的品质条款仅规定"交货品质为一等品"，并未说明一等品的含义。在实际操作中，中国公司出口的X产品遭到德方索赔。德方对中方出口的××万个产品几乎都判为等外品或二等品，提出了高达××万元的索赔要求。最后，中方公司向德方理赔了相当金额后才使此案得以解决。

（1）在签订商品包装条款时，应注意对包装材料提出明确的要求。如不对包装物的种类、性质、包装材料尺寸、包装费用和运输标志等项内容作出明确的规定，就容易产生争议。因此在签订合同填写包装条款时应订明包装材料、包装方式、每件包含商品数量、包装尺寸、费用、性质、标志等。包装费用一般算在售价之内，特制或特种材料包装要明确费用由谁负担。

（2）在签订商品品质条款时，应对商品品质条款作明确规定。商品的品质是交易中至关重要的一项内容，它关系到进口商能否正常销售和获取利润。对商品品质条款不作明确规定或表示不严谨，都会留下隐患，成为引发纠纷的根源。而且一旦纠纷发生，由于商品品质标准没有规定或者规定不明，会给问题的解决带来很大的困难，这些都是应尽量避免的。

（3）在签订合同的价格术语中，应尽可能地使用CIP。在使用这个价格术语时，要注意以下问题：其一，应明确我方作为卖方时承担的投保责任和由我方支付的保险费用。根据通则规定，CIP条件下卖方只需按最低责任的保险险别投保。在实践中，买方可以要求加大保险范围和加大保险金额，如果我方认为其要求并无违反我国法律，则可以在征得保险公司的同意下给予办理扩保手续，但必须明确超过最低责任保险险别的保险费用由买方承担，我方不能承担这种费用。其二，应明确承担的托运责任及其费用问题。按通则规定，CIP是费用自付，并用通常路线和惯常方式运至指定目的地的约定地点，这就是卖方所应承担的责任和费用。其三，应明确风险责任的承担与划分标准。根据通则的解释，当货物在启运地交由承运人接管时起，货物灭失和损毁的一切风险直

至货物运至目的地时止的费用均属承运人承担的范围。

（4）在确定合同期限时，应注意留有余地。因为在贸易实践中，由于出口交易履行过程环节较多，手续烦琐，涉及面较广，往往要经过多方的配合才能尽快完成，所以，在确定履行期限时，要注意测算准确，留有充分的余地，避免因履行期限或宽限时间过短而构成违约。

（5）应重视对信用证与买卖合同的一致性规定。信用证是我国对外贸易中常用的支付方式之一，它的使用是极其严格的，只要受益人提交单据的时间和内容稍有一点与信用证规定不同，银行就可以拒付。因此，在使用信用证支付方式时，首先，要注意对信用证支付条款的主要内容作出明确规定，使合同与信用证内容保持一致，便于买方按合同规定向开证银行提出开证申请。其次，信用证的开证时间应在合同中加以规定，如"接到卖方备货通知书后××天内开证"，这样便于明确买方的开证责任。再次，要在合同中明确规定使用信用证的种类、金额，并明确规定由哪一方承担在合同履行中可能发生的额外费用。

5. 应注意法律适用条款的运用

国际货物买卖合同该适用何种法律，这是一个十分复杂的问题。由于各国在规定对外贸易适用法律方面有所不同，有些甚至相互冲突，因而造成适用不同国家的法律会产生不同的结果，因此，当事人在签订合同时必须十分注意。根据当事人意志自治原则，各国法律都同意双方当事人在投资贸易合同中自由选择合同执行与解释所适用的法律。这样，有利于双方当事人在选择适用法律时，能够充分了解所约定选择的法律；另外，由于当事人选择的自由度较为宽松，可以是当事人的本国法，也可以是第三国法，还可以是国际公约和国际惯例，因此，便于当事人运用自由权维护自己的合法利益。当合同一方提出选择适用的法律在争议的确认和执行中可能会导致对另一方利益的损害时，另一方可以选择适用自己认为公正的国家的法律或国际公约、国际惯例。但许多国家的法律都要求当事人在选择适用法律时，必须是与合同具有密切联系，即坚持最密切联系原则，防止当事人运用自由选择原则，规避某些法律的强制性规定。按照我国法律的规定，首先，原则上适用双方当事人意志自治原则，但在与我国订有双边贸易协定的国家或地区的法人或自然人签订合同时，适用双边贸易协定；其次，对于参加了《联合国国际货物销售合同公约》的国家或地区的法人或自然人签订的合同，一般首先应考虑适用公约，也可根据合同不同特点选择我国或对方国家的国内法为准据法；再次，在我国境内履行的中外合资、合作开发自然资源合同，必须无条件适用中国的法律。此外，外商投资企业同中国银行签订的借款合同应当适用中国法律。当然，我方在谈判中应尽量适用我国法律，或者是我方比较熟悉的、不会在发生争议后需仲裁或诉讼时对我方不利的对方国家的法律或第三国法律以及国际惯例。

6. 应注意订好仲裁条款

仲裁条款必须具有以下几方面的内容：其一，必须明确说明是双方当事人自愿适用仲裁的意思；其二，必须写明仲裁地点。如我方为出口方，则一定要力争在中国仲裁。如不能达成协议，则可规定在第三国或被诉人所在国仲裁；其三，必须明确规定仲裁机构，要具体明确其名称；其四，要明确仲裁适用的程序规则和仲裁的效力问题。仲裁的程序规则，要力争首先适用我国的仲裁程序规则。仲裁的效力一般应是终局的，且对双方都具有约束力。但值得注意的是，在订立仲裁条款时，应注意对方所在国是否加入《承认与执行外国仲裁裁决的规定》公约，如果对方国未加入该公约，且未与我国签订有互相执行仲裁裁决的协议，当需要强制对方执行仲裁裁决时，则只有通过对方国的法院申请执行，或者通过外交途径，或由当事人直接要求对方国政府有关部门协助执行，或者通过对方国的社团机构协助执行。

7. 应注意用好附加条款，以补救标准合同之缺陷

在我国以往的外贸实践中，习惯于使用格式合同。标准化的格式合同虽然具有快捷、简便的特点，但其缺陷也是比较多的。其一，许多合同的格式已跟不上世界经贸的步伐。以陆海联运提单为例，传统的陆海联运单据规定第一承运人只对第一程中的风险承担责任，对第一程以后的风险责任仅以货主代理人的身份负责交涉，而现在，这种提单已不能适应集装箱运输和国际多式联运的要求，根据《联合国国际货物多式联运公约》规定，承运人的责任期间为从接管货物时起到交付货物时止的整个期间，因此，传统的陆海联运提单已为多式联运单据所替代。其二，标准合同由于本身的局限性，不可能把合同应具备的主要条款都规定进去。其三，标准合同有些条款的表述比较简单、不明确，有些甚至与我国法律及我国加入的国际公约或国际惯例相抵触。凡此种种，在使用标准合同时应注意条款是否完备，否则，应订立附加条款作为合同的补充部分，并声明与主合同具有同等法律效力。

8. 合同应前后呼应，浑然一体

合同是一个有机整体，条款之间存在着内在联系，要注意条款之间的衔接和呼应，而且要与磋商的内容保持一致，以利合同的顺利履行。

【本章小结】　本章界定了国际货物买卖合同的含义，分析了国际货物买卖合同的特征，介绍了国际货物买卖合同应该采取的形式、合同有效成立的条件和在国际贸易具体业务中的法律适用问题。学会签订国际货物买卖合同，对于进行国际贸易实际业务是非常重要的。

思考与练习题

1. 单项选择题

(1) 根据《联合国国际货物合同公约》规定，合同成立的时间是（　　）。

    A. 接受生效的时间   B. 交易双方签订书面合同的时间

    C. 在合同获得国家批准时   D. 当发盘送达受盘人时

(2) 我国有权签订对外贸易合同的为（　　）。

    A. 自然人   B. 法人

    C. 自然人或法人   D. 取得外贸经营权的法人或自然人

(3) 国际货物买卖合同应采取的形式是（　　）。

    A. 书面形式   B. 口头形式

    C. 书面和口头形式   D. 任何形式

(4) 国际货物买卖合同所适用的法律为（　　）。

    A. 国内法   B. 国际条约或公约

    C. 国际贸易惯例   D. 以上三种

2. 多项选择题

(1) 根据我国法律，（　　）不是一项具有法律约束力的合同。

    A. 通过欺骗对方签订的合同 B. 采取胁迫手段订立的合同

    C. 走私物品的买卖合同   D. 口头形式订立的合同

(2) 根据我国《合同法》规定："书面形式是指合同书、信件和数据电文等可以有形地表现所载内容的形式。"其中数据电文包括（　　）。

    A. 电报、电传   B. 传真

    C. 电子数据交换   D. 电子邮件

(3) 签订书面合同是为了（　　）。

    A. 作为合同成立的依据   B. 作为合同生效的条件

    C. 作为合同履行的依据   D. 显示我方的业绩

(4) 我国外贸企业所使用的买卖合同包括（　　）。

    A. 商品目录   B. 确认书

    C. 口头协议   D. 正式书面合同

3. 简述题

(1) 为什么要签订书面合同？

(2) 合同有效成立的条件是什么？

(3) 签订合同应注意的主要问题是什么？

（4）国际货物买卖合同的特征是什么？

4. 案例题

（1）中国 A 公司与美国 B 公司就我方向其出口某种商品订立了合同。该批货物运抵美国后，美国 B 公司寄来美国食品药物管理局的检验证明并要求退货。中方则认为合同中未规定"农药残留量"指标，不同意退货。从合同来看，双方并未规定"农药残留量"的标准，中方该种商品在国际上已畅销多年，可以说货物与合同并无不符之处，中方不应承担退货的责任。但是，就美方来说，美国对该种商品确有强制性规定，若中方不予退货则要遭受更大损失。请分析：①应如何处理此事件？②在以后的业务往来中，如何避免此类事件的发生？

（2）2007 年，中国甲公司与美国乙客商签订了进口 X 货物的合同，合同规定在美国西部港口交货。但中国公司开信用证时却写成了"美国港口交货"，漏掉了"西部"两个字。美方接到信用证后，通知中方在美国东部××港口接货，中方只好通知船方到该港口接货，结果多承担了一笔运费支出。请分析：①本案例的关键问题在哪里？②如果让你代表中方签约，则怎么签？

5. 实训题

实训目的：通过扮演不同角色进行商务洽谈和签订买卖合同，使学生能够熟悉并掌握商务洽谈的程序和要领，学会进行商务洽谈，并学会根据洽谈的内容和结果签订商务合同。

实训内容：①商务洽谈；②签订商务合同。

实训组织：把全班同学分组，按每 3 人一组、每两组一对作为进出口双方进行分配，由老师给每组设定该组"公司"的经营性质、经营范围、注册资金、信用水平等，并提供相应的背景资料，分别扮演进出口方的两组同学首先进行商务洽谈，然后签订商务合同。

第四篇　履行买卖合同

在国际贸易中，买卖双方经过交易磋商，签订进出口合同，作为约束双方权利和义务的依据。合同一经有效成立，买卖双方就必须按照合同规定的条款去履行。如果不按或不完全按合同规定去做，则属于违约。违约虽有轻重，但都会带来损失，不仅有损企业形象、丧失企业信誉，而且会遭到索赔，造成经济损失。所以，买卖双方必须严格履行合同。

第十二章　出口合同的履行

【开篇案例】　某 A 公司在 2006 年 11 月与阿联酋迪拜某 B 公司签订了一份出口 1 TEU 的一次性打火机的合同，不久 B 公司开来一份不可撤销即期信用证，来证规定装运期为次年 1 月 31 日，要求提供全套正本已装船清洁海运提单。A 公司认为时间太紧，要求将装运期改为 3 月 31 日，B 公司表示同意并修改了信用证。A 公司备好货后，在 3 月 30 日将货物装船，4 月 13 日向议付行交单议付。4 月 27 日，A 公司接到议付行转来的拒付通知，开证行称："你第××号信用证项下的单据经我行审查，发现提单上缺少'已装船'批注。该不符点已经与申请人联系，亦不同意接受。单据暂代保管，听候你方的处理意见。"A 公司有关人员立即复查了提单，发现开证行所述属实，拒付是合理的。A 公司立即电洽申请人："提单缺少'已装船'批注是我方业务员的疏忽所致，但货物确实是如期装船的，而且将在 5 月 3 日左右如期到达目的港，我方同意你方在收到目的港船代的提货通知书后再向开证行付款赎单。"B 公司回复由于当地市场一次性打火机的售价大幅下降，只有在我方降价30% 后方可向开证行赎单。A 公司考虑到自己理亏在先，同时通过其他客户了解到当地市场价格确已大幅下降，只好同意降价30% 了结此案。

出口合同的履行是指在货物买卖中，卖方按照合同的规定履行交货等一系列的责任，直至其收回货款的整个过程。《公约》规定："卖方必须按照合同和本公约的规定，交付货物，移交一切与货物有关的单据并转移货物所有权。"因此，卖方对出口合同的履行原则是：严格按照合同的规定去做；如果合同中没有作出具体规定，则要按照该合同适用的法律和国际贸易惯例去做。

在履行出口合同的过程中，由于工作环节较多，涉及面较广，手续也较繁杂，因此，要圆满履行出口合同义务，必须十分注意加强同相关部门的协作，将各项工作做得精细些。

【学习目标】 通过对本章的学习，掌握买卖合同项下卖方的义务和出口合同履行的基本程序，了解催证的原因和审证的内容，掌握改证的基本原则，熟悉货物托运、报验、投保、报关的具体做法，掌握信用证项下的几种主要出口单据的缮制方法，并熟悉我国银行出口结汇的通常做法。

第一节 备货和报验

合同的履行程序依据合同规定的交易条件而定。由于采用的贸易术语和支付方式不同，卖方履行合同的程序也有所不同。目前，我国的出口交易多数采用 CIF 或 CFR 价格术语成交，并凭信用证支付方式收取货款。在执行这类合同时，一般包括备货、催证、审证、改证、租船订舱、报验、投保、报关、装船、制单、交单、结汇、核销和退税等工作环节，其流程如图 12-1 所示。在这些工作环节中，货（备货）、证（催证、审证、改证）、船（租船订舱）、款（制单结汇）四个环节最为重要。本章将就上述各个主要工作环节加以介绍。

一、备货

备货是指卖方根据合同规定，按时、按质、按量准备好应交付的货物，并做好报验工作，以保证按时出运，如约履行。备货工作的主要内容包括：及时向生产、加工或供货单位下达任务，安排生产、加工、收购和催交，一旦备齐货物，就应对货物的数量、品质规格或花色品种进行核实，或进行必要的加工整理或包装、刷唛，以及申报检验检疫，准备出口货物必需的文件。

【案例思考12-1】 我国某公司 A 向孟加拉国某公司 B 出口一批货物，合同价值约为 USD20 000.00，货物为汽车配件，共有 10 个型号，其中有四个型号要求根据客户样品制造。付款方式为，客户先支付定金 1 000 美金，剩余部分 30% 和 70% 分别以 L/C 和 T/T 支付（在货物生产完毕通知客户支付）。客户随即来信用证，A 公司按合同和 L/C 要求开始生产货物，但在生产过程中发现其中按客户样品要求定做的货物无法生产。由于客户订货的数量比较少，开发该产品十分不合算，因此打算从其他厂家购进该产品，但遗憾的是一直无法找到生产该产品的厂商。眼看装船期已近，其他货物亦相继生产完毕，A 公司只好告诉 B 公司上述问题。B 公司获悉情况要求取消所有的货物并退还定金和样品，理由是，他要求定做的货物是十分重要的，不能缺少，因 A 公

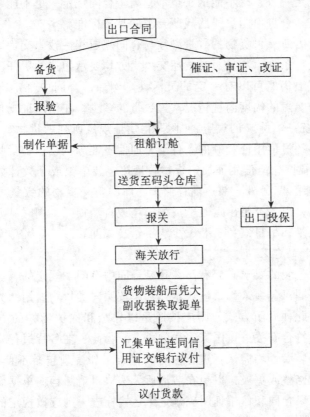

图 12-1　出口合同履行的一般程序

司没有按时完成货物，错过了他的商业机会。A 公司也感到无可奈何，确实理亏，只好答应客户的要求，承担一切货物积压的损失。假如你是负责该合同的业务员，反省一下，为什么会造成如此被动局面？

《公约》第 35 条规定："卖方交付的货物必须与合同所规定的数量、质量和规格相符，并按照合同所规定的方式装箱或包装。"据此，卖方在备货工作中，应注意以下问题：

（一）备货时间

交货时间是货物买卖合同的主要条件，延迟装运或提前装运均可导致买方拒收或索赔。货物备妥的时间应完全符合合同以及信用证上规定的装运期限，同时与船期相衔接，严防脱节。为防止意外，一般还应适当留有余地。

（二）货物本身

第一，卖方所交付货物的品质必须与合同规定相一致。卖方应遵循诚信原则，认真核实应交货物的名称、品质、规格，并对其进行必要的加工和整理，使之与合同规定一致，既不能低于也不宜高于合同规定，更不能以次充好。此外，货物还应符合进口国法律法规所要求的品质标准。

第二，卖方所交付货物的数量必须与合同规定相一致。交货数量是合同的一个重要的交易条件，数量短交或超交，卖方均要承担违约责任。但卖方在货物数量的准备上仍然可以有一定的灵活性。例如，合同中规定有溢短装条款时，可以在溢、短的幅度内视情况掌握数量的多少；在信用证支付方式下，按《跟单信用证统一惯例》的规定："除非信用证规定所列的货物数量不得增减，在支取金额不超过信用证金额的条件下，即使不准分批装运，货物数量亦允许有5%的增减幅度，但信用证规定货物数量按包装单位或个数计数时，此项增减幅度则不适用。"另外，装运前存储于仓库的备交货物的数量可以略多于合同规定的数量，以备补足出运时造成的损耗或自然损耗；同时，要对实装数量做好审查和记录，尽量避免多装、少装、错装或漏装。

（三）货物的包装

合同中对包装的要求有繁有简，凡是合同中有明文规定的，卖方必须严格照办。如果合同对包装未作具体规定，则应按照同类货物通用的方式装箱或包装；如果没有此种通用方式，则应按照足以保全和保护货物的方式装箱或包装，还应注意符合有关进口国家法律的要求。为此，在备货过程中，对货物的内、外包装和装潢，均需认真进行核对和检查，如发现包装不良或破损情况，则应及时进行修整或更换，以免在装运后无法取得清洁运输单据而造成收汇困难。另外，如果合同和信用证明确规定了运输标志，则应按规定的形式和内容刷制；如果合同没有规定，则一般按我国有关公司或企业制定的式样刷制。在刷制运输标志时，一定要清楚、醒目，涂料不易脱落，文字大小要适当。

此外，卖方还必须对所交付货物担保合法。这是卖方必须承担的又一项默示的合同义务。其含义有两层：一方面，卖方应保证对所售货物享有合法的完全的所有权；另一方面，任何第三方不能根据物权、工业产权或其他知识产权主张任何权利或要求。

二、出口报验

出口报验是指出口方向当地出入境检验检疫局申请办理检验手续，经商品检验机构检验后，获得合格的检验证书。在我国的对外贸易中，对出口商品的检验来自两个方面的要求：一是法定检验的要求。凡属国家《商检法》规定的，被列入《商检机构实施检验的进出口商品种类表》中的商品，在货物备齐后，要向商检机构申请检验，取得合格证书后，才准予出口。未经检验或检验不合格的商品一律不准出口。二是合同规定检验的要求。合同中若规定对出口商品进行检验，则出口方也必须向有关商品检验机构申请报验，获得合格的商检证书方可出口；否则，就要承担违约的责任。

我国出口商品进行检验的程序通常包括以下 4 个步骤：

（1）检验检疫机构受理报验。出口方一般在货物备妥后填写"出境货物报验单"，并提供有关的单证和资料，如外贸合同、信用证、厂检结果单正本等；检验检疫机构在审查上述单证符合要求后，受理该批货物的报验。

（2）抽样。由检验检疫机构派员主持进行，根据不同的货物形态，采取随机取样的方式抽取样品。报验人应提供存货地点情况，并配合商检人员做好抽样工作。

（3）检验。检验部门可以使用从感官到化学分析、仪器分析等各种技术手段，对出口货物进行检验，检验的形式有商检自验、共同检验、驻厂检验和产地检验。

（4）出证。商检机构对检验合格的货物签发检验证书，并在"出境货物通关单"上加盖检验检疫专用章，出口方在取得这两份单据后，应在检验证书规定的有效期内报运出口，逾期仍未装运的，需重新检验，取得合格证书后，方可出口。

第二节　催证、审证和改证

在国际货物买卖中，信用证是卖方收款的有力保证。在采用信用证支付的出口业务中，为确保信用证及时开到，卖方需要催请买方申请开立信用证。卖方收到信用证后，应根据买卖合同的有关惯例对信用证进行全面审核。如发现信用证中的某些内容不能接受，应及时向买方提出改证要求，请买方修改信用证。

一、催证

【案例思考 12-2】　我国福建省某外贸 A 公司与德国 B 公司按 CIF 条件签订一笔大宗商品出口合同，其中包装条款规定"商品装于木箱之中"，装运期为当年 10 月份，但未规定具体开证日期。合同订立后，直到当年 9 月底，B 公司仍未开来信用证。眼看装运期即到，A 公司不得不多次电催对方开证，终于在 10 月 9 日收到德国某银行（开证行）发来的信用证简电通知。A 公司因怕耽误装运期，即按简电办理货物装运。10 月 28 日，B 公司通过该银行开来信用证正本，其中关于包装的描述为：商品应装于标准出口纸箱中。A 公司审证时未予以注意，向本国某银行办理议付时，该银行也未发现该不符点。单据寄到国外开证行后，开证行以单证不符为由拒绝付款。试分析，A 公司在这笔业务中是否存在失误？能否通过银行安全收回货款？

在采用信用证支付方式时，卖方交付货物一般是以买方按合同约定的交货（装运）期前若干天开来信用证为前提的。因此，买方能否及时、正确地开出信用证就成为卖方如期履行交货义务的关键，也是卖方及时收回货款的基本保证。

催证即催开信用证。卖方通过信件、电报、电传或传真催促对方及时开立信用证并送达卖方，以便卖方及时装运，履行交货义务。如果对方按合同规定及时开来信用证，则催证工作可省略。

如果合同中规定采用信用证支付方式，则按时开证是买方应尽的义务。但在实际业务中，买方由于多种原因往往不能按时开立信用证。如果买方在合同规定的期限内未开立信用证，则卖方应予以高度重视，最好请驻外经商机构或有关银行、金融机构协助代为催证，或者直接向国外客户发函电催促，以引起对方足够的重视；同时，应做好应对措施，避免信用证未能开立带来的经济损失。

二、审证

【案例思考 12-3】 广州 A 贸易公司与香港 B 公司签订了五万立方米花岗岩砌石的销售合同，总金额高达 1 950 万美元，分 10 次发运。B 公司通过香港某银行开出了该合同项下第一份不可撤销信用证，金额为 195 万美元。该信用证规定："货物须收到申请人指定船名的装运通知后装运，该装运通知将由开证行随后以信用证修改书的方式发出。"A 公司收到来证后，即把合同中要求预付的质量保证金 260 万元人民币付给了 B 公司代表。装船前，B 公司代表来产地验货，以货物质量不合格为由，拒绝签发"装运通知"，致使货物滞留产地，A 公司根本不能发货收汇，损失惨重。那么，是什么使得由银行保证付款的信用证成为废纸呢？

虽然信用证是独立于合同的文件，但内容是以进、出口双方签订的买卖合同为依据的，信用证所列条款应该与合同的规定相符。但在实务中，买方有时为了自身的利益，在申请开证时，可能增加或更改合同规定的内容，或是加入一些限制性条款，因此，卖方收到信用证后，应对照买卖合同并依据《跟单信用证统一惯例》逐项逐句地进行审核，如有不妥之处，应立即请开证人修改，直到信用证的内容完全符合合同的规定，使卖方能顺利租船订舱、制单结汇为止。

审证工作是一项政策性、法律性和业务性很强的工作，是银行和外贸公司共同的责任。审证的项目主要集中在：

1. 对信用证真伪的审查

在我国，这项工作主要由银行负责，但卖方仍要与银行配合。审查的程序一般是：银行接到开证行的电开信用证后，应核对密押；接到信开信用证时应核对印鉴。如果没有问题，认定为真实的信用证，则一般要打上"印鉴相符"等字样的戳记。卖方在审查信用证的内容时，要对信用证的真伪进一步核实。

2. 对开证行的审查

信用证支付属于银行信用，开证行承担第一性付款责任，开证行的背景、资信情况对卖方能否安全收回货款至关重要。因此，要做好对开证行的审查工作。在审查开证行时，对于已有业务往来的银行应重点了解其近来的变化；对于不熟悉的开证行，则应进行深入地调查了解，如委托国外某些著名的律师事务所进行调查。对于资信比较差的开证行，应当要求买方另选一家银行开立信用证，也可以采取适当措施（例如，要求其他银行加具保兑，加列电报索偿条款，分批出运、分批收汇等），以保证收款安全。

3. 对信用证性质及开证行付款责任的审查

信用证必须是不可撤销的，对列有"可撤销"字样的信用证绝不能接受。同时，信用证内应载有"开证行保证付款"的文句。但是，仅有这些还不足以保证开证行履行付款责任。因为有些银行开来的信用证上虽然注明了"不可撤销"字样，但会附带一些限制条款，即所谓的"软条款"。如："以领到进口许可证后通知时方能生效"，"另函详"等。这些限制性条款改变了信用证的性质和开证行的付款责任，卖方对此要谨慎对待，明确后再进一步履行合同义务。

4. 对信用证当事人的审查

信用证当事人包括开证申请人、受益人、开证行、通知行、议付行等。在审证时卖方要仔细核对其名称和地址，特别是申请人和受益人的描述是否正确，以免在制单和寄单时发生错误而错发错运。这些名称和地址前后要一致，否则会造成卖方履约困难，影响收汇。

5. 对信用证金额和货币的审查

信用证的总金额必须与合同金额一致，大、小写金额一致。如果合同中订有"溢短装条款"，则信用证金额应包括"溢装"部分的金额在内。来证采用的支付货币应与合同规定的货币一致。

6. 对信用证的付款方式与汇票条款的审查

银行的付款方式有4种：即期付款、延期付款、承兑汇票、到期付款或议付。所有的信用证都必须清楚地表明付款属于哪一类，汇票的付款期限必须与合同规定一致，付款人应该为开证人或其授权的其他银行。

7. 对信用证有关货物描述的审查

审查来证中有关货物品名、质量、规格、数量、包装、单价、金额、港口、保险等是否与合同规定一致，有无附加特殊条款及保留条款，例如，指定由某轮船公司的船只运输，或者商业发票、产地证书需由国外的领事签证等。这些都应慎重审核，视具体情况作出是否接受或提请修改的决策。

8. 对运输条款的审查

审查装运港和目的港的规定。装运港由卖方根据实际情况加以选择，目的港的规定应尽量具体明确，不应接受诸如"欧洲主要港口"等笼统规定，同名的外国港口需注明所在国别。另外要注意信用证中有关分批装运和转运的规定是否与合同规定一致。

9. 对装运期、交单期、到期日、到期地点的审核

信用证中规定的装运期必须与合同规定的时间完全一致。交单期是信用证规定的最晚向银行交单议付的日期。一般交单期与装运期的间隔应该在 15 天左右，但无论如何不能超过提单日期后 21 天。到期日（即有效期）是指交单付款、承兑或议付的最后期限，凡超过有效期提交的单据，开证行有权拒收。信用证的有效期还涉及期地点的问题，卖方应要求规定在本国到期。一般情况下，装运期与信用证到期日应有一段合理间隔时间，以便于卖方在装运货物后有足够的时间办理制单、交单议付等工作。

10. 对信用证要求提交的单据的审查

信用证业务特别强调单据的准确性，因此要仔细审查来证要求提供的单据种类、份数及填制方法等，如发现不适当的要求和规定，应酌情作出适当处理。

三、改证

【案例思考 12-4】　中方某公司与意大利商人在 2006 年 10 月份按 CIF 条件签订了一份出口合同，支付方式为不可撤销即期信用证。意大利商人于当年 5 月通过银行开来信用证，经审核与合同相符，其中保险金额为发票金额的 110%。我方在备货期间又收到意大利商人通过银行传递过来的一份信用证修改书，内容为将保险金额改为发票金额的 120%。我方没有理睬，按原证规定投保、发货，并于货物装运后在信用证有效期内向议付行议付货款。议付行议付货款后将全套单据寄开证行，开证行以保险单与信用证修改书不符为由拒付。试分析：开证行拒付是否有道理？为什么？

信用证的受益人即卖方根据买卖合同及《跟单信用证统一惯例》对信用证进行全面审核后，如发现有任何与合同及惯例规定不符并影响到合同的顺利履行和安全收汇的不符点时，应该对这些内容提出修改，或者要求取消某些不能接受的条款。

信用证的修改既可由买方（开证申请人）提出，也可由卖方（受益人）提出，但都必须征得各有关当事人的同意。如果由卖方提出修改，则应首先征

得买方的同意，再由买方向开证行提出申请；开证行同意后，由开证行发出修改通知书，以信件、电报或传真等通信方式通过原通知行转告卖方。

信用证的修改应注意以下事项：

（1）在不可撤销信用证情况下，任何一方对信用证条款的修改，都必须经各当事人，即开证行、申请人及受益人的全部同意，才能生效。若是保兑信用证，则还需保兑行的同意。

（2）凡需要修改的内容，应做到一次性向开证申请人提出；否则，不仅增加双方的手续和费用，而且还可能造成不良影响。

（3）开证行自发出修改通知书之时，即对该修改书负有不可撤销的义务。原信用证（或含有先前被接受修改的信用证）的条款，在受益人告知通知修改的银行接受修改之前，仍对受益人具有约束力。这一点强调了接受修改必须是明示的。

（4）对同一修改通知书中的内容只能全部接受或全部拒绝，不能只接受其中一项或几项，而拒绝其他各项。

（5）对履行合同和安全收汇没有较大影响、可改可不改的内容，受益人要酌情处理，不能因改证而影响到合同的正常履行。

第三节　货运、报关和投保

一、出口托运

办理货物托运是卖方履行合同，按照规定向买方交付货物以及顺利收回货款的重要环节。托运是指卖方委托外运机构向实际履行运输的企业如轮船公司或其代理办理货物的运输业务。如果出口货物数量较大，需要整船装运的，要对外办理租船手续；出口数量不大，不需要整船装运的，则洽订班轮舱位。海运货物托运的基本程序如下（如图12-2所示）：

1. 查看船期表，填写海运出口托运单

卖方根据买卖合同和信用证的规定，参照外运机构发来的船期表，填写海运出口托运单（Booking Note，B/N），列明托运人、目的港、标记及号码、货名、件数、毛净重、尺码、可否分批转运、装运期及有效期、收货人、配货要求等内容，交给外运机构。外运机构根据托运单的内容，结合船舶的航线、挂靠港、船期和舱位等条件予以考虑，认为合适后即在托运单上签章，留存一份，退回托运人一份。

2. 船公司或其代理公司签发装货单

外运机构以卖方代理的身份，向船公司或外轮代理公司办理订舱手续，并

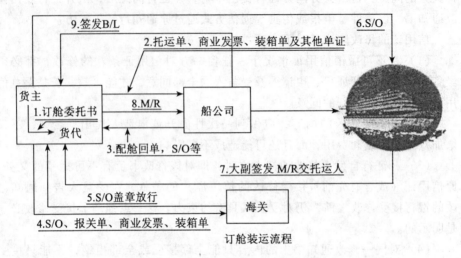

图 12-2　出口托运的一般程序

会同船公司或外轮代理公司，根据配载原则，结合货运重量、体积、装运港、目的港等情况，安排船只和舱位；然后由船公司或外轮代理公司签发装货单（Shipping Order，S/O）。装货单又称关单，俗称"下货纸"，是船公司或其代理签发给货物托运人的一种通知船方装货的凭证。

3. 提货装船，获取大副收据

在履行 CIF 出口合同时，在配载就绪、确定船名后，卖方应于货物运离仓库或其他储存处所前，按照买卖合同和信用证的规定向保险公司办理投保手续，取得约定的保险单据。另外，还应向海关如实申报出口，交验有关单据和证件，接受海关对货物的查验，交清税款或提供担保后，经海关签印放行。在完成投保和报关手续后，外运机构到卖方仓库提货，送进码头装船。装船完毕，由船长或大副根据装货实际情况签发收货单，即大副收据（Mate's Receipt，M/R），作为表明货物已装船的临时收据。

4. 缴纳运费，换取提单

外运机构代卖方向船公司或外轮代理公司支付运费，然后凭大副收据向船公司或其代理换取正式的海运提单（B/L）。

5. 发装运通知

货物装船后，卖方应及时向国外买方发出"装运通知"（Shipping Advice），以便对方准备付款、赎单及办理进口报关和接货手续。装运通知的内容一般包括：订单号或合同号、信用证号、提单号、货物名称、数量、总金额、唛头、装运口岸、装运日期、船名及预计开船日期等。

二、出口报关

出口报关是指货物装船出运前，卖方向海关申报货物情况，交验规定的单据文件，请求办理出口手续的过程。根据我国《海关法》的规定，货物进出口必须向海关申报，经过海关查验放行后，才可提取或装运出口。因此，出口货物只有完成通关手续后，才能装船。出口报关一般分为 4 个基本环节：申报、查验、缴纳税费、放行。

出口报关必须在货物进入装货码头仓库后进行，一般在装货 24 小时前向运输工具所在地的海关申报。海关接受申报时，要求申报人出示申报单位在海关办理的企业海关注册登记手册、申报人员的报关员证、出口货物报关单等。此外，还需随附出口许可证、法定商品检验证书、合同、发票、装箱单、装货单、产地证、出口收汇核销单以及海关认为必要时所应交验的其他有关单据。海关根据国家有关政策规定，对上述单据进行审核，并且对出口货物进行查验，以确定实际货物与报关单证所列是否一致。海关查验货物，一般应在海关规定的时间和监管场所进行。准许出口、按规定应当缴纳出口关税的货物，由海关根据我国《关税条例》和《海关进出口税则》规定的税率征收出口关税。目前，海关仅对鳗鱼苗等十几种商品征收出口税。

出口货物在申报人按照海关规定办妥申报手续，经海关审核单证和查验有关货物、办理纳税手续后，海关即在装货单上加盖放行章，解除货物监管，准予货物出境。

三、出口投保

CIF 出口合同，卖方必须办理货物运输保险。卖方在备妥货物并确定装运日期和运输工具后，按合同或信用证规定及时向保险公司办理投保手续，保险公司接受投保后，即签发保险单或保险凭证。具体做法是，卖方如实填制一份"海运出口货物投保单"送交保险公司投保，如果保险公司同意承保，则根据投保单的内容缮制保险单，作为保险合同成立的书面凭证；卖方作为投保人按规定缴纳保险费后，取得保险单。保险单一式若干份，保险公司留存一份，其余交给卖方，作为其议付的单据之一。

第四节　制单结汇

货物装运后，卖方应立即按照信用证规定，正确缮制各种单证（有的单证和凭证在货物装运前就应准备好），并在信用证规定的交单日期或之前，将各种单据和必要的凭证送交指定的银行办理要求付款、承兑或议付手续，并向银行进行结汇。

一、制作出口单证的基本要求

现代国际贸易绝大部分采用凭单交货、凭单付款方式,因此,在出口业务中做好单据工作,对及时、安全收汇有特别重要的意义。在信用证业务中,银行只凭信用证,不管合同,只凭单据,不管货物,因此对单据的要求就更加严格。

【案例思考 12-5】 某年 4 月份的广交会上,某公司 A 与科威特某老客户 B 按 FOB 温州条件签订一笔玻璃餐具销售合同,合同金额达 USD 25 064.24,共 1×40′高柜,支付条件为全额信用证,运费到付。客户回国后即开来信用证,要求 6 月份出运货物。A 公司按期出货,向银行交单议付,银行在审单过程中发现 2 个不符点:①发票上货物名称 GLASS WARES 错写成 GLASSWARES;②提单上收货人一栏 TO THE ORDER OF BURGAN BANK, KUWAIT 错写成了 TO THE ORDER OF BURGAN BANK。A 公司认为对方是老客户,不会因两个极小的不符点进行刁难,于是出具保函请求银行出单。但 A 公司很快接到议付行的通知,告之开证行以上述不符点为由拒绝付款。A 公司立即与客户取得联系,了解到真实原因是 6 月份的海运费价格较 5 月份上涨了 USD325.00,客户认为运费太贵,因此拒绝付费,致使货物滞留码头。后 A 公司多方协调,船公司同意将运费降低 USD175.00,客户才勉强接受,到银行付款赎单,A 公司被扣了不符点费用。解决纠纷的过程使 A 公司收汇推迟了约 20 天。

缮制结汇单据时,要求做到以下几点:

(1) 正确。单据内容必须正确,既要符合信用证的要求,又要能真实反映货物的实际情况,且各单据的内容不能相互矛盾,即要做到单证一致、单单一致、单货一致、单同一致。

(2) 完整。单据的种类、份数和单据本身的必要项目、内容应当完备,不能出现项目短缺情况。

(3) 及时。制单应及时,以免错过交单日期或信用证有效期。

(4) 简明。单据内容应按信用证要求和国际惯例填写,力求简明,切勿加列不必要的内容。

(5) 整洁。单据的布局要美观大方,缮写或打印的字迹要清楚,单据表面要清洁,一般不宜更改,尤其是金额、件数和重量等项目更不宜改动。

二、常见出口结汇单据的缮制

以信用证项下的交易为例,需要缮制的结汇单据主要有:汇票、发票、装箱单、提单、保险单、产地证等。汇票、提单及保险单的有关内容、作用及缮制方法可参见教材前面的内容，以下对其他几种常见的结汇单据作一概括介绍。

（一）发票

在进出口业务中，经常会碰到要求提供各种不同类型的发票，这些发票包括商业发票、形式发票、厂商发票、海关发票等，其性质和作用有所不同，下面仅对商业发票进行介绍。

商业发票是卖方开立的凭以向买方索取货款的价目清单和对整个交易及货物有关内容的总体说明。它是出口结汇单据的中心，其他单据是支持发票下的货物而开立的。在国际贸易中，商业发票没有统一格式，但其主要内容及项目基本一致。现将主要项目的填制方法说明如下：

（1）出口商名称、地址。在信用证支付方式下，该名称、地址必须与信用证所规定的受益人名称和地址一致。

（2）发票名称。商业发票的正上方一定要醒目地标上"COMMERCIAL INVOICE"或"INVOICE"字样。

（3）发票号码、签发日期。本栏由出口公司自行编制，一般由年份、商品代号以及序数号组成，例如：2007BG-123。签发日期一般不能迟于提单签发日期，更不得迟于信用证规定的交单日或有效期。除非另有规定，该日期可早于信用证开证日期。

（4）发票抬头人。只有少数来证在发票条款中指出发票抬头人，多数来证都不作说明。因此，习惯上将信用证的申请人或收货人的名称、地址填入这一栏。

（5）运输工具。按船公司的配载通知上的内容列明运输工具和航次。

（6）起运地与目的地。按合同和信用证的规定填写，注意与贸易术语后的起运地（港）和目的地（港）一致。如货物需要转运，则转运地点也应明确表示出来。

（7）合同号码。应与信用证所列内容一致。

（8）信用证号码。

（9）唛头：凡信用证上规定唛头的，必须逐字逐行按规定缮制，并与其他单据一致。信用证没有规定的，按合同或买方已提供的唛头缮制；如果都没有规定的，则由卖方自行设计，并注意单单相符。如该批货物无唛头，或是散装货，则应在这一栏内打印上"N/M"字样。

（10）数量与货物描述。这是发票的主要部分，应全面描述有关商品的名称、规格、数量、重量和包装，一般先填写商品的名称和总数量，然后再根据信用证或合同的规定填写详细规格、单位及合同号码等，最后填写包装方式和件数，以及毛重、净重和尺码等。

（11）价格。这也是发票的主要内容，包括贸易术语、计价货币、计价单位、单价、总额。应按合同和信用证的规定准确计算，正确填写。在具体制作时，通常先打印贸易术语，再填写其他内容。

（12）加注声明文句。由于各国法令或习惯不同，有的国家或地区开来的信用证要求在发票上加注一些声明文句、特定费用金额或特定的号码等，卖方应根据情况酌情办理。只要不伤害卖方的利益，一般都照办。加注的内容一般打在发票商品栏以下的空白处。

（13）签发人的签字或盖章。商业发票上习惯由出口公司的法人代表或经办制单人员代表公司签字，并注公司名称。但根据《跟单信用证统一惯例》的规定，除非信用证另有规定，"无需签署"。

（二）装箱单

装箱单（Packing List）是一种包装单据。包装单据是指一切记载或描述商品包装情况的单据，是商业发票的附属单据。它的作用在于用来补充商业发票内容的不足，并在货物到达目的港时供海关验货、公证行检验、进口商检查和核对货物，了解包装件号内的具体内容和包装情况。除装箱单以外，常见的包装单据还有包装说明、详细装箱单、包装提要、重量单、重量证书、磅码单、尺码单、花色搭配单等。下面重点介绍装箱单的主要内容及缮制方法：

（1）装箱单名称。应严格按信用证的规定。

（2）编号。与发票号码一致。

（3）合同号。填写此批货物的合同号。

（4）箱号。它又称包装件号码。在单位包装货量或品种不固定时，需注明每个包装件内的包装情况，因此，包装件应编号。

（5）合同项目号。根据合同或发票严格填写。当一份合同中有几种货物时，此栏尤为重要。

（6）品名与规格。应与发票一致。货名如有总称，应先注明总称，然后与箱号、合同项目号相对应逐项列明每一包装件的详细货名、规格及品种。

（7）包装数量与单位。每一箱号内每种货物的包装件数和单位。

（8）毛重。应注明每个包装件的毛重和包装件内不同规格、品种的货物各自的毛重，并在合计处注明该批货物的总毛重。

（9）尺寸。每个包装件的外尺寸。

（10）唛头。按照发票注明实际唛头，或注明 "As per Invoice No. ××"。

（11）出票人签章。应与发票相同，如信用证规定包装单为 "In Plain" 或 "In White Paper" 等，则在包装单内不应出现买卖双方的名称，不能签章。

（三）原产地证明书（参见表 12-1）

原产地证明书（Certificate of Origin，C/O）是一种证明货物原产地或制造地的文件，也是进口国海关核定进口货物应征税率的依据。原产地证包括一般原产地证明书、普惠制产地证、纺织品产地证、手工制纺织品产地证和原产地声明书等形式。下面仅就一般原产地证明书作简单的介绍。

在我国出口业务中使用的一般原产地证明书是指"中华人民共和国出口货物原产地证明书"，它是证明我出口货物符合《中华人民共和国货物原产地规则》，确系中华人民共和国原产地的证明文件。原产地证依照签发者的不同有中国国家质量监督检验检疫总局签发的产地证、中国国际贸易促进委员会签发的产地证、出口商自己出具并签发的产地证及生产厂商出具的产地证。在实际业务中，应根据买卖合同或信用证的规定，提交相应的产地证。一般以使用前两者为多。

申请一般原产地证明书时需要提交申请书一份、缮制好的证明书一套、商业发票一份以及签证机构需要的其他单据。一般原产地证明书的主要内容及缮制方法如下：

（1）Exporter（出口商）：填写信用证受益人的名称、详细地址及国家（地区）。此栏不得留空。

（2）Consignee（收货人）：填写最终收货人名称、详细地址和国家（地区），一般是信用证的开证申请人。如果信用证规定留空，则填写"To Order"或"To Whom It May Concern"。

（3）Means of Transport and Route（运输方式与路线）：填写装运港和目的港的具体港口名称及运输方式。如需转运，则还应填写转运港。

（4）Country/Region of Destination（目的地国家或地区）：填写目的港及国（地区）名。

（5）For Certifying Authority Use Only（仅供签证机构使用）：此栏留空。

（6）Marks & Nos.（标记及号码）：按信用证唛头完整填写，与出口发票上唛头保持一致。不得留空，如果没有唛头，则应填"N/M"。

（7）Number and Kind of Packages；Description of Goods（包装的数量及种类；货物描述）：按实际情况填写，并与其他单据一致。如货物为散装，则在商品名称后应加注"IN BULK"。商品名称按信用证的规定填写具体名称，不得用概括性的描述。

（8）H. S. Code（H. S. 税目号）：按照《中华人民共和国海关税则》填写商品的 H. S. 税目号，并与报关单一致，必须准确无误。若同一证书包含多种商品，则应全部填写相应的税目号。

（9）Quantity（数量）：填写出口货物的数量及计量单位。

（10）Number and Date of Invoices（发票号码与日期）：严格按商业发票填写，日期应早于实际出口日期或与实际日期相同。

（11）Declaration by the Exporter（出口商声明）：填写出口方申领证书的地点和日期，由出口方在签证机构注册的人员手签，并加盖出口方中英文的单位印章。注意日期不得早于发票日期，最早为同日。

（12）Certification（签证机构证明）：由签证机构签字、盖章。

表 12-1 　　　　　　　出入境检验检疫局签发的产地证样本

1. Exporter 2. Consignee	Certificate No.　　　　0647153 CERTIFICATE OF ORIGIN OF THE PEOPLE'S REPUBLIC OF CHINA		
3. Means of transport and route 4. Country/region of destination	5. For certifying authority use only		
6. Marks and number	7. Number and kind of packages; description of goods	8. H. S. Code	9. Quantity	10. Number and date of invoices
11. Declaration by the exporter 　　The undersigned hereby declares that the above details and statements are correct, that all the goods were produced in China and that they comply with the Rules of Origin of the People's Republic of China. Place and date, signature and stamp of authorized signatory	12. Certification 　　It is hereby certified that the declaration by the export is correct. Place and date, signature and stamp of certifying authority		

三、出口结汇的方法

卖方缮制好结汇单据后，应在信用证交单到期日前和有效期内向指定银行交单。这些单据经银行按照信用证规定审核确认无误后，即向信用证的开证行或被指定的其他付款银行寄单索偿，同时按照与卖方约定的方法进行结汇。

出口结汇是指银行将收到的外汇按当日人民币市场汇价的银行买入价购入，结算成人民币支付给出口方。目前，我国出口结汇的方式主要有以下三种：

1. 收妥结汇

收妥结汇又称"先收后结"，是指议付行收到出口方的结汇单据后，经审核无误将单据寄交国外付款行索取货款，待收到付款行将货款转入议付行账户的通知书时，即按当日外汇牌价，折成人民币转入出口方的账户。这种方式下，议付行不垫付外汇资金，不承担任何风险。

2. 买单结汇

买单结汇又称出口押汇，是指议付行在审单无误的情况下，按信用证条款买入出口方的汇票和单据，从票面金额中扣除从议付日至估计收到票款之日的利息，将余款按议付日外汇牌价折成人民币，转入出口方的账户。买单结汇实际上是出口方银行对出口方的资金融通，使出口方在交单议付时即可取得货款，从而加速资金周转，有利于扩大出口业务。

3. 定期结汇

定期结汇是指议付行根据向国外付款行索偿所需时间，预先确定一个固定的结汇期限，到期后无论是否已经收到国外付款行的货款，都主动将票款金额折成人民币，转入出口方的账户。

四、对结汇单据不符点的处理办法

在信用证项下的制单结汇中，议付银行要求"单、证表面严格相符"。但在实际业务中，由于种种原因，单证不符的情况经常发生。这时，卖方首先要争取时间修改单据，使之与信用证的规定相符。如果来不及修改，视具体情况，选择如下处理方法：

1. 表提

它又称"表盖提出"，即信用证受益人在提交单据时，如出现单证不符，就主动向议付行书面提出单证不符点。通常，议付行要求受益人出具保函，担保如日后遭到开证行拒付时，一切后果由受益人承担。在这种情况下，议付行为受益人议付货款。因此，这种做法也被称为"凭保议付"。表提一般适用于单证不符点并不严重，或虽然是实质性不符，但事先已经过买方确认可以接受的情形。

2. 电提

它又称"电报提出"，即在单证不符情况下，议付行先向国外开证行去电（电报或电传），列明单证不符点，待开证行复电同意后再将单据寄出。这样可在最短时间内由开证行征求开证申请人（买方）的意见。如对方同意，则可立即寄单收汇；如对方不同意，受益人（卖方）可及时采取必要措施处理运输中的货物。电提一般适用于单证不符属于实质性问题、金额较大的情形。

3. 跟单托收

在单证不符的情况下，如果议付行不同意上述两种方法，则信用证就会彻底失效。这时，卖方只能采用托收方式，委托银行寄单代收货款，即跟单托收。

需要注意的是，以上方法，信用证受益人都失去了开证行的付款保证，从而使出口收汇从银行信用变成了商业信用。

第五节 出口收汇核销与出口退税

根据我国现行的外贸政策，我国出口企业在办理货物装运出口以及制单结汇后，应及时办理出口收汇核销和出口退税手续。

一、出口收汇核销

出口收汇核销是指国家外汇管理部门根据国家外汇管理的要求，对出口单位货物出口后的收汇情况进行监管，确保出口货款已经收回或按规定使用的一项制度。出口单位是指经商务主管部门及其授权机关批准或登记，具有外贸经营权的所有单位。办理出口收汇核销是出口单位必须履行的义务。

（一）出口收汇核销的程序

按照我国相关制度，出口单位必须在货物出口前事先向当地外汇管理局申领出口收汇核销单，如实填写有关货物出口的情况；货物报关验放后，海关在核销单上盖章，并与报关单一起退给出口单位，由出口单位附发票等文件送当地外汇管理部门备案；待收汇后向外汇管理部门销案。

国家外汇管理局与海关总署联合开发了"口岸电子执法系统出口收汇系统"，已于 2001 年 8 月 1 日起在全国范围内正式运行。出口单位首先要到海关办理"中国电子口岸"入网手续，并到有关部门办理"中国电子口岸"企业法人 IC 卡和企业操作员 IC 卡电子认证手续，然后持有关材料到注册地外汇局办理登记手续，在外汇局建立出口单位电子档案信息。

出口收汇核销的具体操作流程如下：

（1）货物出口前，出口单位在网上申领出口收汇核销单。

（2）出口单位凭操作员 IC 卡、核销员证、出口合同到注册地外汇局申领纸质核销单。

（3）出口报关前，出口单位在网上向报关地海关进行核销单的备案。

（4）出口报关时，海关在核销单"海关签注栏"处加盖"验讫"章后将核销单退还出口单位。

（5）出口单位在货物报关出口后，通过"中国电子口岸出口收汇系统"将已用于出口报关的核销单向外汇局交单备案。

（6）出口单位在银行办理出口收汇后，凭核销单、报关单、出口收汇核销专用联到外汇局办理核销手续。

（二）出口收汇核销单的管理

我国出口收汇核销实行属地管理原则，出口单位应当在其注册地的外汇管理部门备案登记、申领出口收汇核销单和办理出口收汇核销手续。

出口收汇核销单是由国家外汇管理局制发的、有统一编号及使用期限的凭证，出口单位可凭以向海关报关、向指定银行办理出口收汇、向外汇局办理出口收汇核销、向税务机关办理出口退税申报。核销单的发放实行逐级核发，专人负责制，且只能由申领的出口单位使用，即专单专用，不得相互借用、冒用、转让和买卖。核销单一共三联，即存根联、正本联和出口退税专用联（见表 12-2）。

表 12-2 　　　　　　　　　**出口收汇核销单样本**

出口收汇核销单 存根	出口收汇核销单	出口收汇核销单 出口退税专用
（辽）编号：21582017	（辽）编号：21582017	（辽）编号：21582017

出口单位：	出口单位盖章	出口单位：					出口单位盖章／海关盖章	出口单位：			
单位代码：		单位代码：						单位代码：			
出口币种总价：		银行签注栏	类别	币种金额	日期	盖章		货物名称	数量	币种总价	
收汇方式：											
预计收款日期：											
报关日期：											
备注：		海关签注栏：						报关单编号：			
此单报关有效期截止到：		外汇局签注栏：　　年　月　日（盖章）						外汇局签注栏：　　年　月　日（盖章）			

（注：未经核销此联不得撕开）

二、出口退税

出口退税是一个国家或地区对已报送离境的出口货物，由税务机关将其在出口前的生产和流通环节已经缴纳的国内增值税或消费税等间接税税款退还给出口单位的一项税收制度。实施出口退税制度，使本国产品以不含税价格参与国际市场竞争是国际上通行的做法，目的是为了鼓励各国的出口货物进行公平竞争。

（一）出口退税的条件

准予退税的出口货物，必须同时具备以下几个条件：

1. 必须是增值税、消费税征收范围内的货物。

2. 必须是报关离境出口的货物。

3. 必须是在财务上作出口销售处理的货物。

4. 必须是已收汇并经核销的货物。

一般情况下，出口单位向税务机关申请办理退税的货物，必须同时具备以上4个条件。但是，生产企业（包括有进出口经营权的生产企业、委托外贸企业代理出口的生产企业、外商投资企业）申请办理出口货物退税时必须增加一个条件，即申请退税的货物必须是生产企业的自产货物。

（二）出口退税登记

出口单位应持商务主管部门批准其出口经营权的批件和工商营业执照，于批准之日起30日内向所在地主管退税业务的税务机关办理退税登记。未办理退税登记的出口单位，一律不予办理出口货物的退税或免税。

（三）出口退税的程序和单证

1. 出口退税的程序

出口单位应设专职或兼职办理出口退税的人员，经税务机关培训考试合格后发给《办税员证》。没有《办税员证》的人员不得办理出口退税业务。

出口单位在货物报关出口并在财务上作销售处理后，按月填报《出口货物退税申请表》，并提供办理出口退税的有关凭证，先报外经贸主管部门稽核签章后，再报主管出口退税的税务机关申请退税。

2. 出口退税的凭证

企业办理出口退税必须提供以下凭证：盖有海关验讫章的《出口货物报关单（出口退税联）》、出口销售发票、购进出口货物的发票、出口收汇已核销证明、银行出具的结汇水单或收汇通知书，等等。

（四）出口退税的审核

负责审核出口退税的税务机关在接到出口单位退税申请表后，必须严格按照出口货物退税规定认真审核，经审核无误，逐级报请上级税务机关批准后，方可填写《收入退还书》，交当地银行办理退库手续。

【本章小结】 我国的出口合同目前大多采用 CIF 或 CFR 价格术语，以信用证方式收取货款。履行出口合同的一般程序，主要包括备货、催证、审证、改证、租船订舱、报验、投保、报关、装船、制单、交单、结汇、核销和退税等。其中，货、证、船、款四个环节最为重要。

备货就是根据出口合同的规定，按时、按质、按量准备好应交付的货物，以保证按时装运，如约履行。在信用证支付方式下，卖方对信用证的掌握、管理和使用，主要包括催证、审证和改证这三个重要环节。审证工作是一项政策性、法律性和业务性很强的工作，是银行和出口方的共同责任。修改信用证也是经常的事情，但应掌握可改可不改的标准。

办理货物托运是卖方履行合同，按照规定向买方交付货物以及顺利收回货款的重要环节。出口货物备齐后，应根据国家商检法及信用证的有关规定，向商检局申请报验。按照我国海关法的规定，出口货物必须向海关申报，经查验放行后才能出境。卖方应在备妥货物、确定装运日期和运输工具后，按合同或信用证规定向保险公司填制投保单办理货物运输保险。

制单结汇是卖方向买方收取货款必不可少的一个环节。在信用证支付方式下，通常需要缮制的单据有：汇票、发票、装箱单、提单、保险单、产地证等。在缮制结汇单据时，要求做到正确、完整、及时、简明和整洁。目前，我国出口结汇的方式主要有收妥结汇、买单结汇和定期结汇三种。根据我国现行的外贸政策，我国出口企业在办理货物装运出口以及制单结汇后，还应及时办理出口收汇核销和出口退税手续。

思考与练习题

1. 在信用证支付方式下，履行 CIF 出口合同的基本程序是什么？
2. 出口方在备货过程中应注意哪些问题？
3. 审核信用证的依据是什么？审证的主要内容有哪些？
4. 修改信用证应注意哪些问题？
5. 出口方如何办理货物的托运手续？
6. 缮制结汇单据的基本要求是什么？
7. 我国银行的出口结汇方式有哪几种？
8. 结汇单据有不符点该如何处理？
9. A 公司出口 153 型全棉劳动手套 5 000 打，客户开来信用证中注明商品的名称是"153 型全棉劳动手套"，A 公司发运货物后持单到银行议付，银行发现发票上写的是"153 型全棉劳动手套"，而提单和保险单上仅写为"劳动手套"，就以单单不一致为由拒绝付款。经 A 公司联系客户，客户也不愿接受单据，最后只好降价 15% 以托收方式收回款项。请分析此例中 A 公司的处理是否得当，为什么？
10. 有一份 CIF 合同，以信用证方式支付。信用证规定，装运期不得迟于 2007 年 6 月 5 日，信用证的有效期为 6 月 30 日。受益人于 6 月 28 日向议付行提交签发日期为 6 月 5 日的提单，但遭到了议付行的拒付。请问：议付行有无拒付的权利？为什么？

11. 请根据下列信用证条款缮制商业发票和装箱单。

（1）客户名称地址：AL. BALOUSHI TRADING EST JEDDAH.

（2）装运信息：指定 APL 承运，装期：2007.04.29，装运港：NINGBO，目的港：JEDDAH

（3）价格条款：CFR JEDDAH

（4）唛头：ROYAL/05AR225031/JEDDAH/C/N：1-460

（5）货物描述：P. P INJECTION CASES 14″/22″/27″/31″230SET USD42.00/SET USD9 660.00

P. P INJECTION CASES 14″/19″/27″/31″ 230SET USD41.00/SET USD 9 430.00

（中文品名：注塑箱四件套）

（6）装箱资料：

箱号	货号	包装	件数	毛重（KGS）	净重（KGS）	体积
1-230	ZL0322 + BC05	CTNS	230	18.5/4 255	16.5/3 795	34 m^3
1-230	ZL0319 + BC01	CTNS	230	18.5/4 255	16.5/3 795	34 m^3

（7）合同号：05AR225031　签订日期：2007 年 3 月 30 日

（8）商业发票号：AC05AR031

COMMERCIAL INVOICE

TO: ＿＿＿＿＿＿＿＿＿

INVOICE NO. : ＿＿＿＿＿＿＿

INVOICE DATE: ＿＿＿＿＿＿

S/C NO. : ＿＿＿＿＿＿＿

S/C DATE: ＿＿＿＿＿＿＿

MARKS AND NUMBERS	NUMBER AND KIND OF PACKAGE DESCRIPTION OF GOODS	QUANTITY	UNIT PRICE	AMOUNT

TOTAL:

SAY TOTAL:

GREAT WALL TRADING CO. , LTD.

李 力

PACKING LIST

TO : _____   INVOICE NO. : _____

INVOICE DATE: _____

S/C NO. : _____

FROM : _____ TO : _____

LETTER OF CREDIT NO. : _____ DATE OF SHIPMENT: _____

MARKS AND NUMBERS	NUMBER AND KIND OF PACKAGE DESCRIPTION OF GOODS	QUANTITY	PACKAGE	G. W.	N. W.	MEAS.

TOTAL:

SAY TOTAL:

第十三章　进口合同的履行

【开篇案例】　某年5月，内地A公司与港商G按CFR术语签订一个进口马口铁的合同，数量为1 000公吨，金额为20万美元，采用信用证方式付款，装运期为7月份。合同签订后，A公司按时通过中国银行某省分行开出信用证，港商G收到信用证后，即向香港H船务公司办理运输手续。H船务公司将50个集装箱交给港商G自装、自点、自封。3月25日，货物装船，H公司签发了已装船清洁提单，提单上列明了品名、规格，载明重量为1 005公吨，并记载了集装箱的尺寸及个数，同时注明："CY to CY, Shipper's Load and Count。"3月26日，载货船舶到达黄埔，集装箱外表及铅封完好，A公司启箱验货却发现箱内是一堆废品。3月28日，A公司将上述情况通知银行并要求转告香港议付行拒付。4月1日香港议付行来电称：经审核单据与信用证要求相符，已做议付，并向中国银行索偿。4月10日，A公司提出港商G所提交的单据有不符点（信用证规定规格为50cm，而提单列为50mm），据此要求香港议付行向港商G追索货款。4月13日，香港议付行来电称A公司提出单据不符已超过合理时间，该行不负此责，并要求中国银行付款。

A公司一方面向港商G提出索赔，另一方面由于到货与提单记载不符，拒绝提货，并将50个集装箱交给海关处理。H船务公司以提单上列明"Shipper's Load and Count"为由，要求退回集装箱，并认为承运人只要所提交的集装箱外表和铅封完好，对箱内货物如何是无需负责的。实际上该货在装船时，装运工人已经发现重量严重不符并提出怀疑（注：该批货物据托运人申报，重量为1 005公吨，连同集装箱箱重应为1 300多公吨，但实际该批货物连同集装箱只有300多公吨），但H船务公司对此并未给予足够的重视，更未做及时处理。

5月3日，A公司再次去电港商G，严厉指责其不当行为，并通过法律途径追究其责任。

进口合同依法订立后，买方应严格按照合同规定，履行其职责。买方对合同的履行义务主要是支付货款和收取货物。由于合同规定的贸易术语、支付方式等贸易条件不同，因此，买方履行合同所要做的工作也不同。在进口业务中，按FOB术语和即期信用证支付方式成交时，买方履行合同的程序一般包括开立信用证、租船订舱、装运、办理保险、审单付款、接货报关、检验、索赔等环节。

【学习目标】　通过对本章的学习，了解进口合同履行的基本环节和运作程序，掌握开证、托运、投保、审单、付款、提货报关的具体做法，并能运用所学知识解决单证不符及常见信用证修改的问题。

第一节　开证、托运和投保

【案例思考 13-1】　天和公司于 9 月 30 日接澳商来电洽购茶叶 50 吨。正好该公司有现货存放在装运港仓库，并查悉 10 月份有班轮直驶澳大利亚，于是该公司于 10 月 1 日用电传向对方发盘："茶叶现货即装 50 吨，每公吨 1 500 美元 CIF 悉尼，即期不可撤销信用证付款，限 10 月 5 日复到有效。"对方 10 月 3 日复电称："你 10 月 1 日电接受，即开信用证"。接电后，天和公司立即组织装运，取得 10 月 15 日的已装船清洁提单，但对方的信用证一直未到，几经催促，终于在 11 月 2 日收到对方电开信用证，开证日期为 10 月 29 日。证中规定：装运期不得迟于 11 月 16 日，信用证有效期为 11 月 30 日。请分析，根据该证的规定，天和公司能否顺利结汇？该案对进口合同的履行有何启示？

一、申请开立信用证

进口合同签订后，买方应在合同规定的期限内，向银行申请开立信用证。银行开出信用证后，经卖方审证，若发现内容与合同规定不符，或合同中未作规定但卖方不愿意接受，则买方要向银行提出修改信用证。

（一）开立信用证的手续

在以信用证为支付方式的进口业务中，买方向银行申请开立信用证是其履行合同的首要环节，也是一项基本义务。进口合同签订后，买方应按合同规定，到开证行填写开证申请书，办理开证手续。开证申请书是开证行开立信用证的依据，其内容必须完整、明确，应与合同条款一致，如品质规格、数量、包装、价格、付款期限、交货期、装运期、装运条件、装运单据等，应在申请书中详细列明。买方填写好开证申请书后，连同进口合同一并交给银行，申请开证，并交付一定比率的开证押金，支付开证手续费。

（二）信用证的开证时间

信用证的开证时间，应按合同规定办理，如合同规定买方应于"装运期前××日内"，或"在本合同签订后××日内"开出信用证，则买方应照办。如果合同规定在卖方确定交货期后开证，则买方应在接到卖方上述通知后开证；如果合同规定在卖方领到出口许可证或支付履约担保金后开证，则买方应在收到对方已领到出口许可证的通知或银行通知担保金已照收后开证；如果合同未明确规定买方开立信用证的时间，则买方通常应在装运期前 15 天至 20 天开出信用证，以便卖方备货和办理其他手续及按时装运。

（三）信用证的修改

信用证开出后，买方（开证申请人）如发现内容与开证申请书不符，或是由于其他原因，需要对信用证进行修改，则应立即向开证行递交修改申请书，要求开证行办理修改信用证的手续。如果是卖方（受益人）提出修改信用证，则买方应视其是否合理予以同意或不同意。如同意修改，则应及时向开证行办理改证手续；如不同意修改，则也应及时通知卖方。信用证经过修改后，开证行即不可撤销地受该修改条款的约束，买卖双方也应按修改后的信用证规定办理。

改证不仅增加费用支出，而且有可能影响合同的及时履行，因此，买方应严格按合同的规定开证，尽量避免改证情况的出现。

二、托运

【案例思考13-2】　某年 6 月，国内某公司与英国某公司以 FOB 条件签订了一进口合同，规定装运期为 7 月份。该公司在租船过程中，恰遇 7 月份船只紧张，没有订到船。问：该公司应怎么处理？

按照 FOB 条件成交的进口合同，租船、订舱是买方应尽的义务。在我国，进口单位可委托中国对外贸易运输公司办理租船订舱，也可直接向远洋运输公司或其他运输机构办理，具体时间应遵照合同规定。通常，大宗货物一般应在交货期前 45 天向运输机构提出；零星货物应在交货期前 30 天提出，以使运输机构有足够时间落实舱位。凡合同规定卖方应在交货前一定时期内，将预计装运日期通知买方的，买方在接到上述通知后，应及时向外运机构办理托运手续，填制租船订舱联系单，连同进口合同副本送交外运机构。办妥租船订舱手续后，买方应按规定期限将船名、航次及船期通知卖方，以便卖方备货装船。同时，为了防止船货脱节或出现"船等货"的情况，还应注意催促对方按时装运。在进口大宗商品或重要物资时，如有必要，可请驻外机构就地了解、督促对方履约，或派员前往出口地点检验、监督装运。

三、办理保险

FOB、CFR 条件下的进口合同，保险由买方办理。卖方装船后应立即通知买方，以便买方及时办理货物的运输保险。进口货物运输保险一般有以下两种方式：

（一）预约保险

在我国外贸实践中，为了简化投保手续，同时为了防止进口货物在国外装运后因信息传递不及时而发生漏保或来不及办理保险等情况，我国外贸进出口公司与中国各保险公司均签有海运、空运、陆运、邮运等不同运输方式的进口货物预约保险合同，简称"预保合同"。在预约保险合同中，各进出口公司对进口商品应投保的险别、保险费率、适用条款以及赔付的办法等，都作了具体规定。因此，对每批进口货物，当买方收到国外装船通知后，只要将船名、提单号、开船日期、商品名称、数量、装运港、目的港等项内容通知保险公司，即已办妥保险手续。这种方式适用一些专业外贸公司的进口业务。

（二）逐笔投保

逐笔投保方式是指买方在接到卖方发来的装船通知后，直接向保险公司提出投保申请，填写"起运通知书"并送交保险公司。保险公司若同意承保，即在此项通知书上签章，待买方缴付保险费后，保险公司出具保险单，保险单随即生效。这种方式适用进口业务不太多的情况。

第二节　审单和付款

审单付款是进口合同履行的重要环节，它是指当卖方装运货物后，将汇票及合同（信用证）规定的单据交银行议付货款，银行对照信用证，审核单据是否齐全、内容是否符合规定，如正确无误，即由银行对外付款，同时通知买方向开证行付款赎单。一般银行在对外付款前，还要将单据交买方复审。按照我国的习惯，如果买方在 3 个工作日内没有提出异议，则开证行即按信用证的规定履行付款义务。开证行的付款是没有追索权的，因此，买方要认真审核单据，不能有丝毫的马虎。

银行在审单时，如发现单据表面上与信用证规定不符，决定拒绝接受单据，则应按照《跟单信用证统一惯例》的规定，必须在收到单据次日起第 7 个银行工作日内，以电信方式或其他快捷方式，通知寄单银行或受益人，并说明单据中的所有不符点，还需说明是否保留单据以待交单人处理，或退回交单人。

在实际业务中，如发现单证不符，根据具体情况，银行可与买方密切配合，共同协商，作出适当的处理。处理办法很多，例如：

（1）拒付货款。当不符点性质非常严重，对买方利益有实质性损害时，买方可拒收单据、拒付货款。

（2）部分付款、部分拒付。如果不符点不十分严重，按照惯例不宜拒付全部货款，则买方可以部分付款，部分拒付。

（3）货到后经检验再付款。如果卖方提供的货物品质证明书与规定不符，买方可以向卖方提出候货到后经检验合格再支付货款。

（4）凭国外议付行书面担保付款。如果不符点性质一般，对买方利益不会造成明显损害，则买方可同意在议付行出具担保后先行付款，如收到货后发现与规定不符，则可以把已付的货款追回。

（5）更正单据后付款。如果不符点属操作错误，则买方可同意卖方更改单据后付款。这种情况下，买方往往会向卖方提出降价的要求。

第三节 报关和提货

凡进出境的货物必须接受海关的监管，经海关查验无误、缴纳税费之后，才予以放行。因此，进口货物抵达口岸后，必须办理报关，如属法定检验的货物，则还需进行检验。

一、进口报关

所谓进口报关，是指进口货物的收货人或其代理人向海关交验有关单证、办理进口货物申报手续的法律行为。

（一）申报

进口货物到达后，收货人或其代理人应填写"进口货物报关单"，随附进口许可证、提单、发票、装箱单、免税或免验货物的证明等，向海关办理申报手续。

根据我国《海关法》的规定，向海关申报的时限为自运输工具申报进境之日起 14 日内，超过期限未向海关申报的，由海关按日征收进口货物完税价格 0.5‰的滞报金；超过 3 个月未向海关申报的，由海关提取变卖。

（二）查验

根据我国《海关法》的规定，进口货物除因特殊原因经海关总署批准外，都应当接受海关的查验。查验时，海关以进口货物报关单、进口许可证等为依据，对进口货物进行实际核对和检查，以确定货物的物理性能或化学成分以及货物的数量、规格等是否与报关单所列相一致。

查验进口货物应在海关规定的时间和场所进行，即在海关监管区域内的仓库、场地进行，进口货物的收货人或其代理人应该到场，并负责搬移货物、开拆和重封货物。海关认为必要时，可以开验、复验或者提取货样。

（三）纳税

海关按照规定对进口货物计征进口关税、进口增值税和消费税等税费。我国《海关法》规定，进口货物的收货人或其代理人应在海关填发税款缴款书之日起 15 日内向指定银行缴纳税款，逾期缴纳的，按滞纳天数加收滞纳税款 0.5‰的滞纳金。

（1）进口关税。这是货物在进口环节由海关征收的一个基本税种。进口关税以 CIF 价为基数计算，即以 CIF 价为完税价格；如果是以 FOB 价格进口，则还要加上国外运费和保险费，其计算公式为：

进口关税税额 = 完税价格（CIF 价格）×关税税率

（2）进口增值税。为简化征税手续，方便货物进口，国家规定进口货物的增值税和消费税，由海关在进口环节代税务机关征收。增值税的计算公式如下：

进口增值税额 =（关税完税价格 + 关税税额 + 消费税额）×增值税税率

（3）进口消费税。消费税只针对少数商品征收，如汽车、摩托车、能源、酒类、烟草等。

从价消费税额 =（完税价格 + 关税）/（1 - 消费税税率）×消费税税率

从量消费税额 = 应税消费品数量×消费税单位税额

（四）海关放行

进口货物在办完申报、接受查验、缴纳税费等手续后，由海关在货运单据上签字或盖章放行。未经海关放行的货物，任何单位或个人不得提取。收货人或其代理人必须凭海关签印放行的货运单据才能提取进口货物。货物的放行是海关对一般进出口货物监管的最后一个环节，放行就是结关。但是，对保税货物、特定减免税货物、暂准进出境货物、部分其他进出境货物，必须在办理核销或者补办进口报关手续、缴纳税费后，才能结关。

二、验收货物

【案例思考 13-3】　2004 年 11 月，内地 A 公司与香港 B 公司签订了一个香烟生产线的进口合同。设备是二手货，共 18 条生产线，由法国某公司出售，价值 100 多万美元。合同规定，出售商保证设备在拆卸之前均在正常运转，否则更换或退货。设备运抵目的地后，A 公司发现这些设备在拆运前早已停止使用，到目的地装配后也因设备损坏、缺件，根本无法马上投产使用。由于合同规定"如要索赔需商检部门在货到现场后 14 天内出证"，实际上货物运抵工厂并进行装配早已超过 14 天，A 公司已无法向外索赔。无奈之下，A 公司只能依靠自己的力量进行维修。经过半年多时间，花了大量人力物力，也只开出了 4 套生产线。请对该案例进行分析。

进口货物运达港口卸货时，港务局要进行卸货核对。如发现短缺，则应及时填制"短卸报告"交由船方签认，并根据短缺情况向船方提出保留索赔权的书面声明；如发现残损，则货物应存放于海关指定仓库，待保险公司会同商检机构进行检验，明确残损程度和原因，并由商检机构出证，以便向责任方索赔。

进口商品检验包括品质检验、安全卫生检验、数量鉴定、重量鉴定等。凡属法定检验的进口货物，必须在合同规定期限内由商检机构或指定的检验机构检验。未经检验的货物不准投产、不准销售和使用。法定检验的进口货物到货后，收货人必须向卸货口岸或报关地的商检机构办理登记，由商检机构在报关单上加盖"已接受登记"的印章，海关凭此验放。凡不属法定检验的进口货物，如果合同约定由商检机构检验，则依合同所约定的检验地点，比照法定检验商品办理报验、检验事项；经检验如发现有残损短缺，则应凭商检机构出具的证书对外索赔。对于合同规定在卸货港检验的货物，或已发现残损短缺有异状的货物，或合同规定的索赔期即将满期的货物等，都需要在港口进行检验。

进口商品在报验时，一般应提供买卖合同、国外发票、提单、装箱单、进口货物到货通知单等有关单证。此外，还应根据收货人申请检验的具体项目，提交其他相关的单证。如申请重量鉴定的，应提交国外的重量检验证书和重量明细单；申请品质、规格、安全检验的，应提供国外的检验证书、使用说明书以及有关标准和技术资料，或提交成交样品。

三、办理拨交

在办完进口报关、报验等手续后，如果进口货物符合合同要求，那么买方便可提货。在委托进口的情况下，若订货单位在卸货港所在地，则可就近转交货物；若不在卸货地区，则买方可委托货运代理或物流公司将货物转运内地并转交给订货单位。有关进口关税和运往内地的费用，由货运代理向买方结算后，买方再向订货单位结算。

第四节　进口索赔

【案例思考 13-4】　某货代公司接受收货人委托，安排一批茶叶海运进口。货代公司在提取了船公司提供的集装箱并装箱后，将整箱货交给船公司。同时，收货人自行办理了货物运输保险。货到后，收货人拆箱提货时发现集装箱内异味浓重，后查明该集装箱在前一航次所载货物为精萘。由于集装箱内残留气味浓重，致使茶叶受到污染失去了商业价值。请分析：①收货人可以向谁索赔？②最终应由谁对茶叶受污染事故承担赔偿责任？

一、索赔对象

进口商品到货后，经检验，如品质、数量、包装等与合同规定不符，则买

方需要向有关方面提出索赔。根据造成损失原因的不同，进口索赔的对象主要
有 3 个：

1. 向卖方索赔

若进口货物原装数量、品质规格与合同规定不符，或包装不良致使货物受
损，或未按期交货、拒不交货等，则均构成卖方违约，卖方应承担相应的法律
责任。根据有关法律和国际公约的规定，买方可以根据卖方违约所造成的结
果，依法提出撤销合同或要求损害赔偿。

2. 向承运人索赔

若进口货物有残损或到货数量少于提单所载数量，而运输单据是清洁的，
则表明是承运人的过失所致，买方即可依据不同运输方式的有关规定，及时向
有关承运人索赔。

3. 向保险公司索赔

如由于自然灾害、意外事故，或运输装卸途中发生事故等致使货物受损，
且属于保险公司承保责任范围内的，则应向保险公司索赔。凡属于承运人的过
失造成货物残损、遗失，而承运人不予赔偿或赔偿金额不足抵补损失的，只要
在保险公司承保的范围内，也可向保险公司提出索赔。

二、进口索赔应注意的问题

（一）索赔证据

在进口索赔时，买方需要提供充足的证据。如证据不足、责任不明或与合
同索赔条款不符，都有可能遭到理赔方的拒绝。对外索赔通常都需要先备妥索
赔清单，随附发票、装箱单、提单副本及商检机构签发的检验证书等，再针对
不同的索赔对象，另附有关证件。例如，在向卖方索赔时，如果是 FOB 或
CFR 合同，需随附保险单一份；在向船方索赔时，需另附由港务局理货员签
证的理货报告及船长签证的短卸、残损证明；在向保险公司索赔时，需另附保
险公司与买方的联合检验报告等。此外，在未得到理赔之前，买方要保管好索
赔中的商品，使之保持原状，必要时还要拍照存查，以便作举证之用。

（二）索赔金额

按照国际惯例，买方向卖方索赔的金额，应与卖方违约所造成的实际损失
相等，即应根据商品的价值和损失程度计算，同时还应包括买方支出的有关费
用，如商品检验费、装卸费、仓租费、银行手续费、利息及合理的预期利润
等。至于具体应包括哪几项，要根据实际情况确定。

（三）索赔期限

索赔必须在合同规定的有效期内提出，逾期无效，责任方有权不予受理。
如果因商检工作有困难，可能需要更长的时间，则可向责任方要求延长索赔

期限。

《公约》规定，如果买卖合同中未规定索赔期限，则买方行使索赔权的最长期限为自实际收到货物起不超过 2 年。《海牙规则》规定，向轮船公司索赔的期限为货到目的港交货后 1 年内。中国人民保险公司《海运货物保险条款》规定，向保险公司索赔的期限为被保险货物在卸货港全部卸离海轮后 2 年内。

（四）卖方的理赔责任

进口货物发生的损失，如属卖方必须直接承担的责任，则买方应根据国际贸易惯例与规则，直接向卖方要求赔偿，防止卖方制造借口来推卸理赔责任。

【本章小结】 本章介绍了进口合同履行的主要环节，包括开证、托运、投保、审单付款、报关、提货、进口索赔等。

在以信用证为支付方式的进口业务中，买方向银行申请开立信用证是其履行合同的首要环节，也是一项基本义务。开证内容必须与合同内容一致，要明确、具体、完备。信用证开出后，如发现其内容与开证申请书不一致，则需要对信用证进行修改。履行 FOB 交货条件下的进口合同，买方要做好租船订舱工作，并可以预约保险或逐笔投保的方式办理保险。审单付款是进口合同履行的重要环节。在审单时，银行要按照合情、合理、合法的原则，审核单据表面和信用证是否严格相符，如果不符，银行可与买方密切配合，共同协商，作出适当的处理。进口货物抵达口岸后，必须向海关申报，办理报关纳税手续，如属法定检验的货物，则还需进行检验。当发现进口货物的品质、数量、包装等与合同规定不符时，买方要根据情况，在索赔期限内及时向有关方面提出索赔。

思考与练习题

1. 在信用证支付方式下，履行 FOB 进口合同应包括哪些基本程序？
2. 审单付款时如有不符点，该如何处理？
3. 进口索赔的对象有哪些？索赔时应注意哪些问题？
4. 昌盛公司以 CIF 上海条件进口食品 1 000 箱，即期信用证支付。国外卖方按时发货并向银行交单结算了货款。昌盛公司收到银行提示的已装船清洁提单、保险单等单据，经审核无误后即付款赎单。货到目的港后，经复验发现下列情况：①该批货物共 10 个批号，抽检 20 箱，发现其中有 2 个批号涉及 200 箱货物内含沙门氏细菌超过本国标准；②实收 998 箱，缺少 2 箱；③有 10 箱货物外表状况良好，但重量短少 50 千克。根据上述情况，昌盛公司应分别向谁提出索赔，为什么？

5. 某公司从韩国某厂进口服装 8 000 套，交货期为 2007 年 12 月底，该厂无存货。2007 年 8 月份，该厂因资金紧张，未能购进生产服装所必需的流水线；9 月份该厂工人开始要求增加工资，随后罢工达 2 个月。按该厂的生产能力，在余下的时间里显然不能生产 8 000 套服装。问：该公司应如何应对？

第五篇 业务善后处理

一般情况下，国际货物买卖合同经过买卖双方的共同努力会得以完全履行，买卖双方的关系也会得以巩固和发展。但我们也发现有很多国际货物买卖合同在履行过程中，会因为这样或那样的原因而无法继续履行或不能完全履行，买卖双方的关系不仅没有加强，反而会由于合同履行的不顺利变得紧张甚至破裂。保持和发展客户关系，正确处理进出口业务中出现的问题，对于每一个从事国际贸易的企业来说，都是至关重要的。

第十四章 客户关系管理

【开篇案例】 迈克夫妇带着不满周岁的儿子乘坐汉莎航空公司的飞机进行一次环球旅行，途中，在法兰克福转机取行李时迈克发现为小儿子准备的帆布背包不见了。一位行李管理员看出他们的困惑，立即叫来汉莎航空公司的主管人员。主管问迈克先生包里有什么东西，迈克说："东西不多，但很重要，有路上给孩子冲来喝的奶粉和换用的纸尿裤。"汉莎航空公司的主管还问了许多问题，有的问题很奇怪，如孩子家庭医生的电话等，虽然迈克夫妇感到不解，还是把家庭医生的电话号码给了主管。

十分钟后，那位女主管和汉莎航空公司法兰克福机场客户服务部的经理一起来了。他们解释说"不好意思耽误了这么长时间，我们给您的家庭医生打了电话，由于这里没有您孩子喝的牛奶，您的家庭医生同意孩子喝这个品牌的牛奶。这是一袋纸尿裤，给孩子换上吧，我们一定买个漂亮的背包来。"

在之后的旅途中，迈克一家每到一个航程的目的地，汉莎航空公司都向他们提供免费的纸尿裤和经过他们家庭医生同意的奶品。航空公司代表说，"我们虽解决了问题，但却没有对我们的小客户说声抱歉，于是我们决定，您的孩子在汉莎航空公司乘坐飞机，将终身享受7.5折的优惠"。

汉莎航空公司的服务深深地打动了迈克一家，在以后的几十年里，汉莎航空公司始终是迈克一家出行的首选。

国际货物买卖合同一旦履行完毕，合同的买卖双方都会面临一个同样的问题，那就是双方的业务关系要不要继续保持和发展，怎样保持和发展。一般认为，在竞争日趋激烈的国际市场开发新客户是很不容易的，事实上，维持和发展良好的客户关系往往更为艰难。几乎所有的国际贸易商都知道拥有良好的客户关系对企业生存和发展的意义，因此都在千方百计地取悦客户、挖空心思地满足客户。今天，客户关系管理已成为进出口企业的一项重要工作，企业应摆正态度，正确处理客户关系，不仅要从思想上重视客户关系管理，而且更要从技术和手段上实现客户关系管理的科学化。

【学习目标】　通过对本章的学习，了解客户关系管理的概念，掌握客户关系管理的原则，熟悉客户关系管理的一般流程，学会保持和发展客户关系的主要方法。

第一节　客户关系管理概述

近几十年来，无论是经济发达国家和地区的企业，还是经济发展水平比较一般的国家和地区的企业，都非常重视客户关系管理，都把巩固和发展客户关系提高到决定企业生死攸关的高度。

一、客户关系管理的概念

本教材在第一章中已经阐述了客户关系的内涵，那么什么是客户关系管理呢？一般认为，客户关系管理就是指通过获得更多的客户线索、更广泛地共享客户信息，赢得、发展、保持有价值的客户，提高给客户的价值和客户对企业的满意度，实现企业和客户"双赢"的商务战略。

客户关系管理是一种旨在健全、改善企业与客户之间关系的新型管理系统。企业利用信息技术，通过有意义的交流来了解并影响客户的行为，以提高客户招揽率、客户保持率、客户忠诚度和客户收益率，它是一种把客户信息转换成良好的客户关系的可重复性过程，利用激励因素来刺激客户进一步购买或销售，并激发其"感激"心理，对保持长期的国际货物买卖关系和提高客户保持率十分重要。

二、客户关系管理的原则

1. 加强与客户的沟通，建立良好的合作关系

只有同客户建立良好的合作关系，才能为业务良性发展奠定坚实的基础。沟通是建立客户关系最好的途径之一。

进出口企业与其客户之间的合作应该是基于一种健康基础之上的合作，这样就需要坚持"诚信为本、热情服务"。在处理同客户的关系的时候，要有全局观念，要有长远眼光，要从大处着眼、小处着手，要在"互利双赢"的基

础上构建良好的合作模式，培育融洽的合作氛围。

2. 深化企业内涵建设，以高质量的服务或商品占领市场

进出口企业有流通性外贸企业与生产性外贸企业两类。流通性外贸企业应以提高服务吸引客户，生产性外贸企业则多以高质量商品占领市场，所以，进出口企业在客户管理上希望取得好的效果，就必须深化内涵建设，以高质量的服务与商品作后盾提升企业整体水平与层次。

3. 关注客户各自特点，提供人性化服务

服务的差异化与人性化是重要的管理观念。作为进出口企业，不论是自己生产的产品销往国外还是从国外购进商品，不论是为国内厂商寻找境外买主还是为国内买家寻找境外供应商，进出口企业都应该关注客户各自不同的特点，对每一个客户、每一笔交易认真分析，根据每一个客户、每一笔业务的特点，提供有针对性的人性化、差异化服务。在共性服务的基础上，更能满足具体客户的要求，使客户体会到宾至如归的服务，为客户与企业的合作奠定更坚实的基础。

4. 合理规避客户流失

积极深入客户经营的各个领域，提高客户对进出口企业的依存度。在一定程度上利用"锁定效应"，合理规避客户流失，从而保持客户资源与客户规模的相对稳定，为企业发展提供稳定的基础。

第二节　客户关系管理的一般流程

要正确地进行客户关系管理，首先必须牢记客户关系管理的基本原则。并在此基础上，了解客户、分析客户，然后决定与客户之间关系的适当处理。一般来说，客户关系管理都应遵循以下流程。

一、客户调查分析

（一）客户调查的内容

客户基础资料：包括企业客户的名称、地址、电话；所有者、经营者、管理者、法人代表及其个人的性格、兴趣、爱好、家庭、学历、年龄、能力；创业时间、与本公司交易时间；企业组织形式及资产等。

客户特征：包括客户的服务领域、销售能力、发展潜力、经营观念、经营政策、企业规模、经营特点等。

客户业务状况：包括客户的经营范围、主打产品、销售业绩、经营管理者与从业人员素质、与其他竞争者的关系、与本公司的业务关系及合作态度等。

客户交易现状：包括客户的销售活动现状、存在的问题、保持的优势、未来的对策、企业形象、声誉、信用状况、交易条件及出现的信用问题等。

（二）客户调查的步骤

初步情况分析：首先要搜集企业内部和外部的有关情况资料进行初步情况分析。目的在于帮助调查人员发现问题和认识问题，初步情况发现的资料搜集不必过于详细，只要重点搜集对所要研究分析的问题有参考价值的资料即可。

非正式调查：非正式调查是指贸易企业在初步情况分析的基础上，小范围地就调查的内容征询意见，缩小调查的范围，集中调查的重点。

决定搜集资料的方法：贸易公司根据调查的指导思想，明确调查的重点，确定需要搜集的资料类型，明确搜集资料的途径与区域，规划搜集资料的日程安排后，确定搜集资料的方法。

准备调查表格：在确定搜集资料的方法后，企业要制作调查表格。调查表格的设计要注意资料的系统性、完整性与连续性，并且要贯彻资料的可应用性与可预测性。

抽样设计与调查：进出口企业应根据客户调查的目的的不同设计抽样调查方案，包括样本量的大小、抽样的方式、统计方法等。在确定了抽样方案后，应借助各种调查方法展开调查。

数据处理：企业在前期大量信息搜集的基础上，要对搜集的资料进行检查和评定，审核资料是否充分、内容是否翔实、完整，是否能够满足调查目的的需要，如有补充，应在统计分析前补充搜集相关资料。然后将资料分类、统计计算，有系统地制成各种计算表、统计表、统计图，以便分析利用。

二、客户细分分析

（一）客户细分的必要性

在市场竞争日益激烈的现代社会，进出口企业之间的竞争已从单纯的价格竞争转化为多层次、多角度的综合性竞争。客户细分有助于我们区分现有或潜在的客户群体不同的特征，将具有相同或相近特征的客户划归为同类客户，对其典型特征采取有针对性的营销措施，以提高企业的个性化客户管理。客户细分是管理科学化的必要组成部分，是外贸企业客户管理水平上层次的标志。

（二）客户细分的标准

一般外贸企业都参照如下因素进行客户分类：客户的个性化资料、客户的消费行为（消费习惯、数量与频率）、客户的购买方式、客户的地理位置、客户的职业、客户的关系网、客户的知识层次、客户的规模、客户对企业的贡献、客户的忠诚度、客户的信誉度、客户是否会流失、客户是否是新客户等。

常见的外贸企业客户细分方式：

根据客户与企业的关系的分类：现有客户、潜在客户、历史客户、竞争者客户。

根据客户对企业的价值的分类：VIP 客户、主要客户、普通客户、小客户。

根据客户的信用度的分类：红名单客户、灰名单客户、黑名单客户。

根据客户满意度的分类：非常满意客户、很满意客户、基本满意客户、不满意客户、很不满意客户。

根据客户忠诚度的分类：非常忠诚客户、很忠诚客户、基本忠诚客户、不忠诚客户、很不忠诚客户。

三、客户忠诚分析

(一) 客户忠诚的种类

客户对企业的忠诚原因是多方面的，其表现形式也是多种多样的，一般来说，有以下五种类型。

垄断忠诚。这种客户忠诚源于产品或服务的垄断。一些企业在行业中处于垄断地位，在这种情况下，不论满意不满意，用户别无选择，只能够长期使用这些企业的产品或服务。在进出口行业，要形成垄断忠诚难度很大，尤其在外贸管制日益放宽的今天。

亲缘垄断。这种客户选择一家进出口企业主要因为其亲属与该企业关系密切，如客户亲属是进出口企业的工作人员等。在进出口行业，由于客户与企业分处不同的国家，要形成亲缘忠诚概率较小。

利益忠诚。客户对某进出口企业形成业务忠诚是因为该企业的价格优势，这种利益忠诚在我国的进出口行业普遍存在。由于中国的多数出口产品以价格低廉抢占市场，占有市场份额，所以，多数的进出口贸易是基于价格优势的基础达成的。但价格优势是难以长期维持的，即便在一定的时期可以维持，其维护成本也较大，而且极易引发竞争者的不满，采取报复行为，这也是中国近年来贸易摩擦不断升级的原因，所以，利益忠诚虽然大量存在，但无法形成长期的、可持续的忠诚客户。

方便忠诚。有些客户出于方便的考虑或是因为惰性，会长期地保持一种忠诚，这种情形在一些服务行业中更为常见，这种忠诚并不牢固，一旦用户发现了更加方便或是更为满意的目标之后，这种忠诚也就随之减弱、消失。企业的竞争对手往往正是利用这一点挖走了企业的客户，所以企业可以将方便忠诚作为基础，通过改变自己的产品和服务的差异性来增强客户的满意度，最终真正牢固地锁定客户。

信赖忠诚。信赖忠诚是一种可靠性高、可持续的忠诚，是进出口企业提高客户忠诚度的最终目标，形成信赖忠诚需要经过企业与客户的长期合作，需要进出口企业的产品或服务真正满足了客户的需求。所以，要实现信赖忠诚，进出口企业要转换思想，树立"双赢"观念，眼光放远，以实现客户利益最大化为服务宗旨，只有这样，才能保证企业长远利益的最大化。

（二）获取客户忠诚的方法

【案例思考14-1】　微软公司以其"非比寻常的客户服务"而远近闻名，几乎100%的客户都被它维系住了。这家公司擅长于人力资源、会计、制造流程和其他系统的复杂管理软件开发。尽管与 Oracle 公司和 SAP 公司存在竞争，微软公司还是通过向客户提供卓越的服务，降低客户的时间成本、风险成本和心理成本提升企业的价值资产，把次重量级客户转变为重量级客户。该公司的CEO 授权员工可以做能满足客户和培养客户关系的一切事情，其本人也花大量时间了解客户的需要。企业有专人负责每位客户并在公司内代表客户，这些人被称为"客户经理"，其工资和报酬不按销售收入而是按客户满意程度核算。根据从客户处掌握的信息，微软公司也减少了客户许多重要的非货币成本，这些非货币成本发生在成套产品的不成功安装、人员培训以及维修支持上。客户对微软公司提供的服务和无障碍操作感到十分满意，因此愿意留下来，从而转变成为重量级客户。

1. 树立"双赢"观念，真诚对待客户

进出口贸易行业，大部分业务秉承了原有的买卖行为，也因此存在着传统的买卖对立的观念，即认为买卖双方是一种敌对的关系，卖方希望能够高价出售，买方希望低价购买，买卖的过程就是买卖双方斗争的过程。

但是从长期利益来讲，买卖双方应该摒弃对立思想，树立合作意识，卖方要帮助买方实现相应的目标和价值，并从中获取利益，买卖双方的利益是共同的，以损害一方利益实现自身利益的经营模式已经无法适应现代社会激烈的竞争了。所以，进出口企业在业务开展过程中，应该坚持以真诚的态度对待客户，与客户沟通，在实现客户利益的同时实现自身的利益。

2. 建立完善的客户信息数据库

要提高客户的真诚度，首先要做的就是调查客户的忠诚度，并将调查结果记录在案。因此，进出口企业在与客户的接触过程中，要重视随时的数据收集和记录，要建立一个完整的数据库。同时，要使数据库中的数据信息完整，成为有机的整体，而不是众多孤立数据的堆砌。要尽可能地利用数据库对客户的资料进行多方面、多层次的分析，然后再通过逻辑思维归纳出进一步的结果，以看到客户深层次的一面。这个时候，也许企业对客户的了解更甚于客户本人。

3. 提高客户兴趣，与客户有意接触并发现商机

进出口企业可以采取多种办法激发客户的兴趣，有计划地与客户接触、沟

通，从中发现并把握商机。进出口企业可以主动发函给客户，询问客户的需求和意见；定期派专人走访客户，就完成的业务情况进行调查，掌握客户的需求变化；时常召开客户见面会或联谊会等，把握每一次与客户接触的机会，赢得客户的信赖。

4. 建立反馈机制，倾听客户意见

建立有效地反馈机制非常重要，企业面临的不是客户的一次性交易，而是长期性的合作。有效的反馈机制为进出口双方提供了沟通交流的平台，进出口双方每一笔业务操作过程中的信息得以及时交换，使买卖双方能够在相对透明的基础上完成交易，这样，一次交易的结束才可能是下一次新的合作的开始。

5. 妥善处理客户的抱怨

及时妥善处理客户的抱怨，是进出口企业赢得客户信任和忠诚的极有效的方法。客户对业务操作出现意见，是业务操作或衔接出现问题的反映，企业这时必须正确对待客户的抱怨，才可能化危机为商机，及时妥善地处理客户的抱怨，才能化解潜在的矛盾，争取长期合作的良好基础。

四、客户流失原因及解决办法

客户流失，特别是优良客户流失对于任何一个国际贸易企业来说都是非常痛苦的一件事情。如何留住客户，保持和发展良好的客户关系，首先要解决的问题就是弄清楚客户流失的原因，然后对症下药，不断培养和提高客户对企业的忠诚度。

（一）客户流失原因

1. 商品价格是导致客户流失的主要原因

进出口贸易中，买卖双方进行货物或服务的国际交流是以获取商业利润为目的的，要实现买卖双方的商业利益，在相同品质的条件下，价格优势是最具竞争力的要素。拥有价格优势的进出口商将对客户形成强有力的吸引。而一旦进出口企业丧失了价格优势，原有的客户就有可能转投他家，造成客户流失。

2. 业务操作中微妙事件的不良处理也是导致客户流失的常见原因

进出口贸易实践中，买卖双方需要在询盘、发盘、磋商、报价、履行等各个环节发生业务往来，在这频繁的往来中，业务摩擦难免会发生，企业对这种微妙事件的处理方式与态度将对客户的心理造成非常大的影响，直接决定客户对企业的信任度的增加或减少。

在进出口贸易中，无论卖方还是买方，都不能只顾眼前利益和个人利益，而将对方的利益置之不理，这种思想体现在贸易摩擦的处理中极易造成破坏性的后果。一旦是己方工作人员的错误，就该诚恳认错并积极弥补。即便是对方客户的问题，也该设身处地地为对方考虑，从双方利益角度考虑问题，才有利

于双方长期合作关系的建立。一旦抓住对方错误大做文章，则破坏了双方合作的基础，交易很难顺畅达成，势必造成双方的利益受损，要争取达到"双赢"的交易才是进出口商应该关心的问题。

3. 商品质量无法达到客户的要求，缺少主要性能

进出口贸易中，对方客户如果无法对拟交易的商品的品质感到满意，则交易的达成就缺乏起码的基础，即便是勉强达成一笔交易，也只是短期行为，无法为企业培养真正的客户资源，反而，容易在客户群中丧失信誉，起到负面的效果。这种导致客户流失的原因出现的概率虽然不像商品的价格那么频繁，但一旦这类问题出现就构成企业很难解决的瓶颈。

4. 消极的服务接触无法为客户切实解决所需

进出口贸易中，如果己方人员没有尽可能地满足客户的需求，积极主动地与客户沟通交流，则买卖双方的交易就丧失了良性发展的基础，这种消极的服务态度虽然在一定程度上可能被商品的品质及价格优势掩盖，但服务的低劣是造成客户流失的隐患，一旦出现在商品品质或价格方面与自己有竞争力的对手，客户的流失就是必然的。而要长期在商品的品质与价格上维持优势本身就不容易，需要投入的成本与精力远比维护客户已经建立起来的信任要大得多。

5. 竞争对手的行动势必在一定程度上形成对客户的吸引力

进出口贸易中，任何一种商品或服务的供应商面对着来自世界各地的消费者或购买者，可谓商机无限，但同时也面临着来自世界各地的竞争者的挑战。任何一家贸易公司都希望争取尽可能多的稳定客户，为企业发展提供动力。因而就必须切实关注有竞争力的对手的商业行为，并采取相应的对策应对，以保持现有客户的相对稳定，同时开发、挖掘新的客户，在竞争中争取有利地位。

6. 其他非自愿的原因：如搬迁、死亡、伦理道德问题等

除上述原因外，还有一些其他的非自愿的原因导致企业的客户流失。所以，企业的客户资源应该是一种动态的平衡，保持客户的绝对不流失是任何企业都无法实现的理想状态，企业应该注意保持自身客户资源的动态平衡，培养长期客户、牢牢把握重点客户、高价值客户，保证 VIP 客户不流失，而对于低价值客户则需要考虑维护成本与维护利益之间的关系。

（二）避免与处理客户流失的办法

（1）针对自然流失，进出口商应保持平和心态，正确认识自然流失的必然性，争取将自然流失控制在合理范围内。

自然流失，是指非人为因素造成的客户流失，在进出口业务中这类现象比比皆是，如进出口一方公司迁址，离开对方所在城市，双方的贸易合作就生出障碍，无法顺利进行；再如进出口一方变更经营范围，改变主营产品，交易对象与另一方相偏离，双方的贸易合作缺乏了共同的基础，无法开展。这类现象

在进出口贸易实践中时有发生。

针对自然流失，进出口商希望借助某种措施来减少自然流失的发生，这种可能性较小，可以说，进出口商对自然流失几乎无能为力，但幸好这种类型的流失并不严重，如果自然流失引起重要客户的流失，那么进出口商就必须另辟蹊径，重新开发新客户。

(2) 针对竞争流失，进出口商应该有计划地采取措施加以处理。

竞争流失是指由于竞争对手的行为导致的客户流失，在进出口业务中，激烈的竞争已经演变为企业客户流失的重要诱因，面对这种竞争可能导致的客户流失，企业可以采取以下三种策略：

进攻策略：进出口商有针对性地采取措施，改进商品品质，提高服务质量，集中力量，发挥自身优势，主动发起进攻，与竞争对手展开正面的竞争，为自己争取客户造势。

防守策略：进出口商如果目前自身能力有限，则无法与竞争对手平等竞争，没有办法在短期与竞争对手展开面对面的竞争。此时企业就应该努力提高服务水平与质量，实行优惠价格，尽量保持和巩固现有市场。

撤退策略：企业通过市场分析与前景预测，如果感到前景于己方不利，就干脆放弃这种产品或服务品种，以腾出资源开发新产品，开辟新市场。

(3) 针对过失流失，进出口商必须高度重视，切实发现问题根源，妥善处理，为树立良好的企业信誉与形象做好铺垫工作。

过失流失：是指由于企业自身工作中的过失造成的客户流失，这种类型的客户流失占客户流失总量比例最高，对企业影响最大。

造成过失流失的原因很多，如产品粗制滥造，对客户不闻不问，对员工置之不理，对反馈信息忽略不计，对企业创新不愿投入等。

为避免客户因进出口商的过失而流失，要求进出口商要从思想上重视客户管理工作，培养公司员工服务意识，将"双赢"观念灌输给员工，切实改进商品品质，提高服务质量，减少工作过失，这样才能降低过失发生概率，降低客户因进出口商的过失而流失。

【本章小结】　客户关系管理既是一门科学，又是一门艺术，对企业的生存和发展具有十分重要的意义。本章主要介绍了客户关系管理的一般原则和流程，并重点讲述了如何加强客户关系和避免客户流失的主要方法，使进出口业务得以不断地进行和扩大。

思考和练习题

1. 单项选择题

（1）在客户关系管理中，对于客户价值的分析与评价，常用到所谓的"二八"原理（80/20 Pare to Principle），这个原理指的是（　　）。

  A. VIP 客户与普通客户通常呈 20∶80 的比例分布

  B. 企业的利润的 80% 或更高是来自于 20% 的客户，80% 的客户给企业带来收益不到 20%

  C. 企业的内部客户与外部客户的分布比例为 20∶80

  D. 企业的利润的 80% 是来自于 80% 的客户，20% 的客户给企业带来 20% 的收益

（2）在客户关系管理中，客户的满意度是由以下哪两个因素决定的？（　　）

  A. 客户的期望和感知   B. 客户的抱怨和忠诚

  C. 产品的质量和价格   D. 产品的性能和价格

（3）在客户关系管理中，以下哪种情况不是客户的忠诚的表现？（　　）

  A. 对企业的品牌产生情感和依赖

  B. 重复购买

  C. 即便遇到对企业产品的不满意，也不会向企业投诉

  D. 有向身边的朋友推荐企业的产品的意愿

（4）在客户关系管理中，可以根据不同的维度去细分客户群，可以根据客户的价值进行划分，可以根据客户与企业的关系划分，可以根据客户的状态划分，以下哪种客户类型不属于根据客户的状态进行的分类？（　　）

  A. 新客户   B. 忠诚客户

  C. 流失客户   D. 中小商户

（5）在客户关系管理战略中，"流失预警"是对以下哪个关键的因素进行的管理？（　　）

  A. 客户满意度   B. 客户忠诚度

  C. 客户状态   D. 客户成本

（6）客户对供电公司所提供的电力服务的使用是基于以下哪种类型的忠诚？（　　）

  A. 垄断忠诚   B. 亲友忠诚

  C. 惰性忠诚   D. 信赖忠诚

(7) 满意度和忠诚度之间的关系，在以下哪个关系中表现得最为紧密？（　　）

    A. 行业竞争激烈的企业客户关系

    B. 实施客户积分计划的企业客户关系

    C. 退出成本/门槛高的企业客户关系

    D. 专利技术产品企业客户关系

(8) 在客户关系管理理念中，客户的价值的预测通常是采用哪个方式进行的？（　　）

    A. 客户的长期价值或者是终身价值

    B. 客户消费量最高的时期所产生的价值

    C. 客户从新客户到流失客户期间所产生的价值

    D. 客户从潜在客户到真正的企业客户期间所产生的价值

(9) 企业实施客户关系管理的最终目的是(　　)。

    A. 把握客户的消费动态

    B. 针对客户的个性化特征提供个性化服务，极大化客户的价值

    C. 做好客户服务工作

    D. 尽可能多的收集客户信息

2. 简答题

(1) 简述客户忠诚度的概念。

(2) 简述客户忠诚的几种类型，以及它们的特征。

(3) 试述如何提高客户的满意度。

3. 论述题

应用所学的客户关系管理的理念，从客户关系管理的四个战略关键要素（细分客户、客户满意度、客户忠诚度、客户状态），选择你所熟悉的某个行业或者企业谈谈企业应该如何留住客户。

4. 实训题

实训目的：学会识别企业客户

实训项目：从企业众多客户中分辨关键客户

实训组织：将学生 5~7 人分一组，以小组为单位，明确分工，学生可从本地，也可从网上寻找、选择有一定规模，经营活动稳定的典型企业，深入调查，分析其客户类型，并确定具体的关键客户。

第十五章 违约及其处理

【开篇案例】 浙江宁波某小企业与日本客户签订一笔较大数量的纺织品出口合同。合同规定最迟交货期为某年 4 月 1 日，日本客户按期开出了信用证。生产过程中，该公司发现因生产能力所限不能于 4 月 1 日交货，于是向日本客户提出推迟交货期，改为分三批交货且修改信用证相关内容，双方经协商达成一致意见。在履约中，第一批交货期为 4 月 9 日，T/T 付款，收款后该公司按期交货。第二批交货期为 4 月 15 日，T/T 付款，款到后，该公司仍因生产能力所限到 4 月 23 日才交货。第三批交货期定为 4 月 20 日，L/C 付款，该公司拖至 5 月 10 日才交货。由于该公司未能按期交货，日方提出索赔，并要求按照日本标准进行经济赔偿，这是这家小企业不能承受的。但因未在合同中提及违约处理办法，只约定如发生纠纷，通过协商解决，如果协商不成，则提交中国国际经济贸易仲裁委员会仲裁。最后，该公司被迫在仲裁中承担巨额赔偿。

上述案例是一起典型的小型企业违约案，该公司自知生产能力有限依然接下日方的大订单，希望以此获得较丰厚的收益，结果陷入被动受损的地步。案情虽简单，但却涉及一系列法律问题：(1) 根本性违约与交货期的确定。(2) 分批交货的履行。(3) 买方能否解除合同。(4) 索赔方案的确定。在进出口合同履行过程中，由于种种原因，会出现一方当事人不履行合同或履行合同时不符合合同规定，给另一方当事人造成履约困难甚至造成损失。而贸易实践的情况又十分复杂，双方当事人往往各执一词，争议难以自行协商解决，很多时候要依据合同的仲裁条款（或发生争议后双方达成的仲裁协议）提请仲裁解决。如果合同中既未规定仲裁条款且双方事后不能达成仲裁协议，则还要通过司法程序解决。然而，无论通过哪种方式解决争议，都涉及对违约行为、违约责任的认定以及适用法律给予受损一方采取某种救济的问题。要成为一名优秀的外贸从业人员，不仅应掌握全面扎实的业务操作技能以保证每笔交易顺利进行，还应具备一定的风险防范意识以及对违约行为发生后的合理处理技能。本章主要根据《公约》中有关违约和违约救济的规定系统介绍进出口贸易中的违约行为及其处理办法。

【学习目标】 通过对本章的学习，理解违约行为的含义、种类及其法律后果；掌握预期违约及其处理方法；熟练掌握卖方违约时买方的处理方法以及买方违约时卖方的处理方法；掌握履约纠纷的常见处理办法。

第一节 违约概述

一、违约行为及其法律后果

1. 违约行为的定义

违约行为（Breach of Contract）是指买方或卖方在不存在合同约定的不可抗力事故的情况下，未能全部或部分履行其合同义务（包括不符合合同约定的内容）的一种行为。如卖方不交付合同约定的货物、迟延交付货物、交付与合同规定不符的货物、未向买方发送装船通知等；买方不按约定支付货款、不及时办理进口证件、不按约定接受货物或对货物进行复验等，都属于违约行为。任何一方当事人违约后，都要承担相应的违约责任，在法律上给予受损方法律上的救济，即违约救济。

2. 根本违约与非根本违约

不同的违约行为会给另一方当事人造成不同的后果，《公约》对违约的后果及其严重性进行了区分，将违约分为根本性违约和非根本性违约。

《公约》第二十五条规定，根本违约（Fundamental Breach）是指一方当事人违反合同的结果，如使另一方当事人蒙受损害，以致实际上剥夺了对方根据合同规定有权期待得到的东西，除非违反合同一方并不预知而且一个同等资格、通情达理的人处于相同的情况中也没有理由预知会发生这种结果。例如，卖方故意不交付合同货物，或者买方无理拒收货物等违约行为就是根本违约。根据《公约》的上述规定，构成根本违约的条件有：（1）违约方存在违约的事实。（2）违约方这种违约行为对另一方造成了实质性的损失。（3）违约的后果是违约方主观行为造成的，即违约方是能预知的。非根本违约（Nonfundamental Breach），是指违约的状况尚未达到根本违反合同的程度。

违约行为的性质不同，违约行为的法律后果也不同。《公约》规定，如果一方当事人发生根本违约，则另一方当事人可以宣告合同无效，并可要求损害赔偿；如果一方当事人发生非根本违约，则受损方只能要求损害赔偿，而不能宣告合同无效。

【案例思考 15-1】 2004 年 4 月，中国 A 公司（买方）与某外国 B 公司签订冷轧卷板购销合同，该批冷轧卷板将用于生产电冰箱、空调器等夏季适销产品。合同约定：B 公司应在 2004 年 6 月底前交货，付款方式为信用证方式。合同签订后，A 公司依合同规定开立了受益人为 B 公司的信用证。B 公司也多次书面承诺按期交货,但直到 2004 年 6 月 30 日,A 公司仍未收到 B 公司任何关于货物已装船或延期装船的通知。7 月 3 日,B 公司向 A 公司发来传真,称原订货轮因故延至 7 月 15 日才能开航,无法保证按规定的时间交货,要求 A 公司将信用证装船期延至 7 月 15 日,有效期延至 7 月 31 日,并要求 A 公司须于 7 月 4 日回复其传真。A 公司于 7 月 4 日答复 B 公司,告知 B 公司修改信用证的条件是 B 公司将价格下调 10%,否则将宣告撤销合同,但 B 公司没有同意 A 公司的要求,并要求 A 公司答复接受其延缓信用证期限的请求,否则将货物出售给别的客户,A 公司遂于 7 月 5 日正式函告 B 公司,终止合同并提出索赔。试回答:①A 公司是否可以采取宣告撤销合同的方式? 为什么? ②A 公司是否可以提出索赔? 为什么?

二、预期违约及其处理

(一) 预期违约的定义

预期违约 (Anticipatory Breach of Contract) 是指合同订立后,在合同规定的履行期限到来以前,已有根据显示合同的一方当事人将不会履行其合同义务。例如,买卖合同中约定以信用证方式支付货款,若买方未按规定开立信用证,则卖方有权暂缓交付货物。对于预期违约行为,法律赋予另一方以不安抗辩权,即允许另一方当事人终止履行自己的合同义务。

(二) 预期违约的处理

根据《公约》的规定,对于预期违约有两种处理方式:

1. 一方当事人预期违约,另一方当事人可以行使终止履行义务的权利

《公约》第 71 条第 (1) 款规定了判断是否发生预期违约的三项标准,即一方当事人履行义务的能力有严重缺陷,或其信用有严重缺陷,或其在准备履行合同或履行合同中的行为显然将不履行其大部分重要义务。例如,合同约定采用信用证支付方式,在交货期限未到前,卖方已知由于买方的财务危机无法从银行开出信用证,此时卖方如果按期交货,就无法保证全部收回货款;合同约定在交货日前 30 日预付货款 30%,余款以信用证方式支付,但在预付货款前,买方发现卖方并未购足制造合同货物的原材料,难以保证按期足额交货。根据《公约》的规定,当发生上述情况时,卖方可暂不装运货物,买方可暂不付款和暂不开出信用证。

《公约》第 71 条第 (2) 款规定了预期违约中一种特殊情况下的补救办法,即在买方预期违约的事实明显化以前,卖方已经将货物发运。此时可行使停运权阻止承运人将货物交给买方,即使买方持有提取货物的单据也是如此。例如,买卖双方采用的是货到付款的支付方式,卖方先发货,并随即将与货物有关的单据寄交给买方,货物在运输途中时,卖方通过某种途径得知买方出现

财务危机，甚至有破产的可能。此时，根据《公约》的上述规定，卖方有权要求承运人拒绝将货物交给买方。值得注意的是，因运输业务情况比较复杂，各种运输方式下适用不同的运输公约或规则，承运人能否确定拒绝持有有权提取货物单据的买方就可能出现问题。为此，公约特别声明"本款规定只与买方和卖方间对货物的权利有关"，即一旦出现运输关系上的问题即依其他公约或规则的规定去解决。

2. 要求提供担保

公约第 71 条第（3）款规定，中止履行合同义务的一方当事人必须通知另一方当事人，如经另一方当事人对履行义务提供充分保证，则他必须继续履行义务。提供担保是一方当事人中止履行合同以后，另一方当事人为其提供的救济措施。一方当事人享有此种救济的前提是及时履行通知义务，至于是否提供担保尚需对方当事人自行决定。若对方当事人拒绝提供担保，则预期违约转化为实际违约，并且当事人享有相应的救济权利。

【案例思考 15-2】 2001 年 6 月 15 日，香港甲公司和内地乙公司签订销售合同，约定甲公司向乙公司购买 6 万件日用品，总货款共计 60 万元人民币。合同规定，在合同签订后 15 日内，甲公司先行支付总货款 10% 作为合同的预付款，而后在每次交货验收后 10 天内支付剩余款项的方式结算货款。如果一方违约，则应当向另一方支付违约金 4 万元；分三批交货，第一批 2 万件货物于 7 月 15 日交货，第二批 2 万件货物在 9 月 15 日前交付，第三批 2 万件货物于 12 月 5 日交货。合同签订后，甲公司按合同规定向乙公司支付了预付款 6 万元人民币。7 月 15 日，乙公司按约定向甲公司交付了货物，但甲公司并未按合同的规定向乙公司支付该批货物的剩余款项。在乙公司催促下，9 月 10 日，甲公司才支付该批货物的剩余款额。9 月 15 日，乙公司交付了第二批货物，但甲公司仍然未在规定时间内付款。鉴于此情况，乙公司对甲公司的资信状况产生怀疑，于是委托咨询机构调查甲公司的经营、资信等情况。经查发现，甲公司注册资本极少并已出现资不抵债的情形，甲公司的一些债权人已向香港法院提出诉讼，该公司的部分财产已处于被法院查封和扣押的状况，随时可能进入破产程序。

10 月 19 日，乙公司正式致函香港公司，表示鉴于甲公司的资信状况不良，决定中止履行合同，不再交付第三批货物。在接到乙公司的信后，香港甲公司立即回复，表示由于货物已经签署了转卖合同，因此要求乙公司继续履行合同，并付清了第二批货款。11 月 5 日，甲公司再次致电乙公司，要求乙公司按照合同约定履行货物交付义务，并随附香港某银行出具的保函。接到甲公司的传真和保函后，乙公司仍认为甲公司不具有履约能力，因此回复表示不再继续履行合同，要求单方面解除合同。11 月 10 日，甲公司再次致电乙公司，要求履行合同，但交涉未果，遂提交内地仲裁庭裁决，要求支付违约金，赔偿包括利润在内的全部损失。

仲裁庭认为，鉴于甲公司有违约在先，没按时支付第一、二批货款，经仲裁庭调解，双方抵消支付违约金，乙公司继续履行第三批交货义务。

第二节　卖方违约时买方的处理

【案例思考15-3】　1999年8月12日，买卖双方按信用证付款条件签订了两份买卖金属硅的合同。合同订立后，金属硅价格上涨，买方依约开出了信用证，但卖方拒不按约交货。买方见信用证已过期，为减少损失，便从别的公司购买了相同品质的替代货物。之后，买方以卖方违约为由，向卖方索赔差价损失。双方经协商未果，买方遂向中国国际经济贸易仲裁委员会上海分会提请仲裁。仲裁庭对买方采取的补救措施予以支持，裁定卖方应赔偿买方购买合同替代货物所造成的货物差价损失。

一、要求卖方履行交货义务

在国际贸易买卖合同中，卖方最基本的义务是交付货物及移交单据。根据《公约》第46条和第47条的规定，当卖方不履行义务时，买方有权要求卖方履行其义务。此外，买方还可以规定一段合理时限的额外时间，让卖方履行其义务。

但是，《公约》对买方的这一权利也作出了一些限制性的规定：

（1）如果买方已采取与要求卖方履行义务相抵触的某种补救办法，例如买方已宣告合同无效，则不能再要求卖方履行义务。

（2）买方要求卖方履行义务交付替代货物，必须是卖方根本违反合同，即只有卖方当其交付的货物与合同严重不符构成根本违约时，买方才可要求卖方交付替代货物。例如，卖方交付一台设备，经过多次调试都生产不出合同规定的合格产品和单位时间要求的数量，后才发现是卖方在过期设备上加上新型号的标志欺骗买方。这当然是一种根本违约的行为。如果只是设备上的某几个零件出现问题，那么经过更换后设备仍可正常运转并能生产出合格产品，这种轻微或说一般性的违约行为，买方就不能要求卖方更换整台设备。

（3）《公约》尽管规定了买方有权要求违约方履行某一义务，如实际履行其交货义务，但是《公约》第28条规定，法院没有义务作出判决，要求具体履行这一义务，即让卖方实际履行其交货义务，除非法院依照其本身的法律对不属于本公约范围的类似销售合同愿意这样做。

二、宣布合同无效

《公约》第 49 条规定，买方可以在下述两种情况下宣告合同无效：

（1）卖方不履行在合同或《公约》中的任何义务，例如不按照合同规定的条件交货或迟延交货。

（2）发生不交货的情况，例如卖方不在买方规定的额外时间内交付货物，或卖方声明将不在规定的时间内交付货物。

上述第一种情况属于根本违约，第二种情况，公约虽然没有在文字上规定其为根本违约，但卖方超过额外时间仍不交货或预期违约事实上造成不交货都是一种根本违约的行为。此外，《公约》不仅规定了实体上的限制条件"根本违约"，而且还规定了程序上的限制条件，《公约》第 49 条第（2）款规定，通常情况下，如果卖方已交付货物，买方就丧失宣告合同失效的权利，除非买方在知道或理应知道卖方违约后一段合理时间内宣告合同无效。

三、请求损害赔偿

《公约》第 45 条规定，如果卖方不履行在合同和该《公约》中的任何义务，买方就可按照《公约》第 74 条至第 77 条的规定请求损害赔偿，而且买方的这一权利，不因行使其他补偿办法而丧失。

《公约》第 74 条规定了确定损害赔偿额的基本规则；第 75 条规定了以合同价格和替代货物交易价格之间的差额来计算损害赔偿，并指明除此还可按第 74 条规定取得的任何其他损害赔偿；第 76 条规定了以合同价格和宣告合同无效时（或接受货物时）的时价之间的差额计算赔偿额以及按照第 74 条规定可以取得的任何其他损害赔偿。

《公约》第 77 条规定，买方必须按情况采取合理措施，减轻由于卖方违反合同引起的损失，包括利润方面的损失。如果买方不采取这种措施，则卖方可以要求从损害赔偿中扣除原可以减轻的损失数额。

四、要求交付替代货物与要求对不符合合同的货物进行修理补救

当卖方交付的货物不符合合同约定时，《公约》规定了两种救济办法：一是第 46 条第（2）款规定，如果卖方交付的货物不符合合同，并构成根本违反合同时，则买方可以要求交付替代货物；二是第 46 条第（3）款规定，如果卖方所交货物不符合合同，则买方可以要求通过修理对不符合合同之处作出补救。

《公约》规定的上述第一种情况，买方可以要求卖方交付替代货物，实际上是一种实际履行。第二种情况，在国际贸易实践中是经常会遇到的，如对设

备、仪器、电子计算机、汽车等的修理、除锈、更换零部件，对某些织品的修补，对某些农产品的重新加工整理等都属于修理的范围。不过《公约》规定，买方提出修理的要求，必须在发出货物不符合合同通知的同时向卖方提出，或者在该项通知发出后的一段合理时间内提出。但是，如果买方考虑了所有情况之后，认为这样做是不合理的，则应除外。在实际业务中，如果由买方或第三人修理，而不是由卖方修理，则买方应与卖方协商，征得卖方同意。因为这样做不仅涉及责任问题，也涉及费用问题。此外，《公约》第48条第（1）款规定，如果买方未宣告合同无效，卖方即使在约定的交货日期之后，在买方规定的宽限期内，则仍可自付费用，对任何不履行的义务作出补救，但这种补救不得造成不合理的迟延，也不得使买方遭受不合理的不便，或无法确定卖方是否将偿付买方预付的费用。

五、要求减低价格

《公约》第50条规定，如果卖方所交货物不符合合同，无论买方价款是否已付，则买方都可以要求减低价格。

《公约》第35条第（1）款规定，卖方交付的货物必须与合同所规定的数量、质量和规格相符，并需按照合同规定的方式装箱或包装，对《公约》第50条买方可以要求减价范围的理解，不应仅是在规格或质量上不符才可以要求减价，只要卖方交付的货物在数量、装箱或包装上不符，买方都可以要求减价。

采取减价办法时应注意以下问题：

（1）如果卖方已按《公约》第37条和第48条的规定对其不履行义务作出补救，或者买方拒绝接受这种补救，则买方不得减价。

（2）减价幅度的计算方法。《公约》规定按实际交付的货物在交货时的价格与符合合同的货物在当时的价格之间的差价计算，即计算差价不是以合同规定的价格为基础计算，而是以交货时相符合同的货物价格与不符合合同的价格的差价计算。

（3）买方是否请求减价，如上所述买方要根据卖方违约时的具体情况来决定。如果市场价格未有大的波动，则采取减价的救济办法比较简便易行；如果价格下跌，则买方在一般情况下会以较低于合同的价格补进货物，也就不愿接受不符货物，以卖方根本违反合同为由解除合同，并请求损害赔偿。

六、拒绝收取货物

《公约》第52条，如果卖方在规定的交货日期以前交付货物，则买方可以收取货物，也可以拒绝收取货物。如果卖方交付的货物数量大于合同规定数量，则买方可以收取多交部分的全部或一部分，并按合同价格支付多交部分货物的价款，同时买方也可以拒绝收取多交部分的货物。

此外，《公约》第 45 条第 （3） 款规定，如果买方对卖方违反合同采取某种补救办法，则法院或仲裁庭都不得给予卖方宽限期。公约之所以作出这样的决定，是针对某些国家的法律准许法院给予卖方以宽限期而规定的。

第三节 买方违约时卖方的处理

【案例思考 15-4】 1999 年 12 月 8 日，买卖双方签订一份塑料制品的销售确认书，其中规定，付款条件为信用证即期付款。买方进行装运前检查，签署合格证书后，方可装运。合同订立后，买方以 "情势变迁" 及其所订产品在英国市场销路不好为由，提出接触合同，要求卖方停止交货。卖方表示不同意，并仍然安排生产和交货。

一、要求买方履行合同义务

《公约》第 62 条规定，除卖方宣告合同无效外，卖方可以要求买方支付价款、收取货物或履行其他义务。《公约》规定的这一救济办法既体现了第 46 条给予买方的救济办法的对等性，也体现了有效合同必须履行的精神。因为买方最基本的义务就是收取货物、支付价款，如果买方违约不履行这一义务，卖方自然就有权利要求买方履行合同规定的义务。

《公约》对卖方行使这项权利的请求有两种限制：一是已采取与这一要求相抵触的某种补救办法，如已宣告合同无效，则不能再要求买方实际履行合同；二是卖方行使这一权利，同样要受到《公约》第 28 条的限制，即要以有关国家国内法对要求实际履行的制度为依据。

《公约》第 63 条第 （1） 款同样规定，如果卖方要求买方履行合同义务，则卖方可以规定一段合理时限的额外时间，让买方履行义务，即给买方一段宽限期。

二、宣告合同无效

根据《公约》第 64 条的规定，卖方只有在下述两种情况下，才可以宣告合同无效：

（1） 买方不履行其在合同或《公约》中的任何义务，已经构成根本违反合同，即剥夺了卖方根据合同规定有权期待得到的东西。

（2） 卖方按照《公约》规定给予买方履行合同规定的额外时间内，买方仍不履行其支付价款或收取货物的义务，或者买方声明他将不在所规定的时间内履行其义务。

可见，无论上述哪种情况，最终结果都是买方构成了根本违约，这时卖方才可以行使宣告合同无效的权利。应该说，《公约》对宣告合同无效的条件是严格的、明确的。在第二种情况下，买方根本违约是指在宽限期内买方拒绝支付货款或收取货物的违约行为，只要认定存在这样的事实，卖方宣告合同无效的条件即成立。而在第一种情况下，认定买方根本违约的事实尚有不确定性，因为《公约》规定的是买方不履行任何义务。因此，一旦出现买方不履行其某一项或某几项义务时，是否构成根本违约，只有当认定根本违约的事实后，卖方才有权宣告合同无效。否则，卖方只能采取其他的补救办法。例如，在FOB 条件下，买方未能及时派船而违约，则情况就比较复杂了。

同样，根据《公约》第 26 条的规定，卖方宣告合同无效的声明，必须向买方发出通知，方能生效。此外，根据《公约》第 72 条规定，如果在履行合同日期之前，明显看出一方当事人将根本违反合同，则另一方当事人可以宣告合同无效。也就是说，卖方只要"明显看出"买方将根本违反合同，则有权在履行合同日期之前宣告合同无效。应该说，《公约》对卖方这一权利规定是明确的，对如何认定买方已预期违约可参考本章第一节对预期违约的介绍。

三、要求损害赔偿

《公约》第 61 条规定，当买方不履行合同义务时，卖方可按照《公约》规定要求损害赔偿，且卖方的这种权利不因行使其他补救办法而丧失。关于损害赔偿的原则和赔偿额的计算，也根据《公约》第 74 条至第 77 条的规定办理。

值得注意的是，根据《公约》规定，声称另一方即违反合同的一方，必须按情况采取合理措施，减轻由于该另一方违反合同而引起的损失，包括利润方面的损失。如果他不采取这种措施，则违反合同一方可以要求从损害赔偿中扣除原可以减轻的损失数额。

第四节 履约纠纷的处理

前面几节介绍了违约行为及对违约行为的处理办法，在实际业务中，买卖双方还可能就以下内容产生争议：是否构成违约，对违约的事实、性质、程度有争议；对争议适用的法律及违约的责任、后果有不同看法，尤其是对损害赔偿范围、计算方法以及利息的计算有争议。一旦发生争议，首先应以友好协商的方式解决，以利于保护商业秘密和企业声誉。如协商不成，则当事人可依合同约定或争议的情况采用调解、仲裁或诉讼等方式解决。

一、自行协商解决（索赔与理赔）

（一）自行协商解决的定义

自行协商解决争议在进出口业务中通常称为索赔或理赔。索赔是指在进出口交易中，因一方当事人违反合同规定，直接或间接给另一方当事人造成损失，受损方向违约方提出赔偿请求，以弥补其所受损失。理赔则是指一方当事人对另一方当事人提出的索赔进行处理。可见，索赔与理赔就是当事人间自愿通过协商弄清事实，分清责任，最终依法（或习惯）达成双方可以接受的协议，是解决争议的一种方式。

（二）自行协商解决优缺点

由于协商方式不需第三方介入，而且程序简单、灵活，因而大多数当事人同意在争议发生之初先行协商解决，很少有当事人在发生争议后不与对方当事人协商而直接提起仲裁或诉讼。达成和解协议后，各方可以继续根据互谅互让的原则进行合作和发展，可以有效节省当事人的时间、人力及财力。

协商解决的结果往往取决于各方讨价还价的能力及其所处的经济状况和经济实力，协商达成的和解协议可能对处于弱势一方的利益保护不够。此外，当各方分歧严重时，难以自行协商解决，只能求助第三方帮助解决。

（三）自行协商解决的注意事项

1. 对外索赔的注意事项

（1）采取自行协商方式，必须双方当事人自愿，且要平等协商，不能以强欺弱，强词夺理，应当依法相互配合，在弄清事实、分清责任的基础上，通过一定的让步达成和解协议。

（2）为了查清损害事实，分清责任，应在对外索赔前备妥必要的索赔单证。首先要根据口岸验收记录、用货部门验收、使用中发现的问题及现场情况确定损害事实的存在，并分清责任。如为船公司（承运人）或保险公司的责任，则需向船公司或保险公司索赔。只有属于国外卖方的责任，例如货物的品质、规格与合同规定不符；原装数量缺少；未按合同规定包装，致货物受潮损害或破碎，未按期交货等，才可向卖方索赔。向卖方索赔，通常要备好以下足以证明对方责任的证明文件：提单、发票、保险单、装箱单、磅码单、商检机构出具的货损或品质检验证书或由船长签证的短缺残损证明及索赔清单，等等。提供索赔证明文件要视索赔的案情而定，有较强的针对性和说服力。

（3）正确确定索赔的项目和金额。在对外索赔时，除在索赔书中列明索赔的根据和随附证明文件外，最主要的是正确、合理地确定索赔项目和金额，这是合理处理索赔的基础，也是据理说服对方的条件。对索赔项目和金额的确定，既不能让自己蒙受不应有的损失，也不能脱离实际损失的情况，让对方无法接受。如合同中预先规定有违约金数额、迟交货罚款等损害赔偿金额，则应按约定的金额提赔；如预先未约定损害赔偿金额，则应根据实际损失情况确定适当的金额。例如，卖方拒交货物，赔偿的金额一般是按合同价格与违约行为发生时的市场价格之间的差价计算。如果买方为接受货物还有一定的花费，则也可考虑加在索赔金额内。如卖方所交货物的品质或规格与合同规定不符，则买方可以要求减价或重换货物。减价通常是退还品质差价。如提出退货重换，则应包括退还货物的运费、仓储费、装卸费、保险费及重新包装费等。如果卖方委托买方整修货物，则要合理计算使用材料费和加工费。

（4）认真订好索赔方案。在查明事实、备妥索赔单证和合理确定索赔项目和金额的基础上，结合国外客户与我方往来的情况和对方的特点，制订好索赔方案。在方案中除列明索赔案情和附以必要的证件外，还要订明索赔的策略及进程安排。

（5）应在索赔期限内，向国外客户提出索赔。做好上述准备工作后，就要及时向国外发出附有各种证明的索赔函。为有效地向对方索赔，应高度重视合同中规定的索赔期限，以防止因我方逾期提赔而遭对方拒绝。如果因订购的货物规格复杂、项目繁多，在索赔期限内无法出具检验报告书时，则应提前向国外客户联系要求延长索赔期限。

（6）通过函电（包括电子商务系统）磋商或当面谈判，使索赔得到妥善解决。索赔工作结束，不论成功与否，有关人员都应认真地进行系统登记，并设立专卷（在计算机上的信息也应妥善保存），以备今后查阅，同时应对索赔案进行总结，从中吸取经验教训。某些案件，在通过索赔不能解决时，可能会提出仲裁或诉讼，原有的索赔材料就会成为提起仲裁或诉讼的重要材料或证据。所以，对档案资料（包括计算机信息资料）的保存十分重要。

2. 对外理赔的注意事项

（1）要认真细致地审核国外客户提出的索赔事由、单证及出单机构的合法性。如为检验证书，对检验的标准和方法也要一一审查，还要查验证书项目内容是否经过涂改；如系样品成交，要与我方保留样品对照符合，以防国外客户串通检验机构弄虚作假或国外检验机构检验有误。

（2）注意搞好与争议有关的调查研究，弄清事实，分清责任。为此，必须向生产、制造加工单位和国内、外运输部门，对商品品质、包装、储存、备货、运输等环节进行周密调查，然后把调查所了解的情况与有关的单证结合起来进行分析研究，查清货物发生损失的环节、原因和责任究竟属于何方。

（3）合理确定损失程度和性质，妥善采用赔付办法。根据我国进出口业务实践，有以下几种赔付方法：赔付部分不合格货物；退货；换货；补货；再加工或修整；赔付部分金额；给予价格折扣；按残次货物百分比对全部货物降价；降低品质（给予品质差价）；退回部分货款；请外方原地加工整理，中方支付加工费，等等。

此外，不论对外索赔和处理完理赔，双方达成一致意见后应当签订和解协议，以便双方遵照执行。

【案例思考 15-5】 2002 年 5 月我国甲公司与阿联酋乙公司签订一份纺织品出口至阿联酋的合同，付款方式为 L/C 即期，贸易术语 CIF 迪拜。货物由 B 船公司承运，货到目的港后，乙公司发现底部货物由于集装箱进水，货物受潮、霉变，并由乙公司港口理货公司出具证明附照片，乙公司要求甲公司找 B 船公司理赔。甲公司找到 B 船公司的代理 C 公司，并由 C 公司具体和 B 船公司洽谈。可 B 船公司拒绝理赔，提出必须有进水现场的目击证人方可少量赔偿。

一般来说，按照通常途径，货方（托运人或者收货人）有两种索赔选择：第一种是向货物保险人索赔，第二种是向海上货物运输合同的承运人索赔。当货方通常是向保险公司索赔，保险人向被保险人实际赔付以后，依法取得代位求偿权，再向对被保险人损失负有责任的第三人追偿。

第一种方案，向保险公司索赔。当货方向保险人索赔时，要依据目前货物的所有权属确定有权索赔的主体。如果此时买方没有付款赎单，即保险单尚未背书转让，则依据保险单向保险公司索赔权仍在卖方，应由卖方向保险人索赔。但上述案例中的贸易术语为 CIF，付款方式为 L/C 即期，货物已经由买方付款赎单并提货，买方可以按照上述程序直接向货物的保险人理赔。乙公司要求甲公司找 B 船公司索赔不符合国际贸易惯例。

第二种方案，向承运人索赔。当货方向货物运输的承运人索赔时，要注意一个问题，就是区别承运人的身份。一般司法实践里是通过提单辨认承运人身份。提单是海上货物运输合同的证明，在提单的右下栏一般有提单签发人的名称，通常情况下是由承运人授权的代理人签发。在上述案例中，虽然 C 公司是 B 船公司的代理，但运输责任依然由 B 船公司承担，在索赔时，乙公司应向 B 船公司索赔。B 公司关于要有进水现场的目击证人才能理赔的说法不正确，上述情况不是货方提赔的法定要件。根据我国《海商法》第 83 条规定，"收货人在目的港提取货物前或者承运人在目的港交付货物前，可以要求检验机构对货物状况进行检验；要求检验的一方应当支付检验费用，但是有权向造成货物损失的责任方追偿"。在本案中，货方要想向承运人索赔，除了提供在目的港由理货公司出具的理货证明（附照片）外，还应提供有关货物检验机构出具的正式检验报告，并在货物交付时将货物灭失或损坏的情况书面通知承运人，这样就完成了合法的索赔手续。

二、调解

（一）调解的定义

调解是由当事人之外的中立第三方以中间人的身份在分清是非和责任的基础上根据法律、合同、国际惯例帮助和促使当事人在互谅互让的基础上达成协议、解决争端的方式。

（二）调解的优缺点

调解的优点表现在：（1）能较快解决争端。（2）有利于保持当事人的友好关系。（3）给双方当事人带来相互信任感和节省费用。

调解人有促使双方当事人达成协议的职责，无权不顾当事人的意愿自行作出具有法律约束力的裁决。如果一方当事人因某种理由在调解过程中不予配合，则调解即告失败，因此在解决国际经济争端中所起的作用比仲裁方式小。

（三）调解的分类

1. 民间调解

民间调解是指由仲裁机构、法院或国家指定负责调解的机构以外的第三方主持进行的调解。

2. 专门机构调解

专门机构调解是指由设在商会或仲裁协会内部的专门调解机构主持的调解。

3. 联合调解

联合调解也称共同调解，它是我国贸易促进委员会与美国仲裁协会于1977年共同开创的解决国际商事争议的新方式。联合调解是指由中外争议当事人中的一方向另一方发出书面通知，邀请其按照两调解中心的联合调解规则调解解决争议，如另一方当事人接受了调解邀请，则调解程序开始，当事人可以协商选定两调解中心秘书处中的任何一个作为案件的行政管理机构；如未选定，则由被申请人所在国家的秘书处进行管理。

4. 仲裁机构调解

仲裁机构调解是指由仲裁机构主持进行的调解。即将调解纳入仲裁程序，由仲裁机构在开始仲裁前或仲裁中征得当事人意见，当事人同意调解的，则进行调解，调解成功则制作调解书，并撤销案件。

5. 法庭调解

法庭调解也称法院调解或司法调解，是指由法院主持进行的调解。

三、国际经济仲裁（见第九章第四节）

四、国际经济诉讼

在国际货物贸易的争议中，如果当事人间未存在仲裁协议，则任何一方当事人都可以向法院起诉，通过司法程序解决他们之间的争议。

1. 国际经济诉讼的概念

国际经济诉讼是指国际经济争议当事人将其争议提交法院予以审理并作出判决的争议解决方法。

2. 采用诉讼方式的注意事项

（1）只能向有管辖权的某一国法院提出诉讼请求。

（2）选择好代理诉讼的律师。

（3）认真准备好证据。

【本章小结】　国际货物买卖合同一经成立，双方当事人就要受合同的约束，完成合同规定的义务。然而，在履约过程中，买卖双方很可能由于种种原因，未能履行自己的义务。作为受损的一方，应当首先查清损害事实，分清责任。如确认损害结果是由对方造成的，则应根据《公约》（或适用法律）的规定，结合具体事实，有理有据地与对方交涉，并提出具体的处理意见。若双方协商无果，则可根据具体情况，通过调解、仲裁或诉讼的方式解决争议。

思考与练习题

1. 什么是违约？《公约》是如何划分根本违约和非根本违约的？

2. 什么是预期违约？《公约》规定预期违约该如何处理？

3. 卖方违约后，买方可以采取哪些救济措施？

4. 买方违约后，卖方可以采取哪些救济措施？

5. 什么是协商和调解？试比较二者的优缺点。

6. 中国 A 公司与意大利 B 公司签订了一份由 A 向 B 出售 100 桶盐渍蘑菇的合同，分两批交货，总价 100 000 美元，价格条件为 CIF 热那亚。合同规定：索赔期为到货后一个星期，合同成立后买方应在一个月内交付 10 000 美元定金，卖方发货后，定金作为货款，卖方不交货应双倍返还定金。

第一批货物 50 桶，卖方按期装运了货物，但是货物延期一个星期到港，买方收到卖方寄来的清洁的提单提货，经买方自己检验发现，50 桶货物有 5 桶缺重共 80 千克（每桶应为 50 千克）。

第二批货物到港后，经详细开箱检验发现因盐度不够每桶蘑菇都有腐烂变质现象，买方出具了由检验机构签发的商检证明。双方因索赔不成请求仲裁，买方要求卖方：

（1）赔偿第一批货物短重的损失 1 000 美元；

（2）赔偿第一批货物因延迟到港的罚金 500 美元；

（3）第二批货物退回，赔偿买方因此遭受的利润损失 2 000 美元，同时应双倍返还这批货物定金 20 000 美元。

试分析，该案应如何处理？

附　录　国际贸易方式

（一）包销

包销（Exclusive Sales）是指出口商（供货商）通过与国外包销商（进口商）签订包销协议，给予国外包销商在一定时期和指定地区内承包销售某种或某类商品的独家专营权利，由包销商承购后自行推销，是国际贸易中比较常见的一种贸易方式。

（二）定销

定销（Fixed Distribution）是指出口人通过与国外定销人签订销售协议的方式，将某种或某类商品在一定地区和一定期限内交由国外定销人销售的做法。

定销与包销方式的相同点是出口人与定销人之间同出口人与包销人之间一样，都是肯定性质的买卖关系，因而协议的内容基本相同。不同之处在于：包销人享有独家专营权，而定销人则不享有专营权。定销方式可作为选择包销人的一个过渡方式。

（三）经销

经销（Distribution）是指某一国家或地区的商人经营国外供应商商品的销售活动。经销人自付资金购买出口人的货物，自行销售，自负盈亏，自担风险。

经销分为两种情况：一种情况是经销人通过与出口人签订买卖合同购得货物后，自行在任意的市场上，以任意的价格将所购货物销售出去；另一种情况是出口人给予经销人在国外一定地区或指定市场，在一定期限内销售指定货物的权利。

（四）代理

代理（Agency）是国际经济贸易中的常见做法，在运输、保险、广告等行业都活跃着为数众多的代理人，而全球贸易则有一半左右是通过代理商来完成的。

在国际贸易中，代理是指货主或生产厂商（委托人）授权代理人代表他在规定的地区和期限内，向第三者招揽生意、订立合同或办理同交易有关的其他事宜，同时对代理人支付佣金作为报酬的一种贸易方式。

（五）招标

招标（Invitation to Tonder）是买方或工程业主（即招标人）预先发出招标通告或招标单，提出拟购商品或拟建项目的各种条件，邀请卖方或工程承包商（即投标人）在规定的时间和地点，按一定程序对自己发盘报价的行为。

（六）投标

投标（Subimssion of Tender 或 Bid）是投标人根据招标通告或招标单规定的条件，在指定的时间和地点向招标人发盘，争取与其成交的行为。

（七）拍卖

国际贸易中的拍卖（Auction）是由经营拍卖业务的拍卖行（Auctioneer）接受货主的委托，在规定的时间和场所，按照一定的章程和规则，由买主以公开叫价竞购的方法，把现货出售给出价最高而又超过内定底价的买主。拍卖是一种具有悠久历史的贸易方式，是一种实物交易。

（八）寄售

寄售（Consignment）是指出口商（寄售人）先将货物运去国外，委托国外客户在当地市场上代为销售的一种委托代售的贸易方式。其具体做法是：出口商同国外客户（代售人）签订寄售合同，出口商先将寄售商品运送给国外代售人，由代售人按照合同规定的条件和办法，代替货主在当地市场进行销售。货物出售后，由代售人扣除佣金及其他费用后，按合同规定的办法汇交寄售人。

（九）展卖

展卖（Fairs and Sales）是利用展览会和博览会及其他交易会的形式出售商品，将展览与销售相结合的一种贸易方式。

（十）商品交易所

商品交易所（Commodity Exchange）是一种有组织的固定市场，是指在一定的时间和地点，按照一定的规则，进行大宗商品交易的场所。商品交易所的交易可分为现货交易和期货交易两类。

（十一）加工装配贸易

加工装配贸易（Processing and Assembling Trade）是一种加工再出口业务，它把加工和扩大出口、收取工缴费收入结合起来。具体来说，就是由委托方（外商）提供全部或部分原材料、辅料、零部件、元器件、配套件和包装材料等，承接方（东道国企业）根据合同规定的质量、规格、款式、型号、商标品牌、交货期限等要求进行加工装配、生产出成品交外商销售，承接方按合同规定收入工缴费或双方各自计价支付。

（十二）对销贸易

对销贸易（Counter Trade），又称反问贸易、互抵贸易、对等贸易等。它是卖方承担向买方购买同等或几乎同等价值的商品或实物的一种贸易方式。其主要形式有易货贸易、回购贸易、冲销协定贸易、补偿贸易和转账贸易。

（十三）补偿贸易

补偿贸易（Compensation Trade）是指进口方在信贷的基础上，从出口方进口机器设备、生产技术、原材料及服务等，待项目投产后，在约定的期限内，用所生产的商品或其他劳务偿还这些贷款及利息的一种贸易方式。由于进口机器设备的企业偿还贷款本息并不是使用外汇，而是以商品抵偿商品，故称为补偿贸易。

（十四）租赁贸易

租赁贸易（Lease Trade）是当代经济交易中最为活跃的一种贸易方式。发达国家的固定资产投资，有 1/3 以上是通过租赁贸易方式实现的，无论在国内或国际贸易中，租赁市场对供需双方均具有非常强的吸引力。

主要参考文献

［1］周厚才．国际贸易理论与实务．北京：中国财政经济出版社，2005．

［2］刘文广．国际贸易实务．北京：中国高等教育出版社，2002．

［3］侯铁珊．国际贸易实务．大连：大连理工大学出版社，2000．

［4］陈志有．进出口贸易实务．上海：立信会计出版社，1998．

［5］吴国新，郭凤艳．国际贸易实务．北京：机械工业出版社，2006．

［6］陈晶莹，邓旭．2000 年国际贸易术语解释通则．释解与应用．北京：对外经济贸易大学出版社，2000．

［7］黎孝先．国际贸易实务．北京：对外经济贸易大学出版社，2000．

［8］陈胜权．国际贸易实务习题讲解．北京：对外经济贸易大学出版，2005．

［9］张淑荣．国际贸易实务．天津：南开大学出版社，2005．

［10］肖天生．国际贸易实务．武汉：华中科技大学出版社，2005．

［11］韩常青．新编进出口贸易实务．北京：电子工业出版社，2005．

［12］李丰凡．外贸作弊与预防管理．广东：广东经济出版社，2005．

［13］崔玮．国际贸易实务操作教程．北京：清华大学/北京交通大学出版社，2005．

［14］冷柏军．国际贸易实务．北京：对外经济贸易大学出版社，2005．

［15］彭福永．国际贸易实务教程．上海：上海财经大学出版社，2004．

［16］国际商会．跟单信用证统一惯例．

［17］联合国国际贸易法委员会．国际货物销售合同公约．

图书在版编目(CIP)数据

国际贸易实务/李质甫,王艳丽主编 . —武汉:武汉大学出版社,
2009.1(2014.12 重印)
高职高专"十一五"规划教材
ISBN 978-7-307-06832-2

Ⅰ.国…　Ⅱ.①李…　②王…　Ⅲ.国际贸易—贸易实务—高等学
校:技术学校—教材　Ⅳ.F740.4

中国版本图书馆 CIP 数据核字(2009)第 010333 号

责任编辑:辛　凯　　　责任校对:黄添生　　　版式设计:马　佳

出版发行:**武汉大学出版社**　　(430072　武昌　珞珈山)
　　　　(电子邮件:cbs22@whu.edu.cn　网址:www.wdp.com.cn)
印刷:湖北民政印刷厂
开本:720×1000　1/16　印张:16　字数:295 千字　插页:2
版次:2009 年 1 月第 1 版　　2014 年 12 月第 5 次印刷
ISBN 978-7-307-06832-2/F·1232　　定价:27.00 元

高职高专"十一五"规划教材

公共课书目

☆安全警示录——大学生安全教育读本

☆应用写作实训教程

经济类书目

财会系列：

☆财务管理教程

☆财务管理全程系统训练

☆税法教程

☆税法全程系统训练

☆企业涉税会计教程

☆企业涉税会计全程系统训练

☆成本会计教程

☆成本会计全程系统训练

☆中级会计教程

☆中级会计全程系统训练

☆初级会计教程

☆初级会计全程系统训练

☆电算化会计教程

☆电算化会计全程系统训练

☆会计职业技能仿真训练

☆会计职业技能综合实训

☆行业特殊业务会计教程

☆行业特殊业务会计教程全程系统训练

☆审计实务教程

☆审计实务全程系统训练

工商企业管理系列：

☆货管理学

☆现代企业管理

☆生产与运作管理实务

☆会计基础与财务报表分析

☆经济学基础

☆现代质量管理实务

市场营销系列：

☆市场营销

☆市场营销实训教程

☆电子商务物流管理

☆电子商务概论

☆市场营销策划

☆网络营销

☆推销技术

☆国际贸易单证实务

☆国际贸易实务

☆国际结算

旅游系列：

☆旅游服务礼仪

☆旅游概论

☆旅游服务心理

☆旅游英语

☆导游业务

☆旅游法规实务

☆旅游市场营销

  旅游景区管理

☆旅行社管理与实务

☆餐厅服务与管理

☆饭店前厅客房服务与管理

物流系列：

☆货物学

☆物流基础

☆已出书